Franziska Baumann · Dieter Seibert

Seefeld – Leutasch

mit Mieminger Plateau und Imst

50 ausgewählte Wanderungen

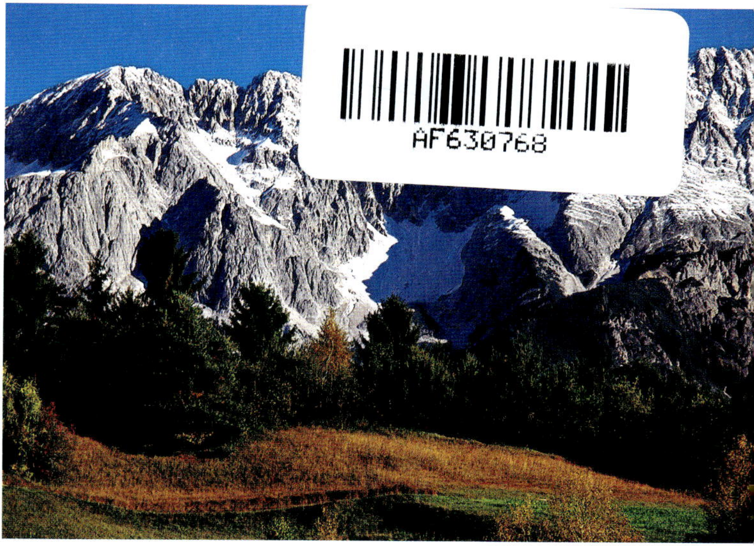

ROTHER
BERGVERLAG

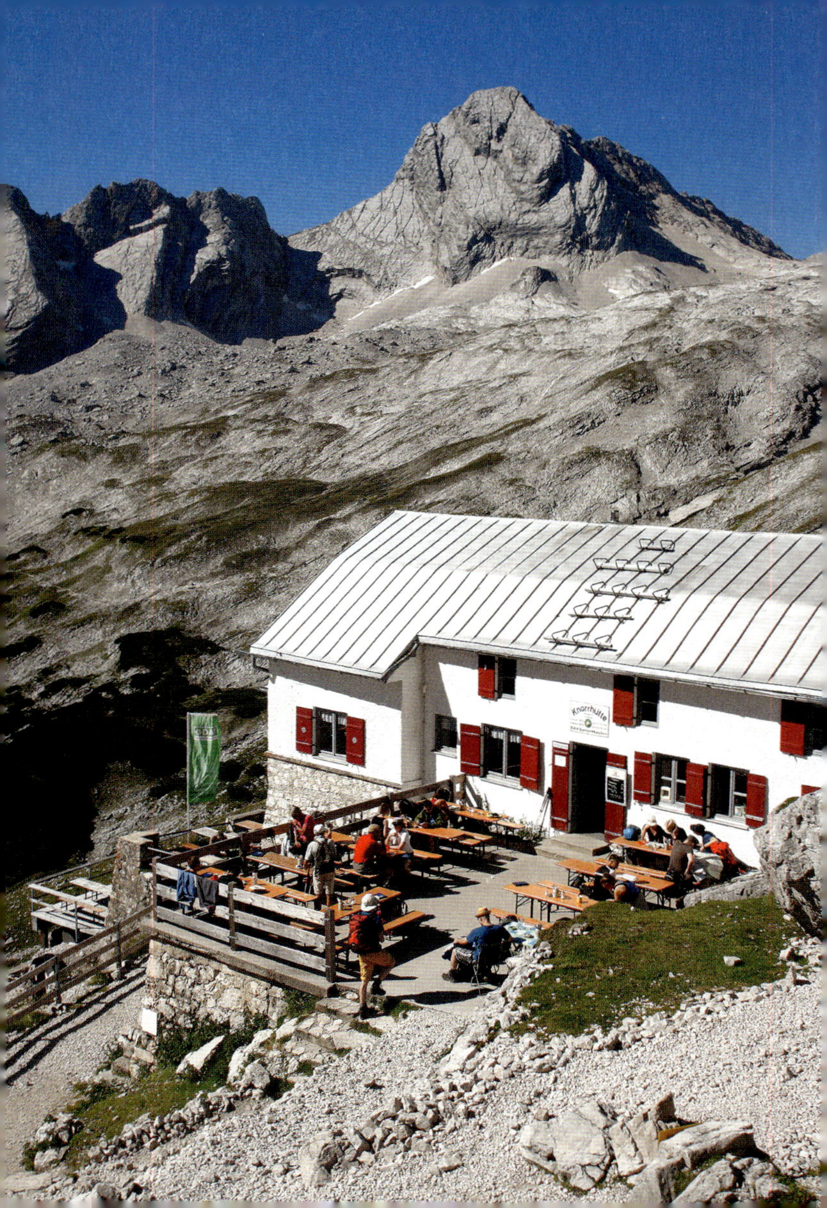
Knorrhütte

VORWORT

Im Norden des Inntals, zwischen Seefeld und Imst, erwartet die Wanderer eine vielseitige Region. Sonnige Hochflächen und weite Talböden, eingerahmt von einer felsigen Bergkulisse, sind eine Besonderheit dieses Gebiets. Vier unterschiedliche Gebirgsgruppen bieten eine große Bandbreite an Tourenmöglichkeiten. Das Karwendel, Österreichs größter Naturpark mit einer reichen Artenvielfalt, beginnt gleich hinter Seefeld. Es ist ein faszinierendes Felsenreich mit bizarr geformten Gipfeln und einsamen Geröllkaren. Bäche zwängen sich durch enge Schluchten wie in der Gleirschklamm. Die markante Pyramide der Reither Spitze oder der wuchtige Große Solstein begeistern mit einer grandiosen Aussicht. Nach der Tour lädt Seefeld, einer der bekanntesten Urlaubsorte Tirols mit internationalem Flair, zum Bummeln ein. Als felsiger Wall türmt sich das Wettersteingebirge über den flachen Talböden der Leutasch auf. Das Hochtal mit seinen verstreuten Ortschaften ist eine weitgehend ursprünglich gebliebene Region und damit ein Eldorado für Wanderer. Im Puittal oder Bergleintal führen die Wege direkt unter den Felsabstürzen entlang. Ein besonderer Logenplatz ist die Meilerhütte, die wie ein Adlerhorst am Wettersteinkamm thront. Im Gaistal, bekannt als Almenparadies, laden sonnig gelegene Hütten dazu ein, Aussicht und Einkehr zu genießen. Eine kontrastreiche Landschaft macht den Reiz des Mieminger Plateaus aus. Die weite Hochfläche mit ihren malerischen Lärchenwiesen wird vom hellgrauen Kalkgestein der Mieminger Berge überragt. Nur 200 Meter über dem betriebsamen Inntal geht es auf dem sonnenverwöhnten Plateau eher beschaulich zu. Bei den Touren hat man die Mieminger Felsburgen meistens im Blick, oft auch fast auf Augenhöhe wie auf der Wankspitze oder den Judenköpfen. Die Gegend um den Fernpass ist ein eher unbekanntes Wandergebiet. Rund um die Passhöhe leuchten blaugrüne Seenaugen aus Mulden und Bergkesseln. Darüber bauen sich die Gipfel der Lechtaler Alpen auf, die größte Gebirgsgruppe der Nördlichen Kalkalpen, eine raue Gebirgsgegend, in der sich manch einsamer Winkel entdecken lässt. Über dem quirligen Städtchen Imst beherrscht der wuchtige Muttekopf die Bergszenerie. Rund um diesen großartigen Aussichtsberg finden Wanderer ein Bergrevier mit anspruchsvollen Steigen und manch geologischer Besonderheit. Wer die Lechtaler Alpen noch weiter erkunden will, fährt von Imst über das Hahntennjoch mitten hinein in dieses großartige Gebirge.
Spannende Entdeckungen in dieser abwechslungsreichen Bergregion wünscht Ihnen

Herbst 2024 — Franziska Baumann

Sonnige Einkehr: die Knorrhütte am Zugspitzplatt.

INHALTSVERZEICHNIS

Vorwort . . . 3
Übersichtskarte . . . 6
Top-Touren . . . 8
Wichtige Hinweise für unterwegs . . . 10
Schwierigkeitskategorien . . . 10
GPS-Tracks und Koordinaten der Ausgangspunkte . . . 12
Symbole . . . 12

Bergwelt zwischen Seefeld und Leutasch . . . 20
1 6.15 h **Große Arnspitze, 2196 m** . . . 22
2 2.15 h **Karwendeltal-Rundweg** . . . 24
3 4.30 h **Pleisenhütte, 1757 m** . . . 26
4 3.30 h **Teufelsloch- und Gleirschklamm** . . . 28
5 4.30 h **Mittagkopf, 1636 m, und Zäunlkopf, 1746 m** . . . 30
6 6.30 h **Eppzirler Scharte, 2091 m** . . . 32
7 2.45 h **Seefelder Spitze, 2221 m, und Reither Spitze, 2374 m** . . . 34
TOP 8 6.45 h **Freiungen-Höhenweg** . . . 36
9 9.15 h **Großer Solstein, 2541 m** . . . 39
10 3.20 h **Rund um die Möserer Höhe** . . . 42
11 4.45 h **Weißlehnkopf, 2002 m** . . . 45
TOP 12 2.00 h **Leutascher Geisterklamm** . . . 47
TOP 13 2.45 h **Hoher Kranzberg, 1391 m** . . . 50
14 3.20 h **Grünkopf, 1588 m** . . . 53
15 3.00 h **Entlang der Leutascher Ache** . . . 55
TOP 16 7.15 h **Bergleintal und Meilerhütte, 2375 m** . . . 58
17 5.30 h **Puittal und Scharnitzjoch, 2048 m** . . . 62
TOP 18 6.30 h **Gehrenspitze, 2367 m** . . . 64
19 3.30 h **Wettersteinhütte, 1717 m, und Wurziger Steig** . . . 67
20 4.45 h **Rotmoosalm, 2030 m** . . . 69
21 6.00 h **Vom Zugspitzplatt, 2576 m, in die Leutasch** . . . 72
22 5.45 h **Durch das Gaistal zur Niederen Munde, 2055 m** . . . 76
23 7.30 h **Hohe Munde, Ostgipfel, 2592 m** . . . 78

Das Mieminger Plateau und Telfs . . . 80
24 3.30 h **Durchs Kochental nach Buchen** . . . 82
TOP 25 3.30 h **Neue Alplhütte, 1504 m** . . . 84
26 8.45 h **Karkopf, 2469 m** . . . 86
27 6.00 h **Rund um die Judenköpfe** . . . 88
28 3.00 h **Von Untermieming nach Maria Locherboden** . . . 91
29 5.45 h **Simmering, 2096 m** . . . 94
30 4.30 h **Rundtour über die Lacke, 1704 m** . . . 96
TOP 31 5.30 h **Wankspitze, 2209 m** . . . 98
32 5.30 h **Marienbergalm, 1622 m, und Höllkopf, 2194 m** . . . 101

Zwischen Fernpass und Imst 104
33 2.00 h **Fernsteinsee und Römerweg** 106
34 6.30 h **Alpleskopf, 2258 m** 108
35 6.30 h **Über das Östliche Kreuzjoch, 2231 m, zur Loreahütte** 110
36 7.00 h **Durchs Kälbertal auf den Roten Stein, 2366 m** 113
37 6.10 h **Grubigstein, 2233 m** 116
38 5.40 h **Nassereither Alm, 1739 m** 118
OP 39 5.30 h **Coburger Hütte, 1917 m, und Hinteres Tajatörl, 2259 m** 120
40 3.45 h **Unter den Wettersteinwänden** 123
41 3.45 h **Rund um das Rossbachtal** 126
42 2.30 h **Salvesenklamm** 128
43 3.20 h **Falschkogel, 2388 m, und Anhalter Hütte, 2038 m** 130
44 5.30 h **Von Pfafflar ins Galtseitejoch, 2412 m** 132
OP 45 4.00 h **Hanauer Hütte, 1922 m** 134
46 5.15 h **Vordere Platteinspitze, 2562 m** 136
OP 47 5.40 h **Muttekopf, 2774 m** 139
48 5.45 h **Pleiskopf, 2560 m, und Imster Höhenweg** 142
49 6.15 h **Tschirgant, 2370 m** 145
50 3.30 h **Hochzeiger, 2560 m** 147

Stichwortverzeichnis 150

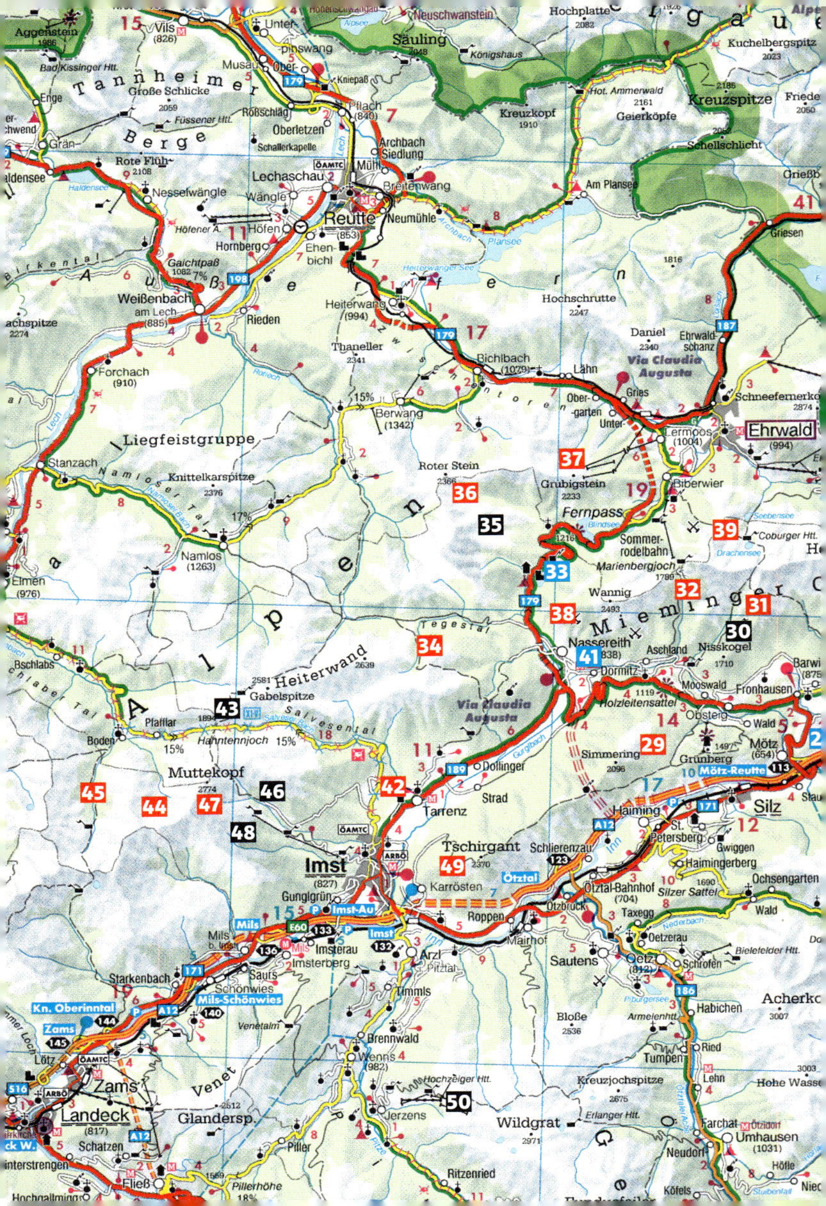

Neuschwanstein
Säuling
Hochplatte
Kreuzspitze
Tannheimer Berge
Vils
Pinswang
Musau
Pflach
Reutte
Breitenwang
Lechaschau
Wängle
Höfen
Ehenbichl
Nesselwängle
Haldensee
Rote Flüh
Gaichtpaß
Weißenbach am Lech
Rieden
Heiterwang
Plansee
Am Plansee
Kreuzkopf
Hochschrutte
Daniel
Bichlbach
Lähn
Berwang
Thaneller
Forchach
Liegfeistgruppe
Stanzach
Namlos
Knittelkarspitze
Elmen
Roter Stein
Lechtaler Alpen
Zwischentoren
Via Claudia Augusta
Ehrwald
Lermoos
Biberwier
Grubigstein
Fernpass
Sommerrodelbahn
Marienbergjoch
Wannig
Mieminger
Nassereith
Dormitz
Holzleitensattel
Obsteig
Mötz
Silz
Haiming
Simmering
Heiterwand
Gabelspitze
Hahntennjoch
Boden
Pfafflar
Muttekopf
Tarrenz
Dollinger
Strad
Tschirgant
Imst
Gunglgrün
Karrösten
Roppen
Mairhof
Ötztal-Bahnhof
Sautens
Oetz
Oetzerau
Habichen
Tumpen
Umhausen
Mils
Imsterau
Imsterberg
Schönwies
Starkenbach
Zams
Landeck
Schatzen
Fließ
Venet
Glandersp.
Piller
Pillerhöhe
Arzl
Pitztal
Timmls
Brennwald
Wenns
Jerzens
Wildgrat
Ritzenried
Kreuzjochspitze
Bloße
Acherkogel
Hohe Wasser
Kn. Oberinntal
Mils-Schönwies
Imst-Au
Mötz-Reutte
Ötztal
1
2
3
4
5
6
7
8
9
10
11
12
14
15
17
19
29
30
31
32
33
34
35
36
37
38
39
41
42
43
44
45
46
47
48
49
50

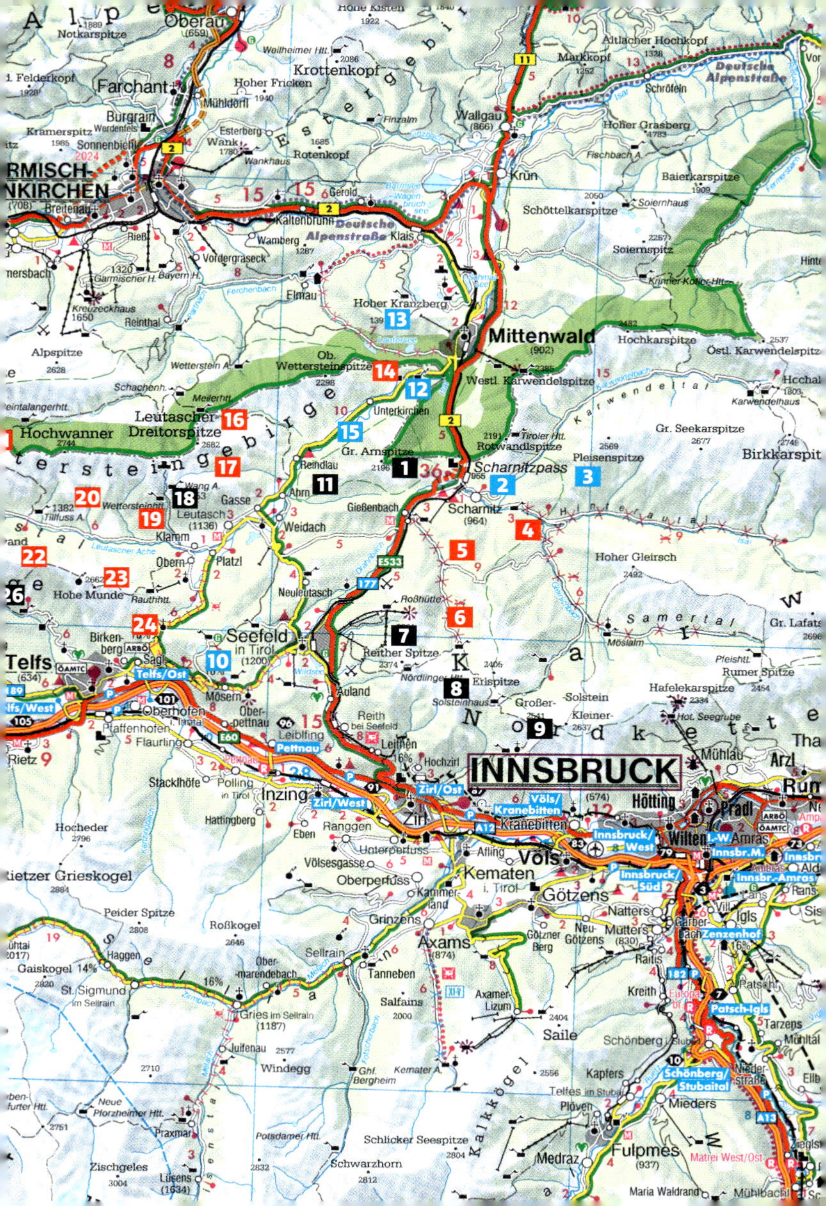

Garmisch-Partenkirchen
Farchant
Oberau
Krottenkopf
Wallgau
Krün
Mittenwald
Deutsche Alpenstraße
Klais
Scharnitzpass
Scharnitz
Hinterautal
Leutasch
Seefeld in Tirol
Reither Spitze
Telfs
Zirl
Innsbruck
Kematen
Völs
Götzens
Axams
Gries im Sellrain
Fulpmes
Wettersteingebirge
Karwendeltal
Nordkette
Kalkkögel
Alpspitze
Hochwanner
Hohe Munde
Karwendelspitze
Hoher Gleirsch
Birkkarspitze

TOP-TOUREN

Freiungen-Höhenweg
Spannende Panoramatour durch eine bizarre Felslandschaft über dem Inntal *(Tour 8, 6.45 h)*.

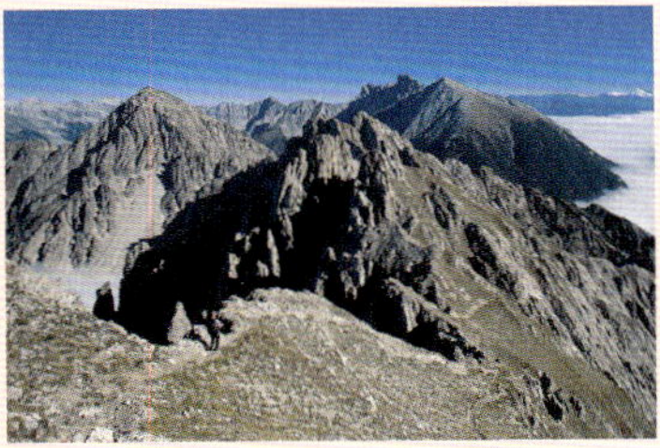

Leutascher Geisterklamm
Themenweg für die ganze Familie in ein faszinierendes Reich aus Wasser und Fels *(Tour 12, 2 h)*.

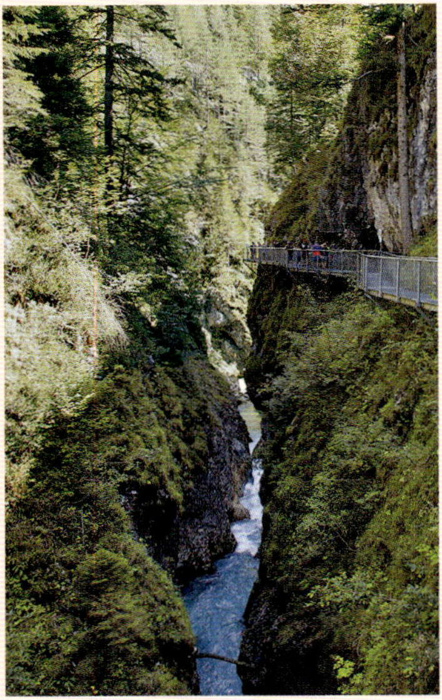

Hoher Kranzberg
Gemütliche Tour mit Barfußpfad, Bergblick und Badestopp *(Tour 13, 2.45 h)*.

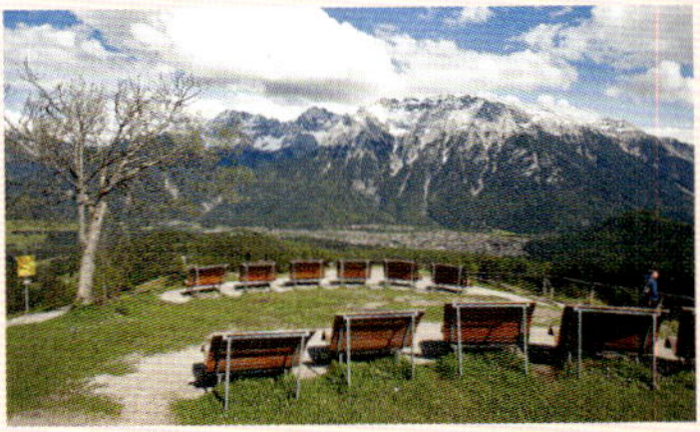

Bergleintal und Meilerhütte
Urwüchsiges Tal, karge Karstflächen und exponiert gelegenes Berghaus *(Tour 16, 7.15 h)*.

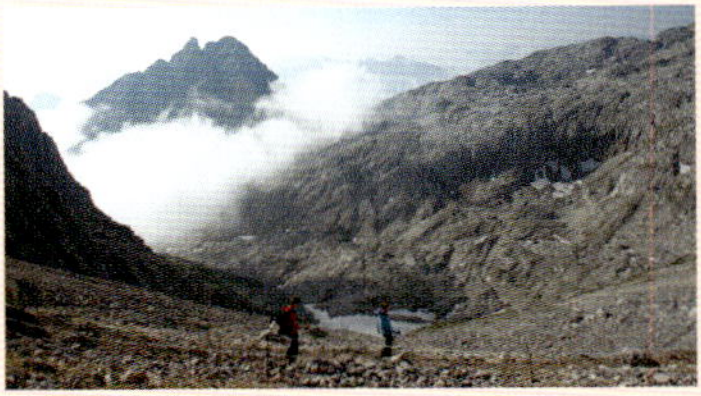

Gehrenspitze
Vorbei an gemütlichen Hütten und berühmten Kletterwänden zu einem großartigen Aussichtsgipfel *(Tour 18, 6.30 h)*.

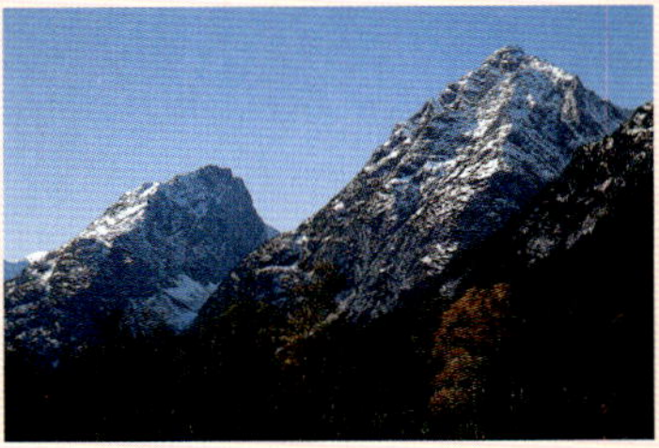

Neue Alplhütte
Von den Wiesen des Mieminger Plateaus in einen eindrucksvollen Felskessel *(Tour 25, 3.30 h)*.

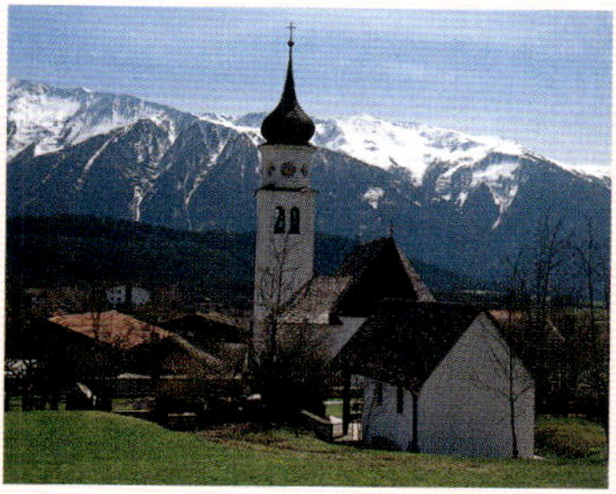

Wankspitze
Einblicke in eine wilde Felskulisse und Fernsicht bis zu den Stubaier Gletschergipfeln *(Tour 31, 5.30 h)*.

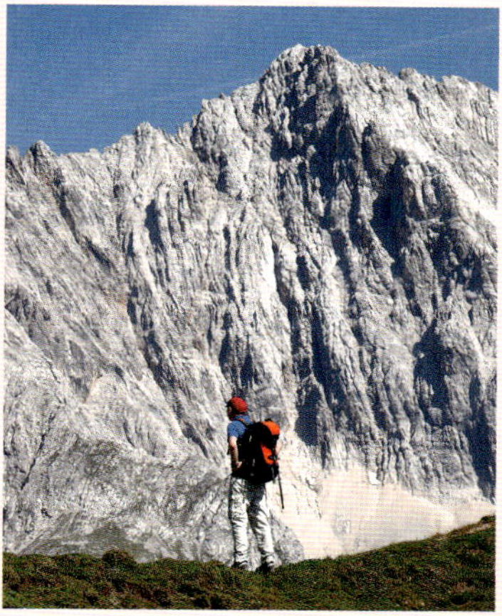

Coburger Hütte und Hinteres Tajatörl
Bergsee-Oasen in wilder Felslandschaft und eine schön gelegene Hütte *(Tour 39, 5.30 h)*.

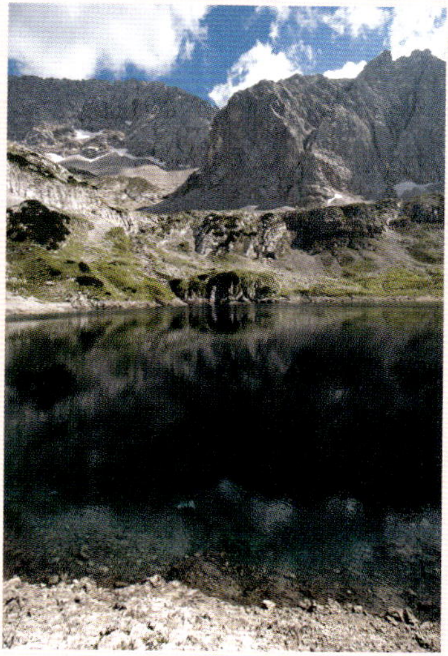

Hanauer Hütte
Einladendes Berghaus im Felszirkus der Lechtaler Alpen *(Tour 45, 4 h)*.

Muttekopf
Schroffe Felsenwelt und mächtiger Panoramagipfel hoch über Imst *(Tour 47, 5.40 h)*.

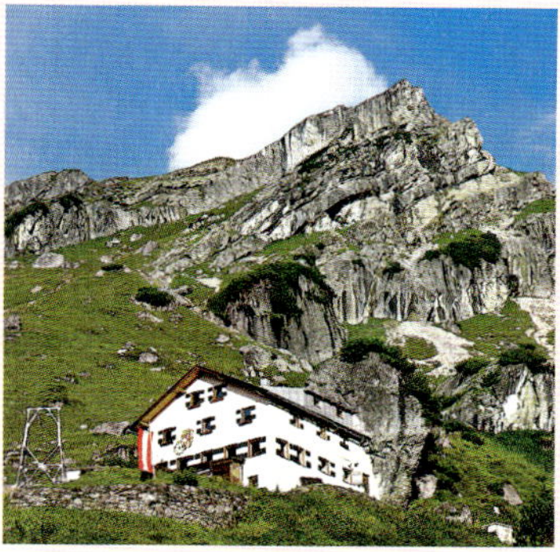

WICHTIGE HINWEISE FÜR UNTERWEGS

Schwierigkeiten

Die Wanderungen sind in drei verschiedene Kategorien eingeteilt, die einen Hinweis auf den jeweiligen Schwierigkeitsgrad geben. Dies ist jedoch nur als ein erster Anhaltspunkt zu verstehen, um die Tourenauswahl zu erleichtern. Zu unterschiedlich ist das Empfinden, was den Anspruch einer Bergtour anbelangt. Auch Faktoren wie die eigene Tagesform, ungünstige Wetterbedingungen oder Nässe auf den Wegen können die Schwierigkeit einer Wanderung verändern. Nähere Informationen zu den Anforderungen sind bei jeder Tour in der Kurzinfo aufgeführt. Die drei Kategorien auf einen Blick:

SCHWIERIGKEITSKATEGORIEN

■ = Leicht

Bei diesen Wanderungen ist man auf gut angelegten Wegen unterwegs, die keine Gefahrenstellen aufweisen. In der Regel sind nur mäßige Steigungen zu bewältigen, kurze steilere Abschnitte sind jedoch nicht auszuschließen. Diese Touren sind auch für Wanderer mit wenig Bergerfahrung oder für schlechtes Wetter geeignet.

■ = Mittel

Die Wanderrouten verlaufen auf schmalen Wegen und Steigen, die teilweise steinig und felsig sind. Auch Passagen in steilem Gelände sind möglich. Trittsicherheit wird vorausgesetzt. Ausgesetzte, mit Drahtseilen gesicherte Stellen können vorkommen und erfordern Schwindelfreiheit. Manchmal sind größere Höhenunterschiede und längere Wegstrecken zurückzulegen. Dafür ist entsprechende Ausdauer notwendig.

■ = Schwierig

Bei diesen anspruchsvolleren Touren wird sicheres Gehen in felsigem und schrofigem Gelände vorausgesetzt. Sie führen in steiles, alpines Gelände und sollten nur von geübten Bergwanderern unternommen werden, die genügend Ausdauer haben. Längere Wegabschnitte können über abschüssige Hänge oder gesicherte, teils ausgesetzte Passagen verlaufen. Trittsicherheit, Schwindelfreiheit und entsprechende Erfahrung sind für diese Wege notwendig.

Gefahren

Eine gute Tourenplanung ist für das Gelingen einer Unternehmung in den Bergen eine wichtige Voraussetzung. Dazu gehört, das eigene Können realistisch einzuschätzen und die Tour entsprechend auszuwählen. Zudem sollte man sich über die Verhältnisse vor Ort informieren. Altschneefelder oder vereiste Passagen können eine Wanderung erheblich erschweren oder

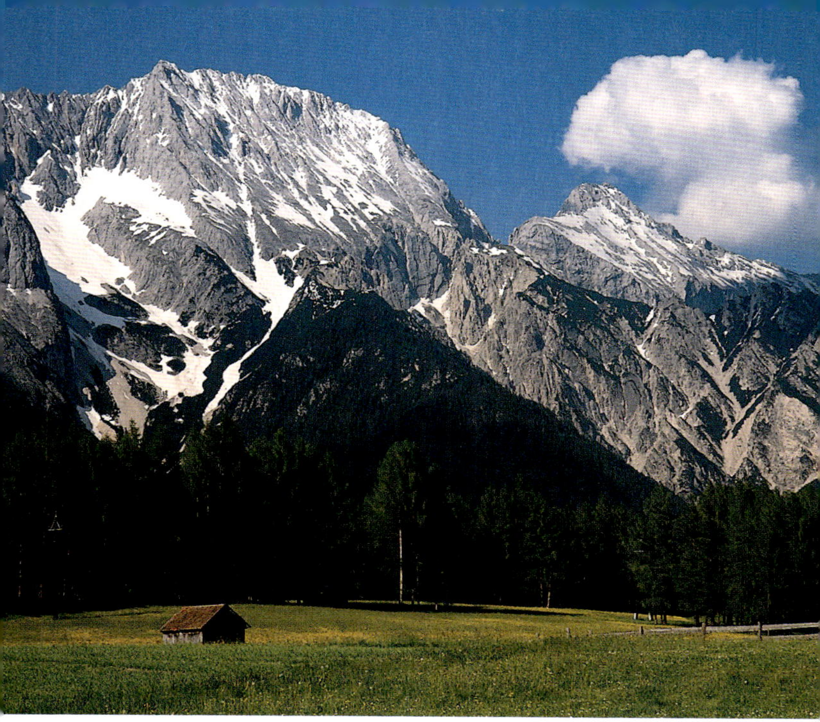

Hochplattig und Hochwand über dem Mieminger Plateau.

sie unmöglich machen. Nach Niederschlägen sind Wege und Steige oft unangenehm rutschig. In steilem Gelände, vor allem auch an abschüssigen Grashängen, kann dies gefährlich werden. Vor jeder Tour sollte man einen zuverlässigen Wetterbericht zu Rate ziehen und das Vorhaben an die Wetteraussichten anpassen. Denn im Gebirge kann sich das Wetter innerhalb kürzester Zeit ändern. So ist selbst im Sommer in höheren Regionen ein Temperatursturz mit Schneefall möglich. Bei Gewitterneigung ist es ratsam, die Tour frühzeitig zu starten. Zieht jedoch ein Gewitter auf, sind exponierte Stellen wie Grate, Gipfel oder Hochflächen zu meiden. Von Drahtseilen und anderen metallischen Gegenständen sowie Wasserläufen sollte man dann Abstand halten.

Ausrüstung

Stabile Wanderschuhe mit gutem Profil sind unerlässlich, sobald man bequeme Wege verlässt und auf steinigen und felsigen Steigen unterwegs ist.

GPS-TRACKS UND KOORDINATEN DER AUSGANGSPUNKTE

Auf **gps.rother.de** stehen zu diesem Wanderführer GPS-Tracks und die Koordinaten der Ausgangspunkte zum kostenlosen Download bereit. Dieser QR-Code führt direkt zum Download.
6. Auflage, Passwort: **401706abe**
Die GPS-Tracks können in die **Rother App** importiert werden. In der App kann man unterwegs stets sehen, wo man gerade ist und wo es langgeht. **Anleitungen dazu: rother.de/gps**
Trotz sorgfältiger Prüfung können wir Fehler und zwischenzeitliche Veränderungen nicht ausschließen. Verlassen Sie sich für die Orientierung niemals einzig und allein auf die GPS-Daten, sondern beurteilen Sie die Verhältnisse vor Ort.

Für längere Abstiege erweisen sich Teleskopstöcke als hilfreich, um die Kniegelenke zu entlasten. Bei der Bekleidung hat sich das Zwiebelschalenprinzip bewährt: mehrere Schichten, die kombiniert werden können. Empfehlenswert sind atmungsaktive Funktionsmaterialien oder Kleidungsstücke aus Merinowolle. Einen Regen- und Windschutz sollte man immer dabeihaben, für höhere Regionen auch Handschuhe und Mütze, da der Temperaturunterschied zum Tal sehr groß sein kann. Wichtig ist außerdem ein ausreichender Sonnenschutz. Ein Erste-Hilfe-Set und ein Mobiltelefon für den Notfall gehören bei jeder Tour in den Rucksack. Auch Proviant und genügend zu trinken sollte man immer mitnehmen, vor allem auch bei längeren Wegstrecken ohne Einkehrmöglichkeit.

SYMBOLE

Symbole im Tourenkopf

- Mit Bahn/Bus erreichbar
- Einkehrmöglichkeit
- für Kinder geeignet

Symbole im Höhenprofil

- Ort mit Einkehrmöglichkeit
- Einkehrmöglichkeit
- unbewirtschaftete Hütte, Alm
- Bahnhof
- Bushaltestelle

- P Parkplatz
- † Gipfel
- Kirche, Kapelle
- Burg, Schloss, Ruine
- Aussichtsplatz
- Auf-/Abfahrt mit Zahnradbahn
- Auf-/Abfahrt mit Seilbahn
- Auf-/Abfahrt mit Sessellift
-)(Joch, Passübergang
-)(Steg, Brücke
- Abzweigung

Gehzeiten

Die Zeitangaben beziehen sich auf die reine Gehzeit; Pausen sind nicht einberechnet. Da jeder Wanderer sein eigenes Tempo hat, können es nur Richtwerte sein. Denn Faktoren wie Wegbeschaffenheit, Wetter, Rucksackgewicht oder Tagesform sind für die tatsächlich benötigte Zeit ausschlaggebend. Es empfiehlt sich deshalb, für eine Tour genügend Zeitreserven einzuplanen.

Anfahrt

Seefeld liegt an der Bahnstrecke München – Garmisch-Partenkirchen (mit Umsteigen)– Mittenwald – Innsbruck und ist deshalb mit öffentlichen Verkehrsmitteln gut zu erreichen.
In die Leutasch verkehren Busse vom Bahnhof Seefeld (Linie 430, von Juli bis Anfang Oktober auch Linie 433). Einige Verbindungen der Buslinie 431 fahren auch vom Bahnhof Mittenwald ins Leutaschtal.
Für die Ausgangspunkte am Mieminger Plateau sind die Buslinien 355 (Montag bis Freitag) und 350 (samstags) nützlich. Sie fahren vom Bahnhof Innsbruck über Telfs und das Plateau nach Nassereith. Bus 150 verkehrt über den Fernpass und verbindet so die Bahnhöfe von Reutte in Tirol und Ehrwald mit Nassereith.

Rastplatz zum Genießen: die Marienbergalm in den Mieminger Bergen (Tour 32).

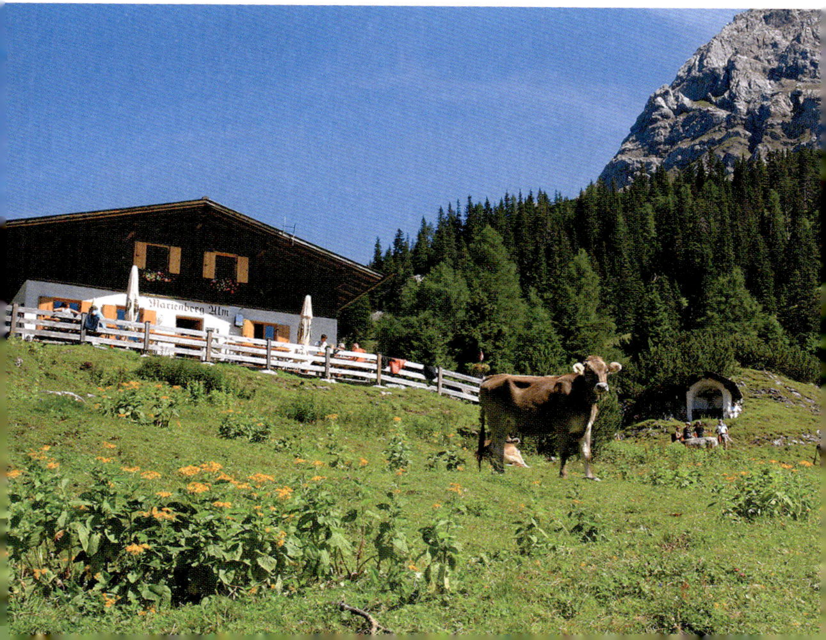

Der Umwelt zuliebe ...

Auch beim Wandern hinterlassen wir einen ökologischen Fußabdruck, aber im Einklang mit der Natur unterwegs zu sein, ist gar nicht so schwer!

VORBEREITUNG UND ANFAHRT

- Sich vorab informieren, worauf in Bezug auf Natur und Umwelt in der jeweiligen Wanderregion besonders zu achten ist.
- Soweit möglich mit Bahn und Bus anreisen, Wander- und Rufbusse nutzen.
- Ist eine Anfahrt mit dem Auto nötig, Fahrgemeinschaften bilden.
- Bei weiten Anfahrten Mehrtagestouren planen oder von einem Quartier vor Ort aus mehrere Touren absolvieren.
- Flugreisen möglichst reduzieren und durch Beiträge zu Klimaschutzprojekten kompensieren.

KLEIDUNG UND AUSRÜSTUNG

- Beim Kauf von Outdoor-Kleidung auf umweltfreundliche und faire Herstellung achten und Kleidungsstücke möglichst viele Jahre nutzen.
- Ausrüstung kann man eventuell auch gebraucht kaufen oder ausleihen.
- Reparieren statt neu kaufen.

VERPFLEGUNG

- Beim Einkauf Bio-Ware, regionale und saisonale Erzeugnisse bevorzugen.
- Hütten und Gasthäuser auswählen, die regionale Produkte verwenden.
- Auf Einwegflaschen und Plastikverpackungen verzichten, stattdessen wiederverwendbare Trinkflaschen und Brotzeitboxen benutzen.

ÜBERNACHTUNG

- Bei lokalen Anbietern buchen, damit Menschen vor Ort profitieren.
- Auf Hütten und in anderen Unterkünften Strom und Wasser sparen.

UNTERWEGS

- Wege benutzen und Abkürzer vermeiden.
- Sperrungen von Wegen und Schutzgebieten respektieren.
- Keine Blumen pflücken und keine Pflanzen entnehmen.
- Waldbrandgefahr beachten.
- Müll wieder mit nach Hause nehmen und dort entsorgen.
- Toilettengänge in freier Natur möglichst vermeiden.
- Lärm vermeiden.
- Hunde an die Leine nehmen.

ROTHER
BERGVERLAG

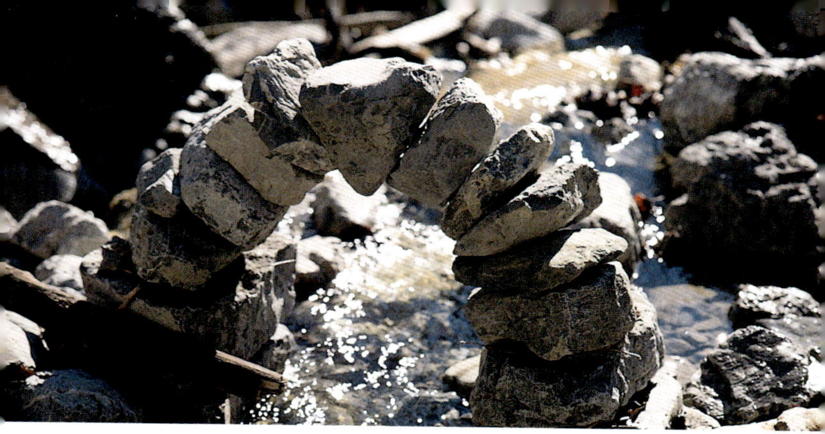

Kleinkunst am Bergbach.

Nach Imst kommt man mit der Buslinie 340 von Nassereith und der Linie 250 vom Bahnhof Landeck-Zams. Die Touren, die an der Hahntennjoch-Passstraße starten, sind mit der Buslinie 155 Imst – Elmen im Lechtal zu erreichen (von Ende Mai bis Ende Oktober).
In der Kurzinfo jeder Tour sind Hinweise zur Anreise mit öffentlichen Verkehrsmitteln aufgeführt. Aktuelle Busfahrpläne auf vvt.at.

Mit Kindern unterwegs

Kinder sind leicht fürs Wandern zu begeistern, wenn genügend Abwechslung geboten ist. Am meisten Spaß haben sie, wenn Steige über Stock und Stein führen, Seen und Bäche zum Planschen einladen, sie an Felsblöcken kraxeln oder das Almvieh auf den Weiden beobachten können. Winkt dann noch eine gemütliche Hütteneinkehr, ist auch für Kinder das Wandererlebnis perfekt. Längere Forstwegabschnitte können ihnen dagegen die Lust am Gehen schnell verderben. Ein Symbol weist darauf hin, welche Touren für Kinder empfehlenswert sind.

Hütten und Almen

Die Einkehr auf einer schön gelegenen Hütte oder einer gemütlichen Alm gehört für viele zu einer gelungenen Wanderung dazu. Bei der Mehrheit der vorgeschlagenen Touren liegen Einkehrmöglichkeiten am Weg. Manche sind fast ganzjährig geöffnet, die meisten Hütten und Almen werden jedoch nur wenige Monate im Sommer bewirtschaftet. Bei kleinen Almen, die vorwiegend für die Viehwirtschaft da sind, trifft man oft nur während der Weidezeit von Juni bis September auf Hirten und Sennerinnen. Die in der Kurzinfo angegebenen Öffnungszeiten dienen als Orientierung, können sich jedoch ändern. Außerhalb der Hauptsaison, im Frühjahr und

Herbst, hängt die Bewirtschaftung oft von der Schneelage und den Witterungsbedingungen ab. Um nicht vor verschlossenen Türen zu stehen, empfiehlt sich ein Blick auf die Homepage der jeweiligen Hütte oder Alm. Alternativ kann auch ein Anruf beim Tourismusbüro hilfreich sein.
Einen besonderen Reiz hat es, auf einer Hütte zu übernachten und so die Abend- und Morgenstimmung am Berg zu erleben. Eine Reservierung ist zu empfehlen und erfolgt meistens online. Übernachtungsmöglichkeiten, Internetadresse und Telefonnummer sind jeweils in der Kurzinfo aufgeführt.

Karten

Jeder Wandervorschlag ist in einen Kartenausschnitt im Maßstab 1:50.000 eingezeichnet (Routen 8 und 26: 1:75.000), der die unmittelbare Umgebung zeigt. Für eine bessere Orientierung empfiehlt sich zusätzlich die Mitnahme einer Wanderkarte. Von Freytag & Berndt sind für das Gebiet dieses Wanderführers die Karten WK 322 »Wetterstein – Karwendel – Seefeld – Leutasch – Garmisch-Partenkirchen« und WK 352 »Ehrwald – Lermoos – Reutte – Tannheimer Tal – Zugspitze«, beide im Maßstab 1:50.000, geeignet. Einen genaueren Überblick bieten die Alpenvereinskarten Blatt 5/1 »Karwendelgebirge West«, Blatt 4/1 bis 4/3 »Wetterstein- und Mieminger Gebirge« und Blatt 3/4 »Lechtaler Alpen«, jeweils im Maßstab 1:25.000.

Notfall

Europäische Notrufnummer: 112
Bergrettung Österreich: 140
Notfall-App: SOS-EU-ALP

Alpine Wetterberichte

Alpenvereinswetterbericht: alpenverein.at, alpenverein.de
Zentralanstalt für Meteorologie und Geodynamik ZAMG: zamg.ac.at
Wetterbericht des ORF: wetter.orf.at/tirol

Fahrplanauskunft

ÖBB: Tel. +43 5 1717, oebb.at
VVT (Verkehrsverbund Tirol): Tel. +43 512 561616, vvt.at
DB: Tel. +49 30 2970, bahn.de

Tourismusverbände

Tourismusverband Seefeld: Tel. +43 50880, seefeld.com
Informationsbüro Leutasch: Tel. +43 50880510, seefeld.com
Tourismusinformation Mieming: Tel. +43 512 53566414, innsbruck.info
Tourismusinformation Imst: Tel. +43 5412 6910, imst.at

Rechts: Am Söllerpass über der Leutasch (anspruchsvolle Variante zur Meilerhütte).
Nächste Doppelseite: Die Seele baumeln lassen an der Leutascher Ache.

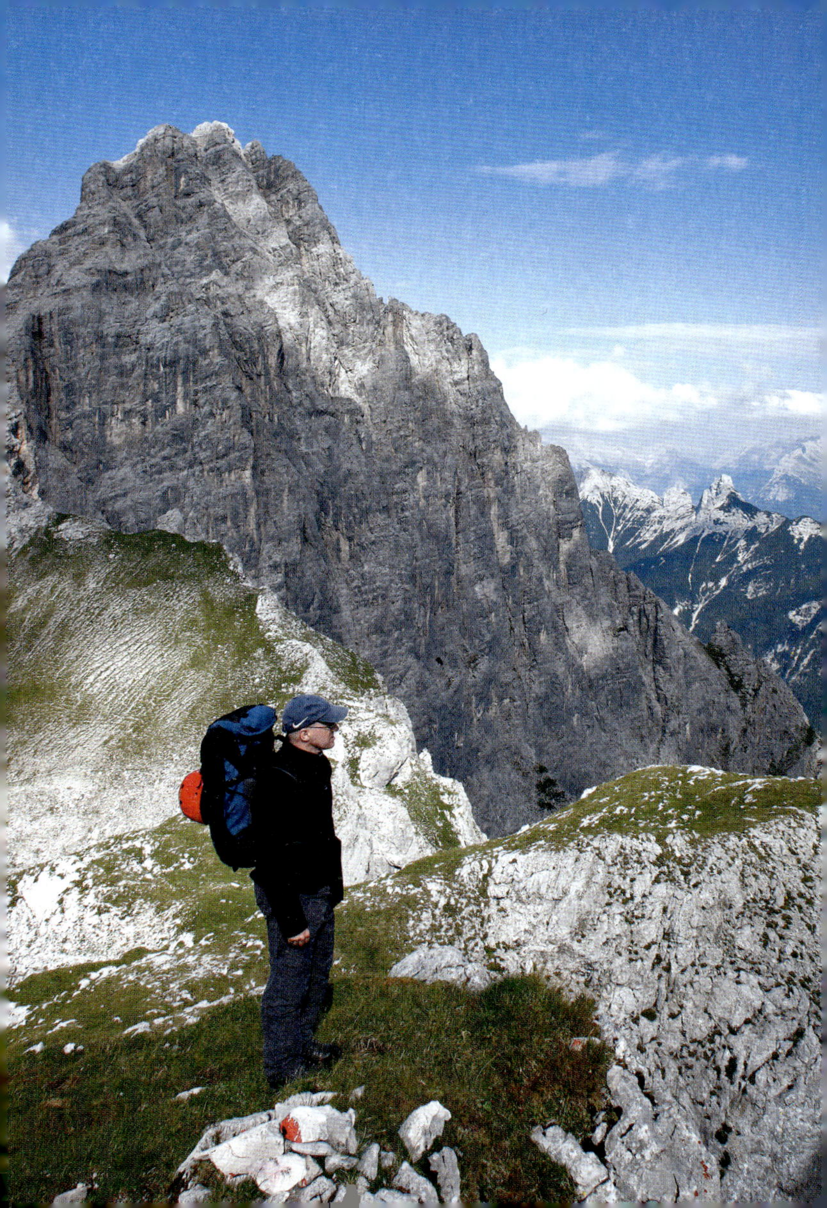

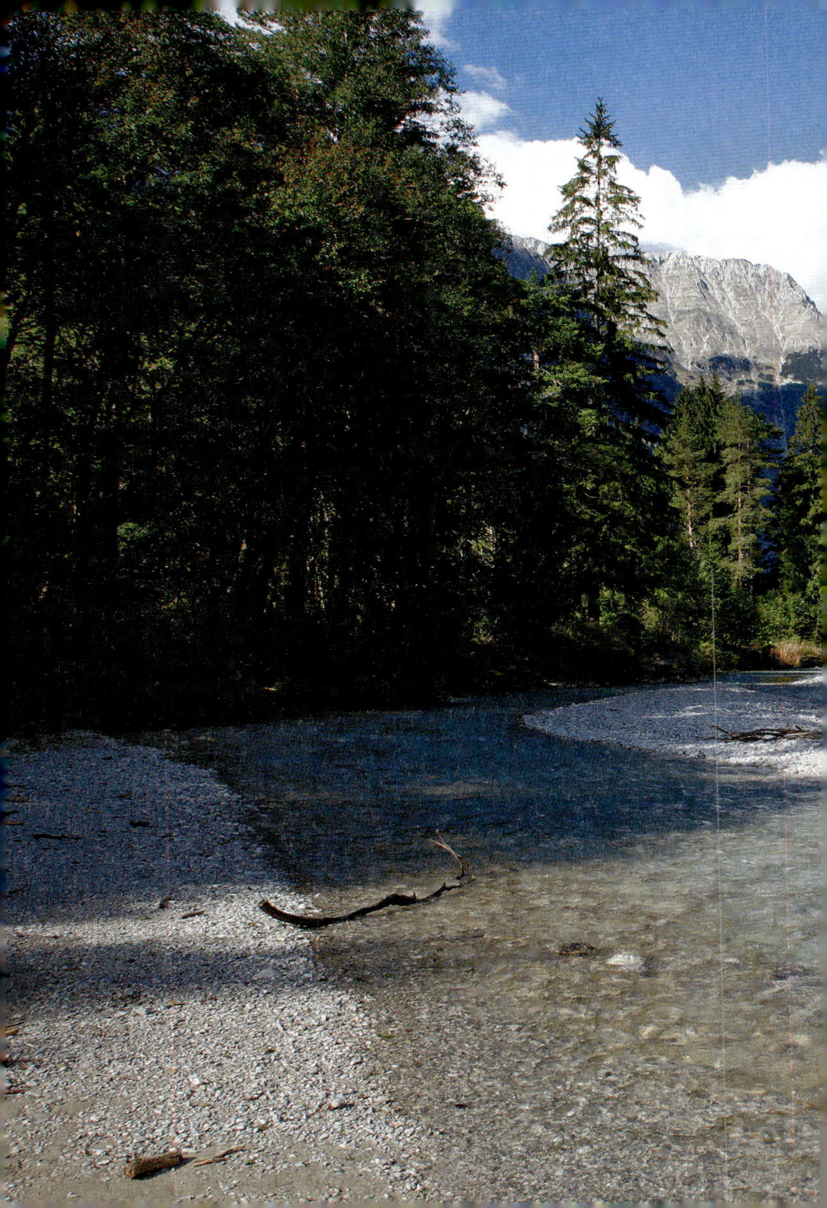

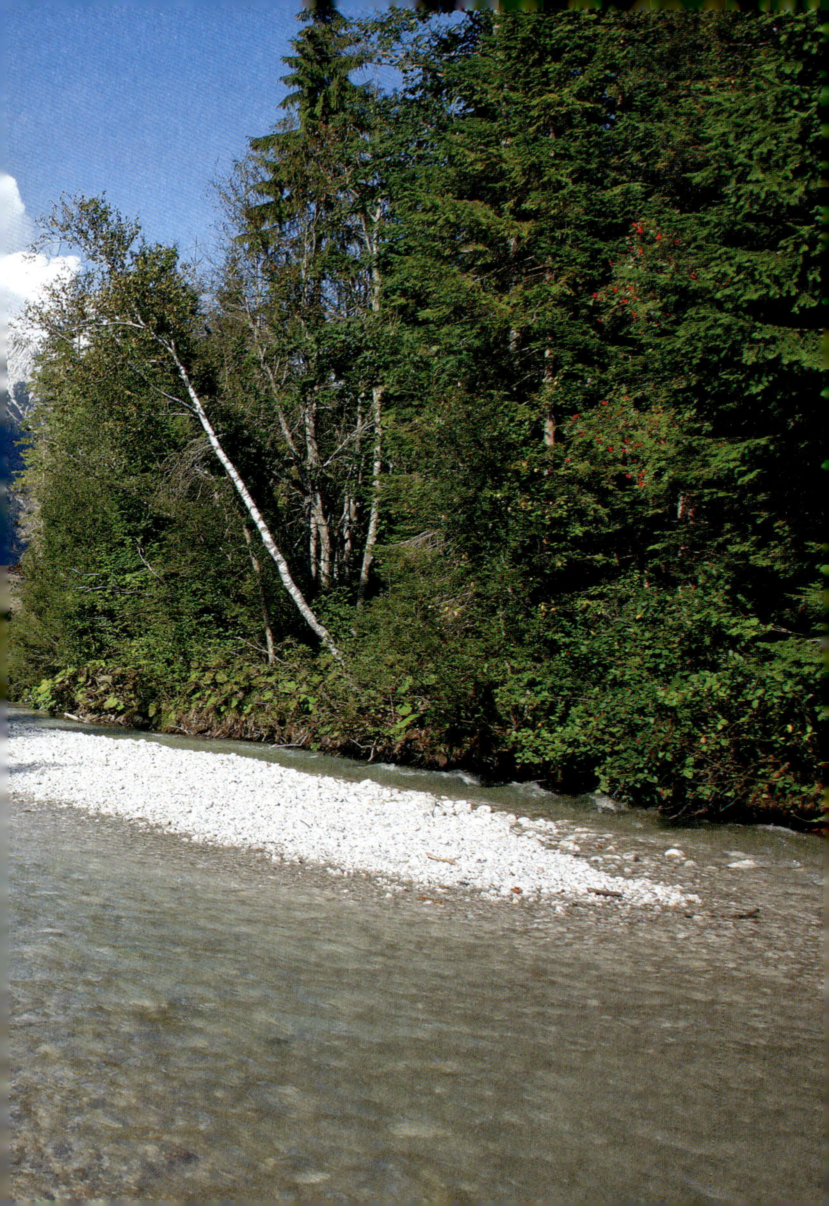

Bergwelt zwischen Seefeld und Leutasch

Die Region wird im Norden von der Grenze zu Bayern, im Süden vom tief eingeschnittenen Inntal, im Osten und Westen von den hohen Gipfeln des Karwendel- und Wettersteingebirges deutlich abgegrenzt. Drei verschiedene Elemente schaffen hier eine ungewöhnliche Landschaft: Da gibt es fast ebene Talböden, vor allem das lang gestreckte Hochtal der Leutasch, daneben kleinere Becken bei Seefeld und Scharnitz. Dazwischen breitet sich eine mittelgebirgsartige Bergwelt mit bewaldeten Köpfen bis zu 1550 m Höhe und ein paar versteckten Seen aus. Für die auffallend runden Formen sorgten die Eiszeitgletscher, die einst das Gebiet überlagerten und alle Kanten abhobelten. Diese liebliche Landschaft wird umrahmt von großen Bergen, die vor allem im Wetterstein sehr markante, oft wilde Formen zeigen. Die gegen Norden und Westen geschützte Lage bedingt ein freundliches, trockenes Klima, die Öffnung nach Süden – man schaut quer über das Inntal auf die Berge der Stubaier Alpen – sorgt für viel Sonnenschein.
Die Leutasch ist ein Hochtal von 16 km Länge mit einem durchgehenden, fast ebenen Wiesenboden und verstreuten kleinen Ortschaften. Über die gesamte Entfernung gibt es lediglich ein Gefälle von 140 m. Der Bergwanderer findet dort eine reiche Auswahl an Touren, denn die Berghänge steigen aus dem Talboden unvermittelt zu den großen und wilden Felsgipfeln empor, und man bekommt deshalb fast überall faszinierende Ausblicke geboten. Darüber hinaus können so berühmte Klettergebiete wie die Schüsselkarspitze-Südwand aus der Nähe betrachtet werden.
Seefeld liegt auf einem welligen Hochplateau am Fuß des Karwendels. Es hat eine lange Tradition im Tourismus und zählt zu den bekanntesten Urlaubsorten Österreichs. Sonnig und schneesicher hat es sich vor allem als Wintersportzentrum einen Namen gemacht. Dreimal fanden in Seefeld bei Olympischen Winterspielen die nordischen Wettbewerbe statt. Im Sommer bietet es Wanderern ein ausgedehntes Wegenetz – von gemütlichen Wan-

Imposante Nordwände: die Gehrenspitze über dem Puittal (Tour 17 und 18).

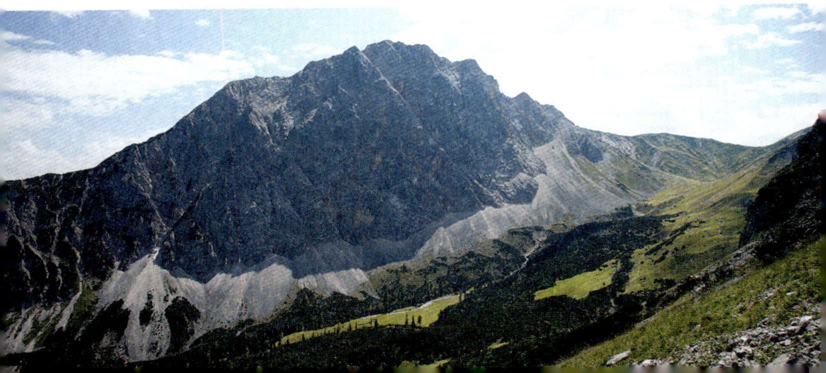

derungen durch die sanfte Mittelgebirgslandschaft des Plateaus bis zu den felsigen Gipfeln des Karwendels. Die Bergbahnen Rosshütte ermöglichen Ausgangspunkte auf über 2000 Metern Höhe.
Gleich drei große Karwendeltäler münden beim Tiroler Grenzort Scharnitz aus: Gleirsch- und Karwendelbach speisen dort die im Hinterautal entspringende Isar. Im Bereich dieser Bäche, einem großflächigen Naturschutzgebiet, stehen fast hundert Gipfel. Die ungewöhnlich lang gestreckten, tief eingeschnittenen Täler dürfen jedoch nicht mit dem Auto befahren werden, und so sind die meisten Ziele als Tagestouren kaum erreichbar. Schön gelegene Hütten wie das Karwendelhaus oder die Pleisenhütte bieten sich als Übernachtungsplatz an, um höhere Gipfel zu erreichen. Es gibt jedoch auch direkt bei Scharnitz eine Reihe reizvoller Ziele.

- **Scharnitz**, 964 m, Grenzort zu Bayern und Tor zum Naturpark Karwendel; Isarursprung im Hinterautal nicht weit von Scharnitz; Ruine Porta Claudia an einer von der Isar geschaffenen Talenge, eine Grenzfestung, die im 30-jährigen Krieg errichtet wurde; das Naturpark Infozentrum erzählt Interessantes über Tirols ältesten Naturpark, das Museum Holzerhütte über die Geschichte der Holznutzung und die Artenvielfalt im Wald; Naturpark Infozentrum Scharnitz, Tel. +43 50880540, seefeld.com/scharnitz.
- **Seefeld**, 1180 m, bekannter Urlaubsort mit internationalem Flair, auf einer weiten, sonnigen Hochfläche gelegen; stark vom Tourismus geprägt, zahlreiche Vier- und Fünf-Sterne-Hotels, gehobene Restaurants, exklusive Läden und Spielcasino; das Jahr über mehrere große Kultur- und Sportveranstaltungen; Bergbahnen Rosshütte zum Seefelder Joch, 2060 m, und zum Härmelekopf, 2034 m, sowie ein Sessellift am Gschwandtkopf; im Süden des Ortes der Wildsee mit Strandbad und Waldschwimmbad; Informationsbüro Seefeld, +43 50880, seefeld.com/seefeld.
- **Mösern**, 1206 m, in aussichtsreicher Hanglage 600 m über dem Inntal, das »Schwalbennest Tirols«; »Albrecht-Dürer-Blick« über das Inntal, 1494 von Dürer auf seiner Italienreise gezeichnet; 10 Tonnen schwere Friedensglocke; Möserer See, einer der wärmsten Seen Tirols; Informationsbüro Mösern/Buchen, Tel. +43 50880520, seefeld.com/moesern.
- **Reith**, 1130 m, kleiner Ort südlich von Seefeld, 500 m über dem Inntal; freier Blick in die Stubaier Berge, oberhalb lichte Lärchenwälder; Bienenlehrpfad und Kulturwanderweg mit jeweils 10 Stationen; Tourismusservice Reith, Tel. +43 50880, seefeld.com/reith.
- **Leutasch**, 1106 m, 16 km langes Hochtal, das eine einzige Gemeinde bildet, 23 Ortsteile, Zentrum ist Weidach; sehr schöne Landschaft dank der weiten Wiesenböden und der eindrucksvollen Bergkulisse mit wilden Felsgipfeln wie Öfelekopf und Gehrenspitze; Paradies für Wanderer mit einer weitgehend ursprünglich erhaltenen Kultur- und Naturlandschaft und einem Wegenetz von etwa 450 km; Informationsbüro Leutasch, Tel. +43 50880510, seefeld.com/leutasch.

1 Große Arnspitze, 2196 m

6.15 h

Massiv zwischen Wetterstein und Karwendel

Zwischen Leutasch und dem Isartal steht recht auffallend und kaum zu übersehen die Arnspitzgruppe. Sie besteht nur aus drei Gipfeln, zwei auffallenden, recht wilden Felsgestalten und der isoliert aufragenden Großen Arnspitze, die sich etwas zugänglicher zeigt, zudem herrliche Tiefblicke und ein weites Panorama bietet. Aber auch ihre Besteigung erfordert Bergwanderer mit Erfahrung. Der Aufstieg beginnt bei der berühmten Porta Claudia. Hier bilden die vorspringenden Felsen und die Isar ein natürliches Hindernis, das im 17. Jahrhundert durch eine Festung verstärkt wurde. Man benannte sie nach der Tiroler Landesfürstin Claudia von Medici. Einige bis zu sechs Meter hohe Mauerreste erinnern an das einstige Bollwerk.

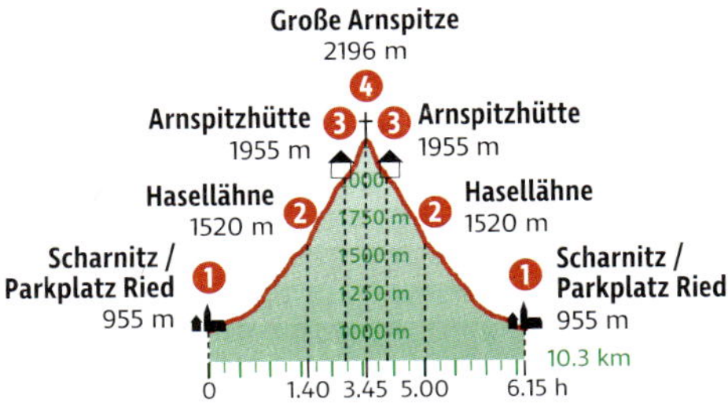

Ausgangspunkt: Scharnitz, Parkplatz P1 Ried, 955 m; bei der nördlichen Einfahrt nach Scharnitz der Beschilderung »P1« von der Umgehungsstraße über eine Brücke zum (gebührenpflichtigen) Parkplatz folgen; Bahnverbindung von München / Garmisch-Partenkirchen und Innsbruck / Seefeld.

Anforderungen: Bergwege in teilweise steilem Gelände; am Gipfelhang einige Schrofen und Sicherungen, Trittsicherheit wichtig.

Einkehr: Unterwegs keine; Gasthäuser in Scharnitz.

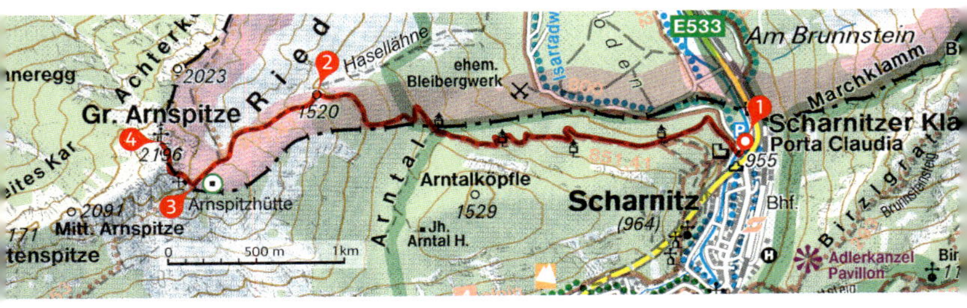

Vom Parkplatz Ried bei **Scharnitz** ❶ gehen wir zurück zur Brücke, dort rechts auf einen Forstweg und durch Wald bergauf. Die Forststraße führt um den Bergrücken herum.
Bei einem links abzweigenden Forstweg halten wir uns geradeaus und folgen zunächst weiter dem Fahrweg, bis sich der Anstieg auf einem Steig fortsetzt. Er zieht über die bewaldeten, zeitweise steilen Nord- und Osthänge bergauf und quert schließlich nach rechts zur breiten Rinne der **Hasellähne** ❷.
In und neben dieser Lawinengasse geht es durch Buschwerk und Latschen weiter bergauf bis kurz vor die **Arnspitzhütte** ❸, eine offene Unterstandshütte.
Dort folgen wir rechts dem Steig zu einem Holzkreuz am Kamm hinauf und gelangen dann über eine hohe, steile, mit einigen Schrofen durchsetzte Grasflanke fast unmittelbar zum höchsten Punkt der **Großen Arnspitze** ❹, 2196 m. Das Gipfelkreuz befindet sich auf einer nördlich vorgelagerten Erhebung und ist über ausgesetzte Passagen zu erreichen.
Der Rückweg zum Parkplatz Ried bei **Scharnitz** ❶ erfolgt auf derselben Route.

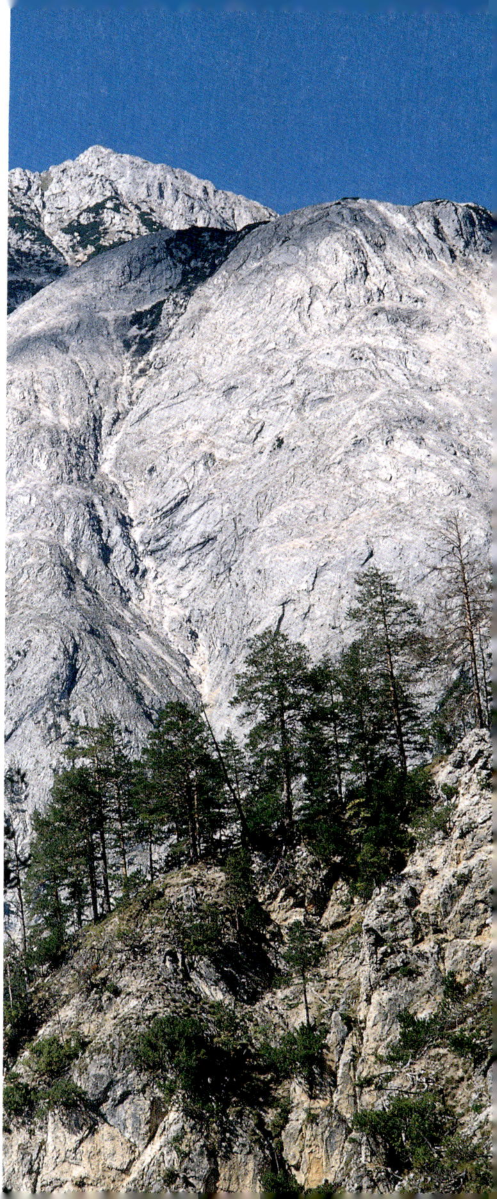

Kahle Hänge an der Großen Arnspitze: Folge eines Waldbrandes.

↗ 290 m | ↘ 290 m | 8.3 km

2 Karwendeltal-Rundweg

2.15 h

Buntes Potpourri an Karwendelbildern

Das Karwendeltal mit seinen eindrucksvollen Felsgipfeln als Kulisse wird von einer Forststraße durchzogen und ist vor allem für Mountainbiker ein beliebtes Ziel. Vielfältige Eindrücke bietet eine kleine, abwechslungsreiche Rundwanderung am Eingang des Tals: die im Wald verborgene Birzlkapelle, Ausblicke zu mauerglatten Felswänden und großen Karwendelgipfeln sowie der ungestüm ins Tal rauschende Karwendelbach. Am Karwendelsteg blickt man in sein schäumendes Wasser, das über felsige Kaskaden stürzt und sich durch eine tief eingeschnittene Klamm zwängt. Zum Ausklang wird die Wanderung vom Plätschern der türkisblauen Isar begleitet. Ein kurzer Abstecher zur urigen Scharnitzer Alm für eine gemütliche Einkehr rundet die Tour ab.

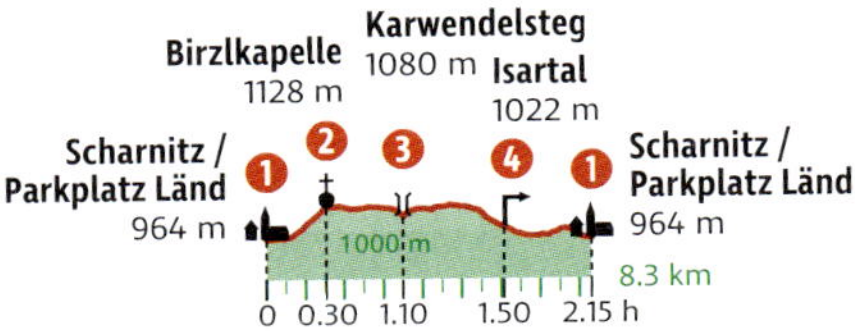

Ausgangspunkt: Scharnitz, Parkplatz P2 Länd, 964 m; bei der Kirche von Scharnitz Richtung Karwendeltäler abzweigen und zum großen (gebührenpflichtigen) Parkplatz beim Naturpark-Infozentrum; Bahnverbindung von München / Garmisch-Partenkirchen und Innsbruck / Seefeld.

Anforderungen: Wald- und Forstwege ohne Schwierigkeiten.

Einkehr: Keine am Weg; evtl. Abstecher (5 Min.) zur Scharnitzer Alm, 995 m, geöffnet Mitte Mai bis Anfang Oktober, 12 bis 18 Uhr, bei schlechtem Wetter geschlossen, Tel. +43 664 5234567; Gasthäuser in Scharnitz.

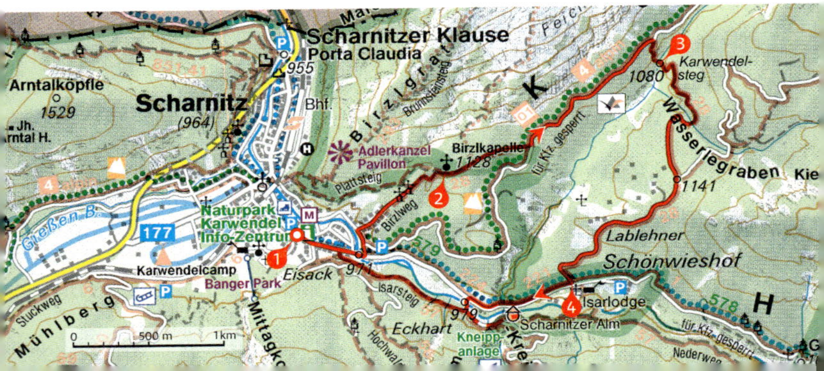

Vom Parkplatz Länd in **Scharnitz** ❶ gehen wir geradeaus auf der Hinterautalstraße zur Isar, überqueren den Bach (dort ebenfalls Parkmöglichkeit, jedoch oft belegt) und biegen nach der Brücke links bergauf ab. Wir wandern an der Abzweigung des Fahrwegs ins Karwendeltal vorbei und halten uns bei der nächsten Möglichkeit rechts aufwärts (Schild »Haus Arnspitzblick«). An einigen Wohnhäusern vorbei kommen wir zum Waldrand und folgen einem breiten Weg immer geradeaus bergauf. Ein Steig führt schließlich zu einem ebenen Platz im Wald mit der **Birzlkapelle** ❷, 1128 m.

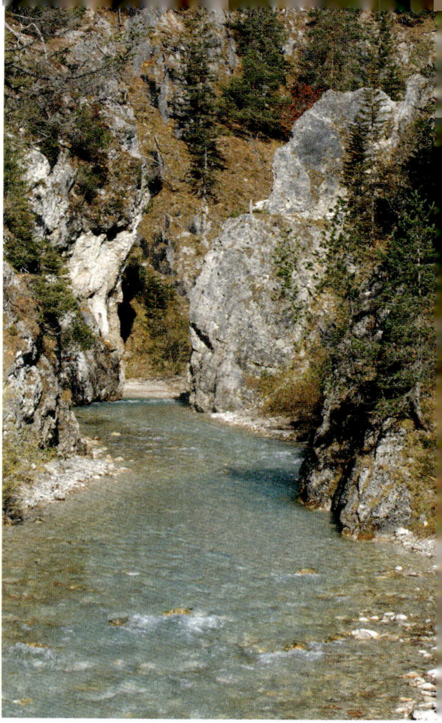

Glasklar und eiskalt: der Karwendelbach.

Von dort geht es fast auf einer Höhe zur Karwendeltal-Forststraße, in die wir links einbiegen. Mit eindrucksvollen Ausblicken auf die felsigen Gipfel und Wände des Karwendels wandern wir taleinwärts (Achtung: zahlreiche Mountainbiker), bis wir nach 20 Min. beim Wegweiser »Karwendelsteg« rechts abzweigen. Nach 50 m halten wir uns links und steigen auf einem Pfad über das steile Waldufer zum **Karwendelsteg** ❸ ab. Auf der anderen Bachseite führt der Fußweg kurz bergauf und mündet in einen Forstweg. Diesem folgen wir ohne Steigungen über die bewaldeten Hänge talauswärts und queren dabei den Wasserlegraben. Wir treffen auf die Schotterstraße, die als Zufahrt zur Pleisenhütte dient. Sie bringt uns nach rechts ins **Isartal** ❹ hinunter. Dort gelangen wir bei der Isarlodge Wiesenhof zur Straße, die ins Hinterautal führt, und gehen nach rechts an der Isar entlang das Tal hinaus. Um die Straße zu vermeiden, wechseln wir nach 15 Min. ans linke Bachufer. Wer nach der Brücke links abzweigt, erreicht in gut 5 Min. die bewirtschaftete Scharnitzer Alm.

Für die Rückkehr nach Scharnitz biegen wir rechts in den Isarsteig ein. Er führt über zwei Bachgräben und kurz ansteigend am bewaldeten Ufer oberhalb der Isar talauswärts. An den Weggabelungen halten wir uns jeweils rechts und gelangen über einen steilen Waldhang zum Ortsrand hinunter. Dort kehren wir links zum Parkplatz Länd in **Scharnitz** ❶ zurück.

↗ 800 m | ↘ 800 m | 14.0 km

3 Pleisenhütte, 1757 m

4.30 h

Die Hütte mit dem idealen Karwendelblick

Auf dem Südwestrücken der Pleisenspitze steht die kleine Pleisenhütte in völlig freier Lage. Zu verdanken ist dieser herrliche Logenplatz dem »Pleisentoni«, wie der Scharnitzer Toni Gaugg genannt wurde. Er errichtete 1953 in Eigenregie ein Bergdomizil über seinem Heimatort und erfüllte sich so seinen Traum von einer eigenen Hütte im Karwendel. Von der Hüttenterrasse schauen die Besucher nach Westen ins Wetterstein und zu den Mieminger Bergen und nach Süden auf die Karwendelgipfel der Gleirsch- und Inntalkette. Das besondere Schaustück sind die bis zu 900 m hohen Nordwände, die gleich gegenüber jenseits des Gleirschtals aufragen. Die meisten Bergwanderer werden sich mit dem Besuch der gemütlichen Hütte zufriedengeben. Es lohnt sich aber auch, die Pleisenspitze, 2569 m, mit ihrem großartigen Gipfelpanorama zu besteigen und dazu auf der Pleisenhütte zu übernachten.

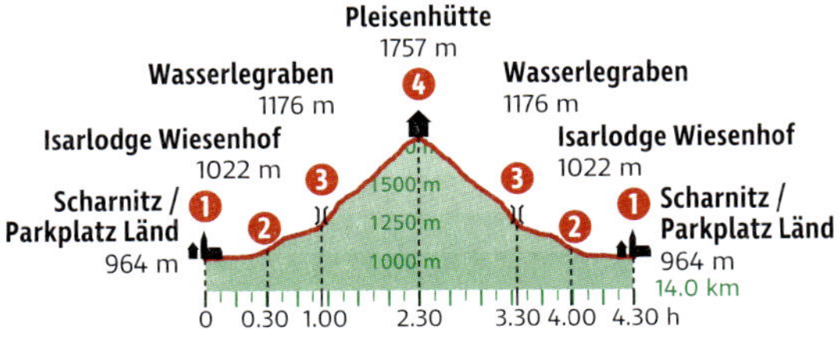

Ausgangspunkt: Scharnitz, Parkplatz P2 Länd, 964 m; bei der Kirche von Scharnitz Richtung Karwendeltäler zum großen (gebührenpflichtigen) Parkplatz beim Naturpark-Infozentrum; Bahnverbindung von München / Garmisch-Partenkirchen und Innsbruck / Seefeld.
Anforderungen: Fahr- und Waldwege ohne Schwierigkeiten, im zweiten Teil etwas steilere Anstiege.
Einkehr: Pleisenhütte, privat, Übernachtungsmöglichkeit, Sommeröffnung von Mitte Mai bis Mitte Oktober, im Mai an Wochenenden und Feiertagen, im Juni Mittwoch bis Sonntag, ab Anfang Juli täglich, im Winter von Mitte November bis Mitte April an Wochenenden geöffnet, Tel. +43 664 9158792, pleisenhütte.at.

Varianten: Besteigung der Pleisenspitze, 2569 m: Auf dem Steig hinter der Hütte schräg rechts durch Latschen bergauf ins Vorderkar. Dort nach rechts zum Bergrücken, der »Pleisen«, und westlich unterhalb des Hinteren Pleisengrats weiter hinauf. Zuletzt über schotteriges und felsiges Gelände zum Gipfel (2 Std. Anstieg von der Pleisenhütte, Trittsicherheit erforderlich).
Variante für den Rückweg: Nach dem Wasserlegraben (Wegpunkt 3) rechts zum Karwendelsteg. Zu einer Forststraße und links das Karwendeltal hinaus. Nach 20 Min. rechts ab und an der Birzlkapelle vorbei nach Scharnitz zurück. Bei einer Querstraße links zur Isarbrücke und über den Bach zum Parkplatz (Gehzeit gesamt 5.10 Std.).

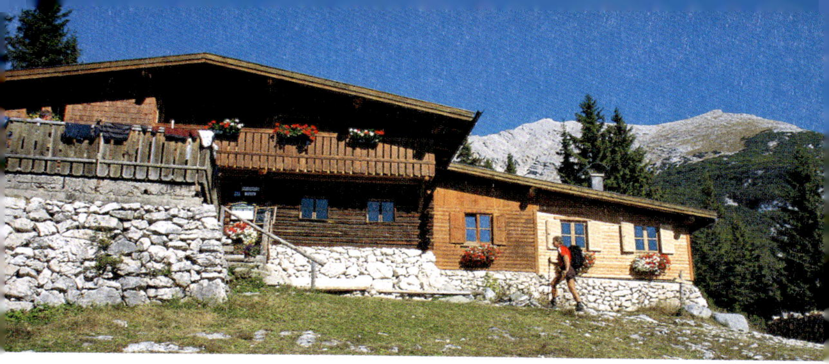

Logenplatz im Karwendel: die Pleisenhütte.

Vom Parkplatz Länd in **Scharnitz** ❶ folgen wir der Hinterautalstraße geradeaus zur Isarbrücke (dort ebenfalls Parkmöglichkeit, jedoch oft belegt). Wir überqueren den Bach und wandern auf einem Fahrweg am Isarufer taleinwärts. Kurz vor der **Isarlodge Wiesenhof** ❷ (kein Restaurantbetrieb) zweigt links eine Forststraße zur Pleisenhütte ab. Sie steigt im Wald an und führt, nun wieder flacher, an einer großen Lichtung vorbei. Wir passieren die Abzweigung zum Karwendelsteg (→ Variante für den Rückweg) und überqueren den **Wasserlegraben** ❸. Nach der Brücke kürzt ein steiler Waldweg die Kehren der Forststraße ab. Wieder auf der Schotterstraße halten wir uns an einer Verzweigung links, folgen dem Hüttenzufahrtsweg in einigen Serpentinen bergauf und queren nach rechts einen Latschenhang zur aussichtsreich gelegenen **Pleisenhütte** ❹, 1757 m. Der Rückweg erfolgt auf der Aufstiegsroute.

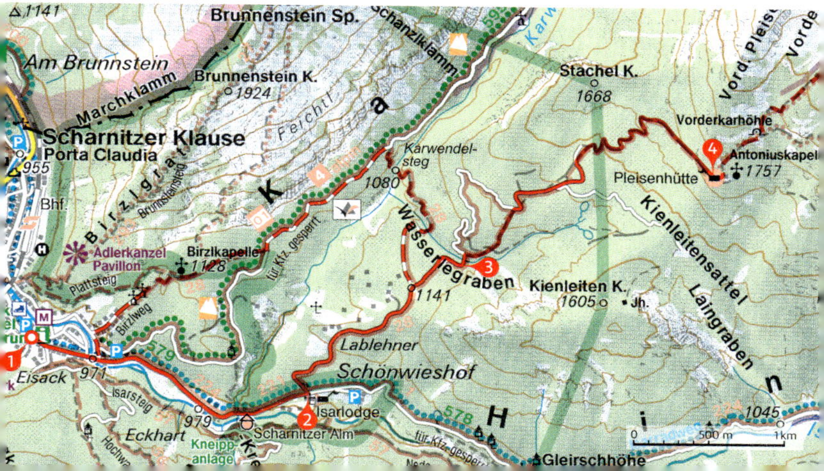

↗ 450 m | ↘ 450 m | 13.2 km

3.30 h

4 Teufelsloch- und Gleirschklamm

Versteckte Schluchten und sprudelnde Wasserspiele

Diese stillen Wege führen durch Wälder und über Gräben, die tief und malerisch ins Gelände eingeschnitten sind. Hin und wieder wird auch der Blick auf die großen Gipfel frei. Ein besonders faszinierender Wegabschnitt ist die Gleirschklamm mit ihren kleinen Wasserfällen und klaren Gumpen. Ganz nah rücken dort die steilen Hänge zusammen und lassen kaum Platz für einen schmalen Steig. Die Wanderung eignet sich dank der Bäume und der Nordlage relativ gut für warme Tage.

Ausgangspunkt: Scharnitz, Parkplatz P2 Länd, 964 m; bei der Kirche von Scharnitz Richtung Karwendeltäler abzweigen und zum großen (gebührenpflichtigen) Parkplatz beim Naturpark-Infozentrum; Bahnverbindung von München / Garmisch-Partenkirchen und Innsbruck / Seefeld.

Anforderungen: Steige in manchmal felsdurchsetztem Gelände, längere Abschnitte auch auf breiten Schotterwegen; in der Gleirschklamm schmaler Pfad, der teilweise steil zum Bach abbricht (bergseitig einige Drahtseilsicherungen), Trittsicherheit und Schwindelfreiheit erforderlich.

Einkehr: Scharnitzer Alm, geöffnet Mitte Mai bis Anfang Oktober, 12 bis 18 Uhr, bei schlechtem Wetter geschlossen, Tel. +43 664 5234567.

Beim Parkplatz Länd in **Scharnitz** ❶ biegen wir in die Hinterautalstraße ein, zweigen nach 50 m, nach dem Haus Karwendeltaxi Mair, rechts ab und gehen zwischen den Häusern hindurch zum Bergfuß. Dort halten wir uns erneut rechts, treffen auf eine Forststraße und folgen ihr in einer Linkskehre bergauf. Zunächst steigen wir auf dem Forstweg über die bewal-

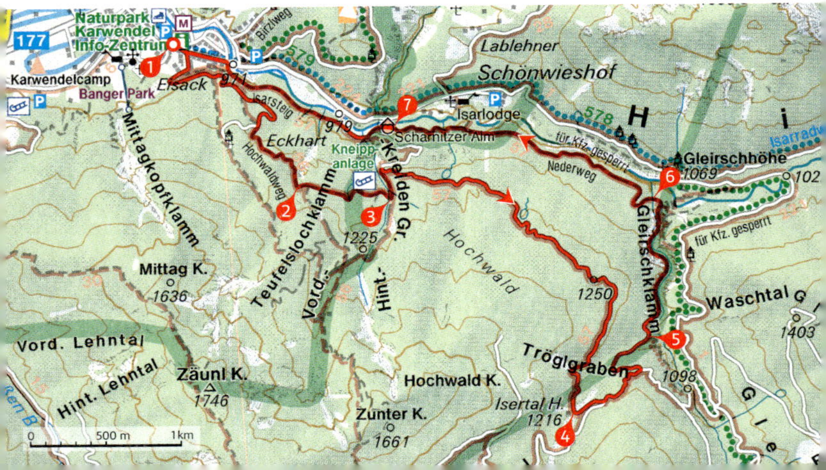

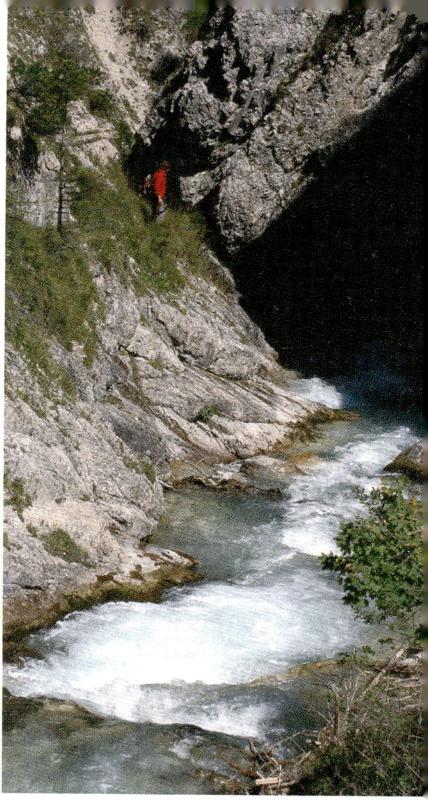

In der Gleirschklamm.

deten Hänge an, biegen dann links auf einen Steig ab und gelangen zur tief eingefurchten, teilweise felsigen **Teufelslochklamm** 2.

Steil geht es zum Bach hinunter und über eine steinige Stufe (Drahtseil) drüben wieder empor zu einer Verzweigung. Links bringt uns der untere Steig in den Vorderen Kreidengraben, 1160 m. Anschließend führt er um einen Rücken herum und hinab in den **Hinteren Kreidengraben** 3, 1115 m. Jenseits folgen wir einem Fahrweg ein paar Minuten abwärts und zweigen dann rechts ab. Auf breitem Weg wandern wir längere Zeit durch den Hochwald schräg aufwärts und ins bachlose **Isertal** 4 hinein. Auf der anderen Talseite gehen wir auf dem Forstweg zunächst 500 m abwärts, halten uns bei einer Verzweigung links und steigen durch den Einschnitt des Isertals zum Gleirschbach ab. Dort führt ein spannender Steig talauswärts durch die eindrucksvolle, 1 km lange **Gleirschklamm** 5. Bei einem Picknickplatz ist das Ende der Klamm erreicht.

Wir überqueren den **Gleirschbach** 6, 1015 m, und folgen dem Nederweg hoch über der Isarschlucht zur kleinen, gemütlichen **Scharnitzer Alm** 7. Nach der Alm bleiben wir bei der Isarbrücke am linken Bachufer und wandern auf dem Isarsteig weiter talauswärts. Bei einer Weggabelung halten wir uns rechts, steigen über einen steilen Waldhang zu den Häusern von Scharnitz hinunter und kehren links zum Parkplatz in **Scharnitz** 1 zurück.

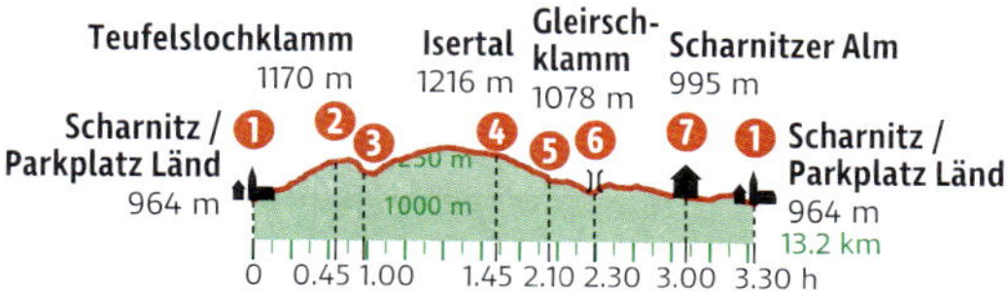

↗ 740 m | ↘ 740 m | 11.5 km

5 Mittagkopf, 1636 m, und Zäunlkopf, 1746 m

4.30 h

Stille Bergwanderung vor großer Kulisse

Diese Wanderung gehört zu den stillen Touren im Gebiet. Die bewaldeten Köpfe fallen vom Tal aus so gar nicht ins Auge, liegen sie doch inmitten einer sonst sehr markanten, alle Blicke auf sich ziehenden Felslandschaft. Auf drei Seiten wird der Bergkamm zwischen Mittag- und Zäunlkopf umrahmt von großen Karwendelgipfeln, während das letzte Viertel im Kreis die Arnspitzen füllen. Aber gerade diese Lage im Zentrum verleiht der Tour ihren Zauber. Auch wenn der Bergkamm zu einem großen Teil bewaldet ist, genießt man doch immer wieder den Blick auf die Großen rundum: Einmal wird das Wetterstein frei, dann das Massiv der Brunnsteinspitze, später die großen Karwendelketten mit Pleisenspitze und dem Hohen Gleirsch, und schließlich nimmt uns die Erlspitzgruppe mit ihren Zackenkämmen gefangen. Die Gießenbachschlucht wiederum hat ihre eigenen Reize.

Ausgangspunkt: Gießenbach, 1020 m, an der Straße Seefeld – Scharnitz; von Seefeld kommend in Gießenbach rechts zu den Bahngleisen und den Parkplätzen P5 und P6 (gebührenpflichtig); Bahnverbindung von München / Garmisch-Partenkirchen und Innsbruck / Seefeld.

Anforderungen: Schmale, teilweise etwas undeutliche Bergwege ohne Schwierigkeiten; Abstieg von der Oberbrunnalm auf einem Fahrweg.

Einkehr: Gasthaus in Gießenbach; Oberbrunnalm, geöffnet Mitte / Ende Mai bis Anfang Oktober, Tel. +43 699 18825505, oberbrunn-alm.tirol.

Platz zum Verweilen: die Oberbrunnalm.

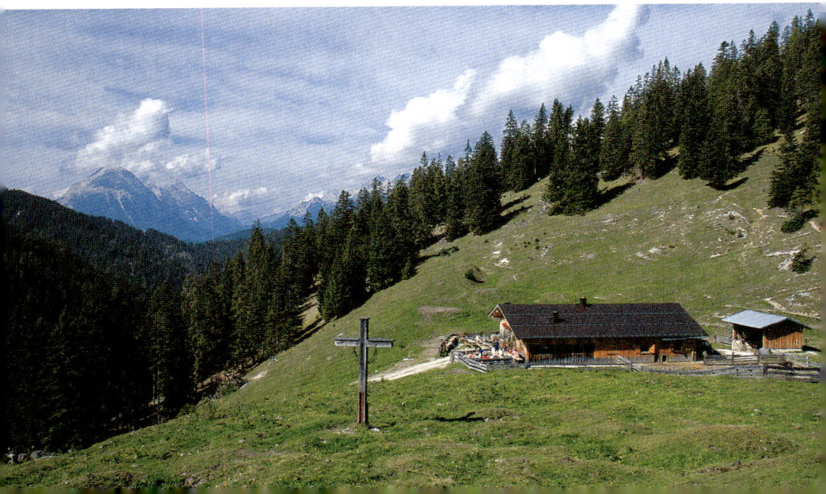

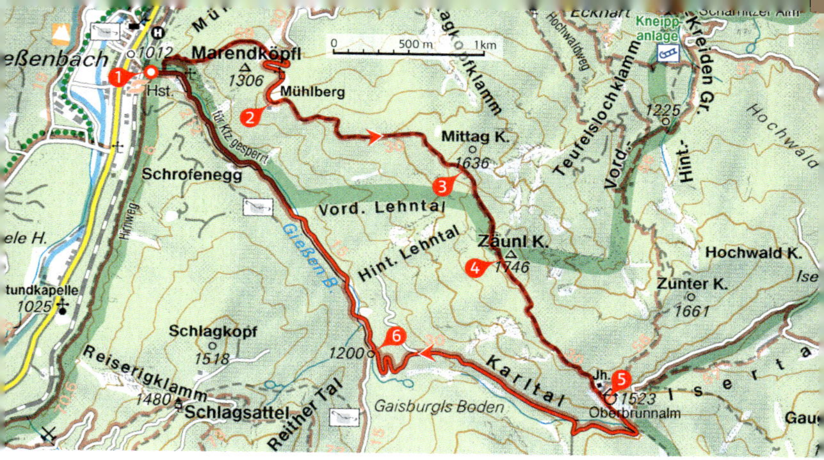

Vom Parkplatz in **Gießenbach** ❶ gehen wir über den Bach und nach der Brücke links auf einen Steig. Kurz darauf biegen wir rechts ab und wandern über den bewaldeten Rücken bergauf. Der Anstieg führt uns nördlich um das Marendköpfl herum und zu einem Fahrweg. Auf ihm gelangen wir rechts zur Bergstation des eingestellten **Mühlberglifts** ❷. Haben wir die Skiliftstation passiert, setzt sich unsere Anstiegsroute auf einem ausgeschilderten Pfad fort und zieht über den bewaldeten Höhenrücken zum mit Latschen bewachsenen **Mittagkopf** ❸ hinauf. Wir gehen wenig unterhalb des höchsten Punktes an ihm vorbei und ein paar Meter abwärts, dann steigen wir meist durch Latschenfelder zum **Zäunlkopf** ❹ hinauf.
Der Abstieg führt anschließend entlang des nach Süden verlaufenden Rückens und über steile Waldhänge zur **Oberbrunnalm** ❺ hinab, einer gemütlichen Einkehrmöglichkeit. Von der Alm folgen wir dem Fahrweg abwärts, halten uns bei einer Verzweigung rechts und kommen durch das Karltal ins **Gießenbachtal** ❻. Eine Schotterstraße führt am Bach entlang talauswärts und durch die Gießenbachklamm zurück nach **Gießenbach** ❶.

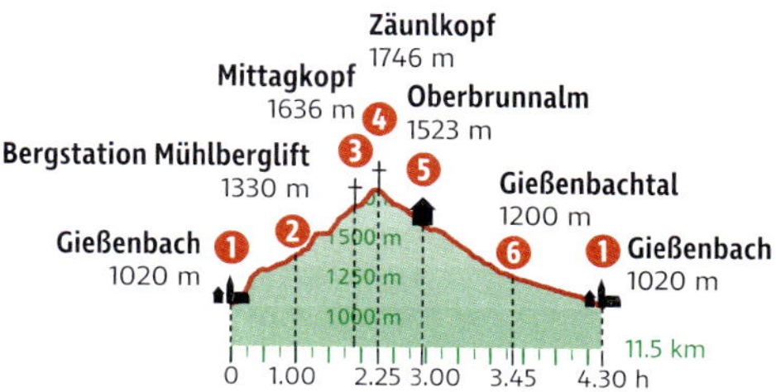

↗ 1080 m | ↘ 1080 m | 18.0 km

6.30 h

6 Eppzirler Scharte, 2091 m

Im Herzen der zackenstrotzenden Erlspitzgruppe

Die Erlspitzgruppe ist das letzte Massiv im Südwesten des Karwendels. Dieser etwa 10 km lange Kamm, ein in Zacken, Türme und Schluchten zerrissenes Felsrevier, umschließt hufeisenförmig die Eppzirler Alm. Von Gießenbach kann man durch das lang gestreckte Tal, anfangs durch die malerische Schlucht, zu dieser Jausenstation wandern. Wem dieser gemütliche Ausflug nicht genügt, der steigt zwischen den ganz auffallend zerborstenen Felswänden mit unzähligen Zacken in die Eppzirler Scharte hinauf, eine Tour, die mitten hinein in die eindrucksvolle Felskulisse des Karwendels führt.

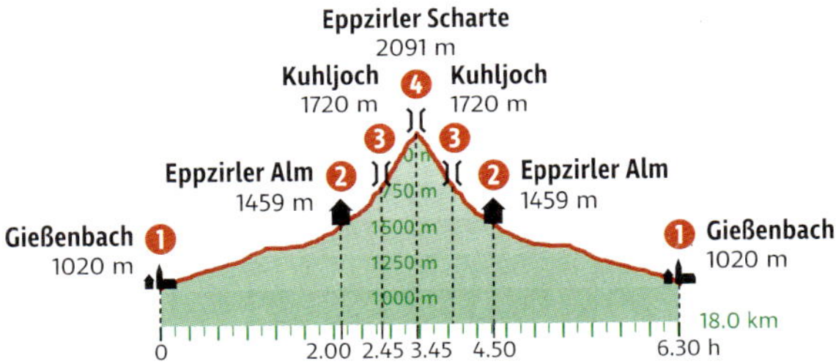

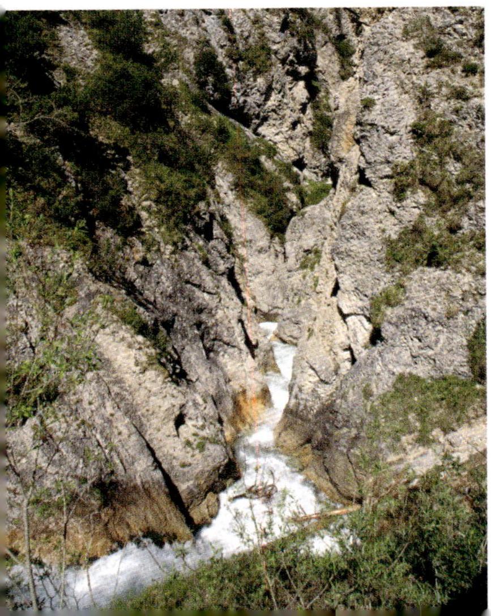

Ausgangspunkt: Gießenbach, 1020 m, an der Straße Seefeld – Scharnitz; von Seefeld kommend in Gießenbach rechts zu den Bahngleisen und den Parkplätzen P5 und P6 (gebührenpflichtig); Bahnverbindung von München / Garmisch-Partenkirchen und Innsbruck / Seefeld.
Anforderungen: Zur Eppzirler Alm längere Wanderung auf einer Forststraße, zur Eppzirler Scharte alpine Steige in teilweise steilem Gelände mit viel Geröll.
Einkehr: Eppzirler Alm, geöffnet 1. Juni bis Ende Oktober, Tel. +43 664 9379033, eppzirleralm.at.

Von **Gießenbach** 1 wandern wir auf dem Fahrweg durch die reizvolle Schlucht, dann durch ein Waldtal,

Felsiger Auftakt: die Gießenbachklamm.

schließlich über Gras- und Geröllböden zur **Eppzirler Alm** ❷. Von der Alm geht es weiter taleinwärts, schließlich nach rechts über das schotterige Bachbett und nun auf einem Steig auf den Talschluss zu. Über eine kurzzeitig steile Stufe mit Latschen gelangen wir in das oberste von Felsen und Steilhängen eingeschlossene Becken, das **Kuhljoch** ❸. Der Steig führt über letzte Grasinseln zu den großen Schutthalden und in vielen Serpentinen bergauf. Schließlich ist zwischen malerischen Felszacken und -türmen die **Eppzirler Scharte** ❹, 2091 m, erreicht, mit herrlichem Blick nach Süden. Im Osten steht als beherrschender Gipfel die Erlspitze, 2405 m; von unserer Scharte führt der Zirler Klettersteig (mittlerer Schwierigkeitsgrad) dort hinauf. Zurück nach **Gießenbach** ❶ auf demselben Weg.

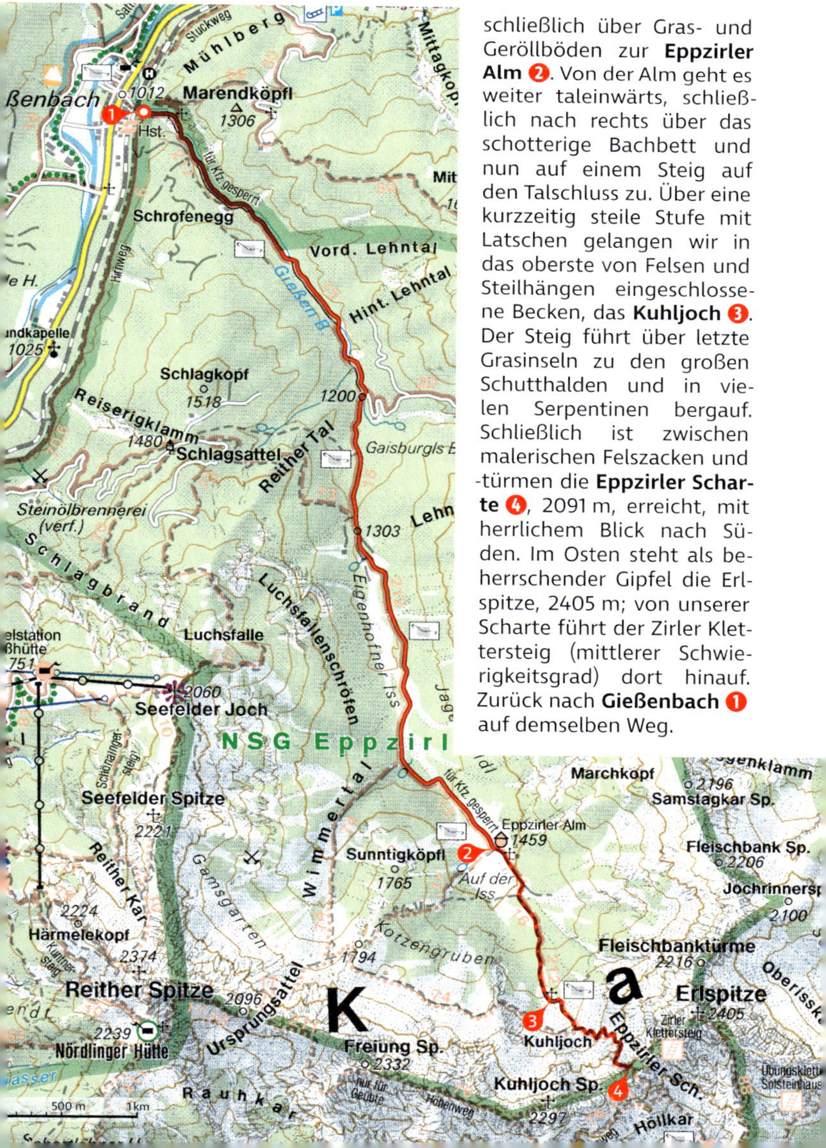

↗ 480 m | ↘ 510 m | 5.0 km

7 Seefelder Spitze, 2221 m, und Reither Spitze, 2374 m

2.45 h

Felsgipfel und Hütte mit grandiosem Karwendelblick

Dank der hoch hinaufführenden Bergbahnen handelt es sich hier um eine kurze Tour, die aber durch das Felsgelände – etwa die wilden Felsplatten in der Reither-Spitze-Nordwestflanke – und die weiten, hindernislosen Ausblicke für großartige Eindrücke sorgt. Die Nördlinger Hütte ist der perfekte Logenplatz, um das Panorama zu genießen.

Ausgangspunkt: Seefeld, Talstation der Standseilbahn Rosshütte, 1234 m, seefeld.com/rosshuette; östlich des Ortszentrums unmittelbar neben der Umgehungsstraße; Bahnverbindung von München / Garmisch-Partenkirchen und Innsbruck, vom Bahnhof Seefeld 15 Min. Fußweg zur Talstation.
Anforderungen: Beim Aufstieg zur Seefelder Spitze guter Bergweg; an der Reither Spitze gesicherte Felspassagen, die nicht allzu schwierig sind, aber gute Trittsicherheit und etwas Schwindelfreiheit erfordern; Kinder nur mit Bergerfahrung.
Einkehr: Restaurant Rosshütte an der Mittelstation, Tel. +43 5212 24160, rosshuette.at; Kaffee 2064 am Seefelder Joch, geöffnet zu den Betriebszeiten der Bahnen, Tel. +43 5212 2416; Nördlinger Hütte, DAV, Übernachtungsmöglichkeit, geöffnet Anfang Juni bis Anfang Oktober, Tel. +43 664 9142262, noerdlingerhuette.at.

Von **Seefeld** ❶ mit der Standseilbahn zur **Rosshütte** ❷ und weiter mit der Seilbahn zur Bergstation **Seefelder Joch** ❸. Dort folgen wir dem anfangs breiten Grasrücken nach Süden und wandern dann über einen schmäleren, mit kleinen Köpfen besetzten Grat auf gutem Weg zur **Seefelder Spitze** ❹.

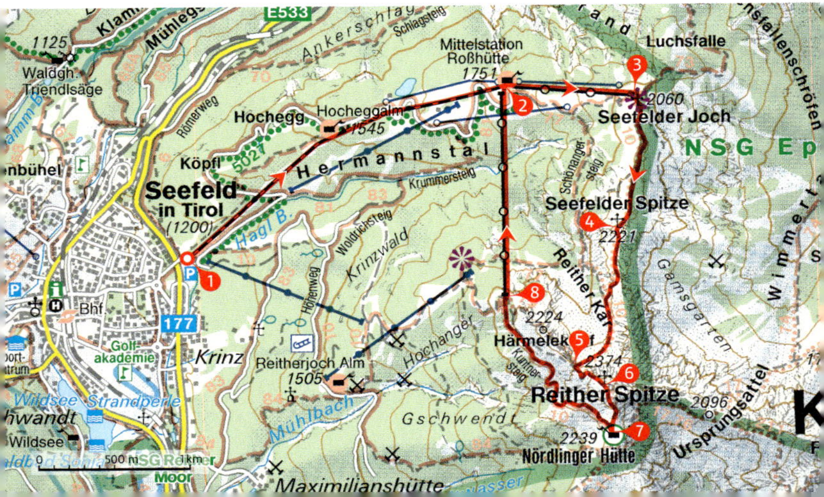

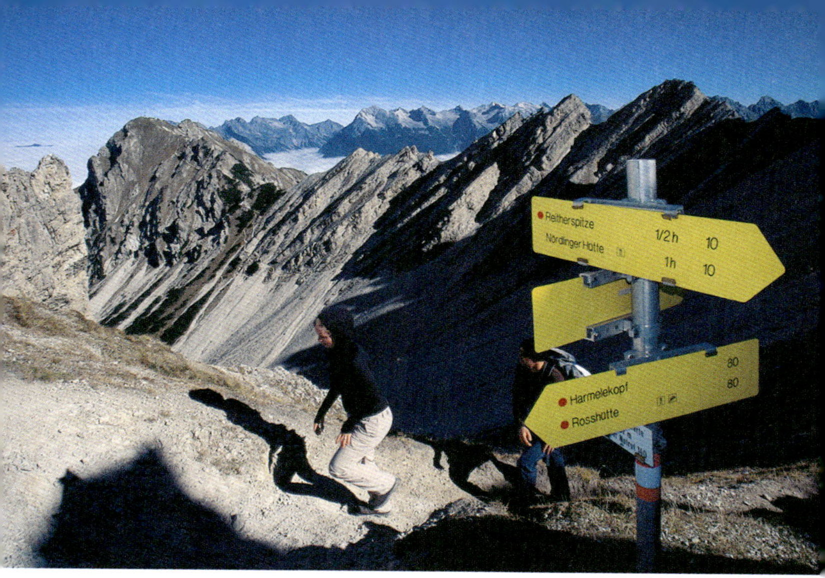

Am Weg zur Reither Spitze: Einblicke ins wilde Felsenreich des Karwendels.

Noch vor dem Gipfel zweigt links der Weiterweg zur Reither Spitze ab. Ein Steig führt in leicht schrofigem Gelände weiterhin am Kamm entlang, links an einer Graterhebung vorbei und schließlich auf der Westseite bergab zu einer Wegverzweigung. Etwas abschüssig geht es nach links unter Felsen entlang (Sicherungen), dann über das Geröllfeld des Reither Kars und zum **Reither Joch** ❺, 2197 m, hinauf. Dort steuern wir links den Gipfelaufbau der Reither Spitze an, steigen steil über eine Felsstufe mit Sicherungen (Leiter und Drahtseile) empor und gelangen durch die Flanke über Gras, Geröll und splittrigen Fels auf die mächtige **Reither Spitze** ❻, 2374 m.

Der Abstieg erfolgt meist etwas rechts des Grates über die teils schrofige und steile Südseite (Sicherungen) zur herrlich auf dem Kamm gelegenen **Nördlinger Hütte** ❼.

Von dort queren wir die zerfurchten Steilhänge von Reither Spitze und Härmelekopf und kommen zur Bergstation der **Härmelekopfbahn** ❽, 2034 m.

Talfahrt über die **Rosshütte** ❷ zurück zur **Talstation in Seefeld** ❶.

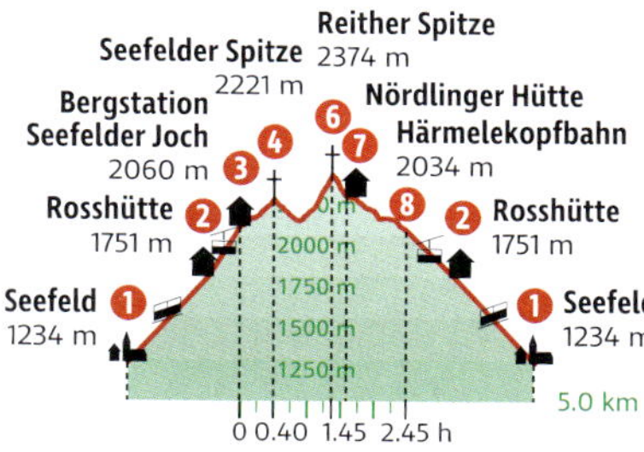

TOP

8 Freiungen-Höhenweg

↗ 530 m | ↘ 1640 m | 15.6 km

6.45 h

Spannende und anspruchsvolle Höhenwanderung

Der Freiungen-Höhenweg verbindet Nördlinger Hütte und Solsteinhaus. Er führt mitten hinein in die Felslandschaft des Karwendels mit zerklüfteten Bergflanken, zerrissenen Graten und schroffen Türmen und Zacken. Immer auf einer Höhe zwischen 2000 und 2300 Metern bietet er nicht nur beeindruckende Nahblicke auf bizarre Felsgebilde, sondern auch eine fantastische Aussicht über das Inntal bis zu den Dreitausendern des Alpenhauptkamms. Für alpin erfahrene Bergwanderer und bei stabilem Wetter ist diese Panoramatour ein Genuss.

Ausgangspunkt: Seefeld, Talstation der Standseilbahn Rosshütte, 1234 m, seefeld.com/rosshuette; östlich des Ortszentrums unmittelbar neben der Umgehungsstraße; Bahnverbindung von München / Garmisch-Partenkirchen und Innsbruck, vom Bahnhof Seefeld 15 Min. Fußweg zur Talstation.
Endpunkt: Bahnhof Hochzirl, 922 m. Bahnverbindung nach Seefeld / Garmisch-Partenkirchen / München und Innsbruck.
Anforderungen: Auf dem Freiungen-Höhenweg wechseln sich schotterige Steige und gesicherte Felspassagen ab; teilweise ist das Gelände ausgesetzt, gute Trittsicherheit und Schwindelfreiheit sind erforderlich; längerer Abstieg vom Solsteinhaus nach Hochzirl.
Einkehr: Restaurant Rosshütte an der Mittelstation; Nördlinger Hütte, DAV, geöffnet Anfang Juni bis Anfang Oktober, Tel. +43 664 9142262, noerdlingerhuette.at; Solsteinhaus, DAV, Übernachtungsmöglichkeit, geöffnet Ende Mai bis Mitte Oktober, Tel. +43 664 3336531, solsteinhaus.com.
Variante: Von der Bergstation Härmelekopf zur Nördlinger Hütte alternativ auch auf dem oberen Weg ins Reither Joch und über gesicherte Felspassagen und Schrofen auf die Reither Spitze, 2374 m; vom Gipfel über schrofiges und etwas steiles Gelände zur Nördlinger Hütte hinunter (1.15 Std.).

Von **Seefeld** ❶ mit der Standseilbahn zur **Rosshütte** ❷ und mit der Seilbahn zur **Bergstation Härmelekopf** ❸. Von dort folgen wir dem unteren Weg quer durch die Hänge zur **Nördlinger Hütte** ❹ in schönster Aussichtslage. Von der Hütte wandern wir ins Kar auf der Ostseite der Reither Spitze hinab, unter den Ursprungtürmen hindurch und in den **Ursprungsattel** ❺, 2096 m.
Der Steig bringt uns über eine kurze, gesicherte Stufe und über Geröllfelder zu einer schotterigen, steilen Rinne. Durch sie steigen wir teilweise gesichert aufwärts und gehen anschließend über schrofiges Gelände bis fast unter den **Westlichen Freiungturm** ❻ (in der Karte Freiungspitze). Nun folgt der spannendste Abschnitt des Höhenwegs. Er verläuft über die Südseite der Freiungtürme, dabei oft in Gratnähe, einige Rinnen und Felsrippen werden gequert (Sicherungen). Schließlich führt er hinab in die **Kuhljochscharte** ❼, 2172 m. Dort ist ein Gipfelabstecher zur Kuhljochspitze

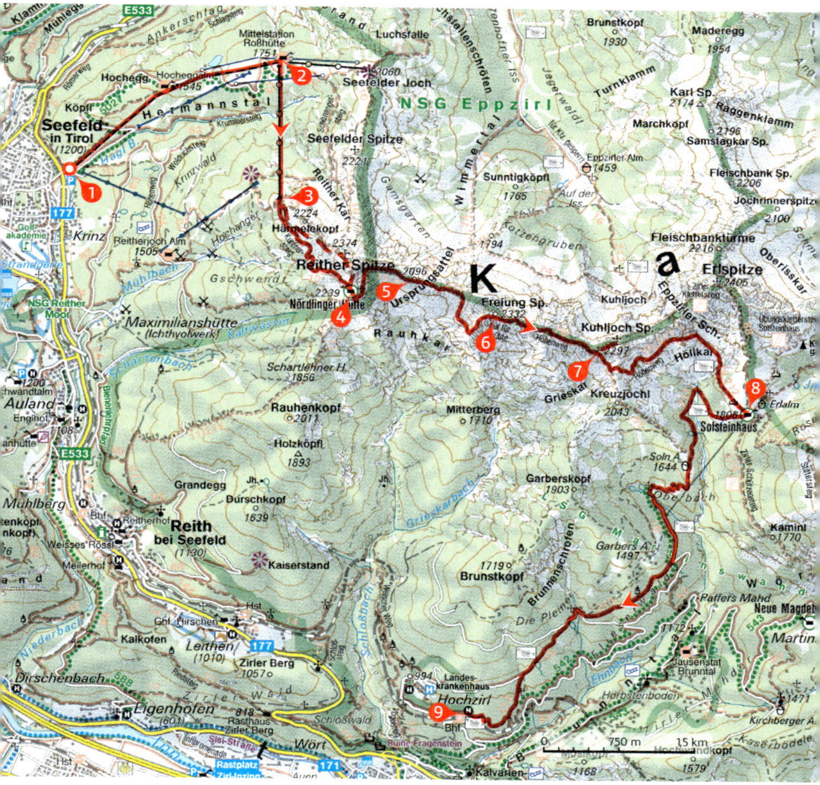
Seefeld in Tirol (1200)
Mittelstation Roßhütte 1751
Hochegg
Hermannstal
Seefelder Joch
Seefelder Spitze 2221
Luchsfalle
NSG Eppzirl
Reither Kar
Härmelekopf 2224
Reither Spitze
Nördlinger Hütte 2239
Ursprungsattel
Freiung Sp. 2332
Rauhkar
Kuhljoch
Kuhljoch Sp.
Erlspitze 2405
Eppzirler Sch.
Höllkar
Grieskar
Kreuzjöchl 2043
Solsteinhaus 1806
Erlalm
Brunstkopf 1930
Maderegg 1954
Turnklamm
Karl Sp. 2174
Raggenklamm
Marchkopf
Samstagkar Sp.
Fleischbank Sp. 2206
Jochrinnerspitze 2100
Fleischbanktürme 2216
Oberisskar
Sunntigköpfl 1765
Eppzirler Alm 1459
Wimmertal
Gamsgarten
Kotzengruben
Krinz
Reitherjoch Alm 1505
Hochanger
Gschwendt
Maximilianshütte (Ichthyolwerk)
Schartenbach
Schartlehner H. 1856
Rauhenkopf 2011
Holzköpfl 1893
Mitterberg 1710
Grandegg
Durschkopf 1639
Reith bei Seefeld (1130)
Kaiserstand
Grieskarbach
Garberskopf 1903
Soln A. 1644
Oberbach
Garbers A. 1497
Brunstkopf 1719
Brunnenschrofen
Die Pleine
Paffers Mahd
Neue Magdeburger
Martinsbühel
Jausenstat. Brunntal
Hörbstenboden
Kirchberger A.
Kamini 1770
Leithen (1010)
Kalkofen
Zirler Berg 1057
Hochzirl
Landes-krankenhaus
Eigenhofen (601)
Rasthaus Zirler Berg
Schloßwald
Schloßbach
Ruine Fragenstein
Wört
Dirschenbach
Auland
Mühlberg
NSG Reither Moor
Kalvarienberg
0 750 m 1,5 km

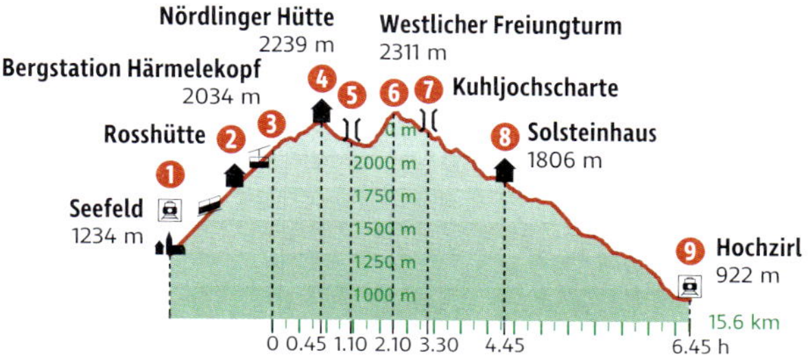
Seefeld 1234 m
1
Rosshütte
2
3
Bergstation Härmelekopf 2034 m
4
Nördlinger Hütte 2239 m
5
6
7
Westlicher Freiungturm 2311 m
Kuhljochscharte
8
Solsteinhaus 1806 m
9
Hochzirl 922 m
2000 m
1750 m
1500 m
1250 m
1000 m
15.6 km
0 0.45 1.10 2.10 3.30 4.45 6.45 h

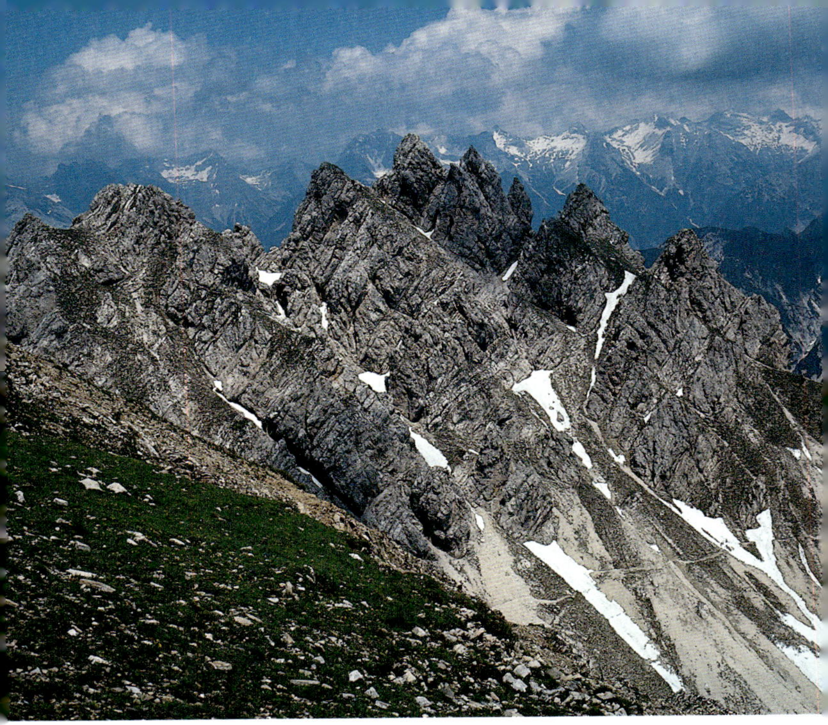

Bizarre Felsenwelt: der Freiungen-Höhenweg unter den Wimmertürmen.

möglich, 2297 m (30 Min., steiles Schrofengelände). Von der Scharte geht es weiter abwärts zu einer Verzweigung (bereits hier Abstieg nach Hochzirl möglich), links zu einem Sattel hinauf und teils auf gesicherten Bändern durch das von wilden Gräben zerrissene Höllkar. Wir gelangen in den mit Geröll gefüllten Kessel unter der Erlspitze, halten uns dort rechts und erreichen schließlich über Latschen- und Wiesengelände das **Solsteinhaus** 8. Unser Abstiegsweg führt von der Hütte in einen Bachgraben hinab und auf der anderen Seite zur Solnalm. Wir steigen zum Oberbach ab und folgen dann Forstwegen über die bewaldeten Hänge weiter abwärts. Dabei passieren wir die Materialseilbahn der Hütte und gehen an der nächsten Abzweigung geradeaus. 20 Min. später lassen wir vor dem Brandenbachtal eine abbiegende Forststraße links liegen, queren den Bachgraben und halten uns anschließend links. Nach 15 Min. zweigen wir erneut links ab, kommen an der Brunnalm vorbei und folgen rechts dem Fußweg zum **Bahnhof Hochzirl** 9. Rückkehr mit der Bahn nach **Seefeld** 1.

↗ 1700 m | ↘ 1700 m | 19.6 km

9.15 h

Großer Solstein, 2541 m

9

Überschreitung eines großen Karwendelgipfels

»Nordkette« wird der südlichste Kamm des Karwendelgebirges genannt. Kein Widerspruch! Diese Bergkette ragt im Norden der Tiroler Landeshauptstadt Innsbruck auf. Ganz im Westen steht das höchste Massiv des Kammes mit Großem und Kleinem Solstein, die 2541 m und 2637 m hoch sind. Auch dies ist kein wirklicher Widerspruch: Hirten und Jäger haben vor Langem diese beiden Berge so bezeichnet, weil der Große Solstein breit und auffallend mitten im Blickfeld steht, während der Kleine nur unauffällig hinter ihm hervorspitzt. Hier wird der Große Solstein, der nach Norden mit einer 600 m hoher Wand abbricht, als außergewöhnliches Ziel mit spannenden, recht anspruchsvollen Routen und hindernislosem Rundblick vom Gipfel vorgestellt. Der beschriebene Höttinger Schützensteig führt durch eine kilometerbreite und bis zu 800 m hohe, stark von Felsstreifen durchsetzte Steilflanke; der Geübte wird viel Spaß an diesem ungewöhnlichen Steig haben, für Unerfahrene eignet er sich nicht. Wegen der Länge der Tour bietet sich eine Übernachtung auf der Magdeburger Hütte an.

Ausgangspunkt: Bahnhof Hochzirl, 922 m; von Seefeld über den Zirler Berg ins Inntal und zum Ortsrand von Zirl, von dort nach Norden in Serpentinen nach Hochzirl; Bahnverbindung von Seefeld / Garmisch-Partenkirchen / München und Innsbruck.
Anforderungen: Lange, anspruchsvolle Tour mit schrofigen, teils ausgesetzten und gesicherten Passagen auf dem Höttinger Schützensteig, die Trittsicherheit und Schwindelfreiheit erfordern.
Einkehr: Neue Magdeburger Hütte, DAV, Übernachtungsmöglichkeit, geöffnet Mitte Mai bis Mitte Oktober, Tel. +43 5238 88790, magdeburger-huette.at; Solsteinhaus, DAV, Übernachtungsmöglichkeit, geöffnet Ende Mai bis Mitte Oktober, Tel. +43 664 3336531, solsteinhaus.com.
Varianten: Für eine kürzere Rundtour bietet sich der Zirler Schützensteig an: Er quert zwischen den beiden Hütten mit einigem Auf und Ab die Hänge des Großen Solsteins, im ersten Abschnitt durch sehr steiles, von Felsen durchsetztes Gelände (Sicherungen; Trittsicherheit und Schwindelfreiheit erforderlich), dann folgt ein riesiger Latschenhang (7.30 Std. für die gesamte Runde).
Von der Neuen Magdeburger Hütte durch das Wörgltal zum Großen Solstein: Vom Almgebäude östlich der Hütte nach Norden und über eine hohe Wald- und Latschenstufe in ein Hochkar, das obere Wörgltal. Bei einer Verzweigung rechts, über steile Hänge zum Kamm und links zum Gipfel (2.30 Std.). Wege nicht ausgesetzt, jedoch ziemlich schotterig und deshalb mühsam; Trittsicherheit erforderlich.
Abstecher zum Kleinen Solstein, 1 Std. Anstieg, teils gesicherter Steig mit Felsstellen im I. Grad.

Der Wanderweg beginnt am bergseitigen Bahnsteig des **Bahnhofs Hochzirl** ❶. Mit Gegenanstiegen führt er quer durch den Wald nach Osten zu einem Fahrweg. Diesem folgen wir mit etwas Höhenverlust parallel zu den

Bahngleisen zum scharf eingeschnittenen Tal des **Ehnbachs** ❷ und steigen auf der anderen Talseite zu einem Fahrweg hinauf. Links gelangen wir zu den malerischen Zirler Mähdern mit zahlreichen Heustadeln und Hütten. Bei einer Kapelle mit Brunnen zweigen wir rechts auf einen Steig ab und wandern über Lärchenwiesen bergauf. Ein breiter Waldweg bringt uns schließlich weiter ansteigend zur unbewirtschafteten **Kirchberger Alm** ❸. Unterhalb der Hütten queren wir eine Forststraße, gehen geradeaus an den Almgebäuden vorbei und lassen eine Abzweigung zur Kapelle links liegen. Kurz darauf folgen wir dem Fußweg nach links und erreichen über steile Waldhänge die schön gelegene **Neue Magdeburger Hütte** ❹.
Für den weiteren Aufstieg zum Großen Solstein gibt es zwei Möglichkeiten: durch das Wörgltal oder – abwechslungsreicher, aber auch anspruchsvoller – über den Höttinger Schützensteig. Dazu gehen wir von der Hütte an einer Kapelle und einem Almgebäude vorbei, geradeaus Richtung Osten in den Wald und zur Bank »Schöne Aussicht« mit Inntalblick. Wir steigen kurz in den Talschluss der Kranebitter Klamm ab und dort etwas ausgesetzt über einen felsigen Absatz hinauf. Unter Felswänden folgen wir dem schmalen, abschüssigen Steig durch Latschengassen und über schotterige Bänder aufwärts. Auf einigen Passagen ist er gesichert. Aus einem Felskessel geht es über felsiges Gelände zu einem Wiesenhang hinauf. In Kehren führt der Anstieg bergauf zu einem **Geländerücken** ❺ und quert nach links einen schrofigen Einschnitt. Über einen breiten Rücken zieht

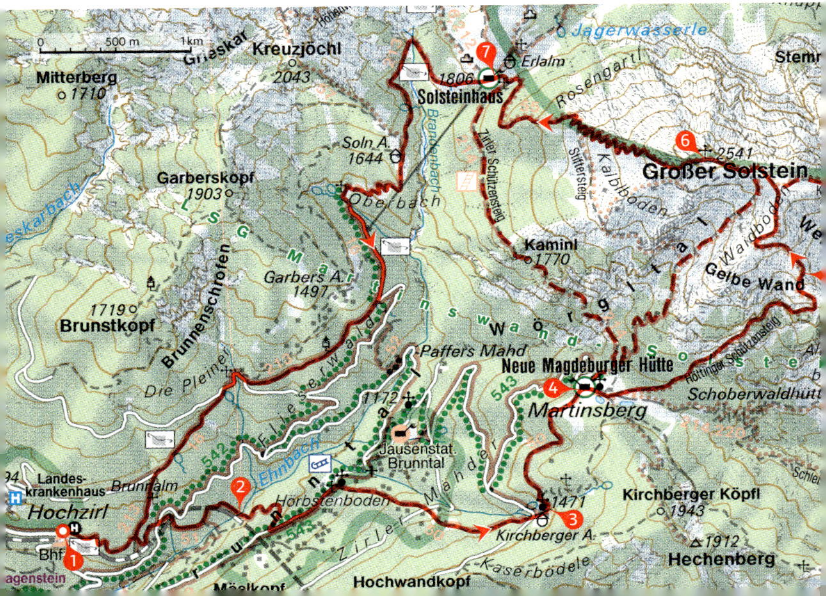

unsere Route dann nordwärts zum Kamm zwischen Großem und Kleinem Solstein hinauf (rechts Abstecher zum Kleinen Solstein). Am Kamm halten wir uns links und steigen über den Ostrücken auf den **Großen Solstein** 6, 2541 m, mit weitem Gipfelplateau und hindernislosem Fernblick.

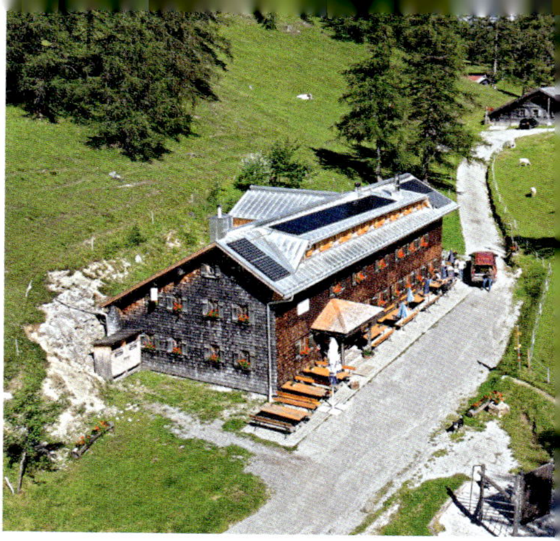

Neue Magdeburger Hütte.

Vom Kreuz führt der Abstiegsweg in die Westflanke des Großen Solsteins, dann rechts zum breiten, aber steilen Bergrücken. Auf ihm geht es in Kehren über Schutt und Gras abwärts, anschließend weiterhin ziemlich steil auf steinigem Steig zwischen Latschen hindurch. Am Rand der Latschenzone halten wir uns links und gelangen kurz darauf rechts durch eine grasige Mulde zum aussichtsreich gelegenen **Solsteinhaus** 7. Der weitere Abstieg erfolgt auf dem Normalweg zur Hütte und leitet zuerst in den Erlgraben hinab. Talauswärts kommen wir zur Solnalm, steigen über einen steilen Hang zum Oberbach ab und folgen anschließend Forstwegen über die Waldhänge des Ehnbachtals. Eine Abzweigung lassen wir links liegen und halten uns 20 Min. später, kurz vor dem tief eingeschnittenen Brandenbachtal, ebenfalls geradeaus. Haben wir den Bach gequert, biegen wir links ab und setzen unseren Abstieg an der folgenden Gabelung nach links fort. Wir passieren die Hütte der Brunnalm und treffen auf den vom Hinweg bekannten Steig, der unseren Forstweg schneidet. Auf ihm kehren wir rechts zum **Bahnhof Hochzirl** 1 zurück.

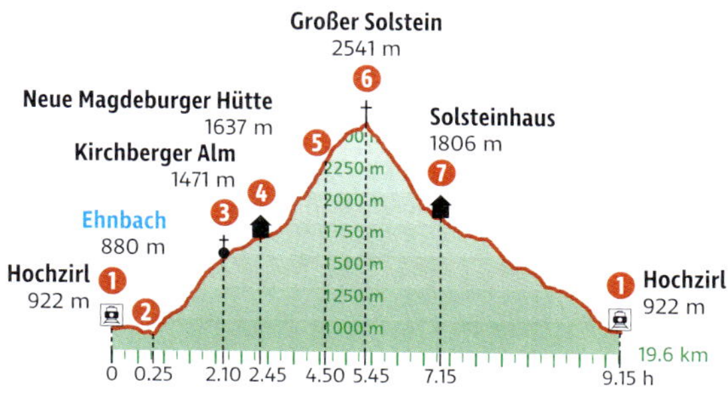

↗ 300 m | ↘ 300 m | 12.6 km

10 Rund um die Möserer Höhe

3.20 h

Überraschendes zwischen waldreichen Hügeln

Eiszeitgletscher haben die hügelige Landschaft zwischen Seefeld, Mösern und Leutasch geformt. Auf dem bewaldeten Hochplateau gibt es einiges zu entdecken. Die kleine Ortschaft Mösern scheint am Hang hoch über dem Inntal zu kleben. Ihr Panorama begeisterte bereits den Maler Albrecht Dürer auf seiner Reise nach Italien. Am Fuß der Möserer Höhe wird jedes Jahr mit Spannung erwartet, ob sich die Mulden von Lottensee und Wildmoossee mit Wasser füllen. Die aperiodischen Seen bilden sich unregelmäßig. Meistens geschieht dies nach schneereichen Wintern. Vermutlich füllt sich bei der Schneeschmelze ein unterirdisches Karstsystem mit Wasser und läuft schließlich über, sodass die Wiesen überschwemmt werden. Am Möserer See ist erfrischendes Nass dagegen garantiert. Er zählt zu den wärmsten Seen Tirols. Es lohnt sich also, nach einem Badeplatz Ausschau zu halten.

Ausgangspunkt: Parkplatz Seewaldalm, 1240 m, an der Straße von Seefeld nach Mösern gegenüber dem gleichnamigen Skilift. Parkplätze auch vor dem Möserer See (beschilderte Zufahrt von Mösern), jedoch meist belegt. Bahnverbindung nach Seefeld von München / Garmisch-Partenkirchen und Innsbruck, vom Bahnhof Seefeld Buslinie 434 Richtung Telfs zur Haltestelle »Mösern Lifte Seewaldalm« (verkehrt stündlich).
Anforderungen: Leichte Wanderung auf breiten Forst- und Wanderwegen; ein kurzer Abschnitt nach der Wildmoosalm auch auf einem Steig.
Einkehr: Mösern; Lottenseehütte, Sommeröffnungszeit Ende Mai bis Mitte Oktober, Mittwoch Ruhetag, Tel. +43 664 4003132, lottensee.at; Wildmoosalm, Montag Ruhetag, Tel. +43 5212 3002, wildmoosalm.com; Möserer Seestub'n, Juli und August täglich, Juni und September Mittwoch bis Sonntag geöffnet, Tel. +43 5212 4779, seestubn.webnode.at.
Variante: Anstieg zur Aussichtsplattform am Brunschkopf, 1489 m: 15 Min. nach der Wildmoosalm rechts und auf einem Steig in 20 Min. zum Brunschkopf. Für den Abstieg auf einem Forstweg über welliges Waldgelände, bis rechts ein Pfad zur Möserer Höhe, 1492 m, hinaufführt; dort links über einen flachen Rücken, geradeaus über eine Wegkreuzung und auf einem Steig bergab; bei einer Forststraße rechts, an einer Forstwegverzweigung wiederum rechts, in einem flachen Wiesental links, kurz darauf rechts zum Möserer See (ab Brunschkopf 1 Std.).

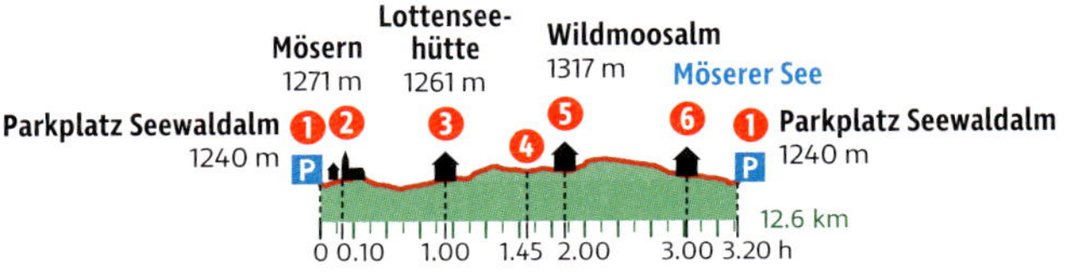

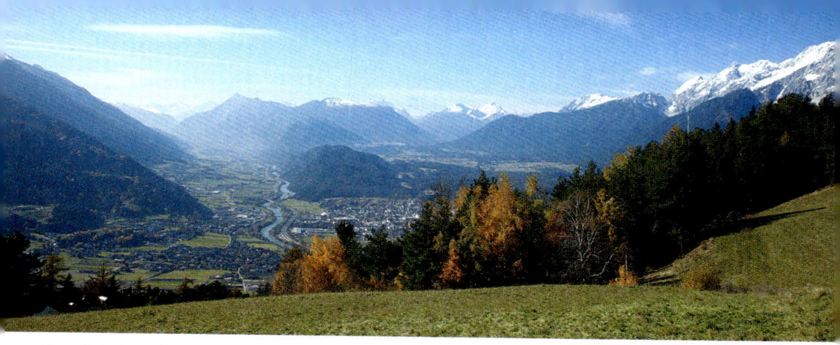

Fernsicht in Mösern: Inntal und Mieminger Plateau.

Am **Parkplatz Seewaldalm** ❶ beginnt ein Fußweg, der als »Friedensglocke-Wanderweg« ausgeschildert ist. Ihm folgen wir in den Wald, halten uns bei einem Pumpenhäuschen links und gehen kurz darauf an einer Wegkreuzung geradeaus. Ein kurzer Anstieg bringt uns zu den Häusern von **Mösern** ❷. Links bietet der Albrecht-Dürer-Blick ein großartiges Panorama mit dem Inntal und dem Mieminger Plateau. Wir gehen geradeaus an den Hotels vorbei, biegen rechts in den Mösererseeweg ein und zweigen nach einem Parkplatz links auf einen Fußweg ab. Kurz darauf ist rechts in wenigen Minuten der Möserer See zu erreichen. Wir sparen uns den Badestopp jedoch für den Rückweg auf und halten uns geradeaus. Links hinunter kommen wir zu einem Asphaltsträßchen, folgen ihm an den obersten Häusern von Mösern vorbei und gehen in einer Linkskurve geradeaus auf einen Fußweg. Dieser verläuft mit herrlichem Ausblick über einen Wiesenhang und führt anschließend etwas auf und ab durch Wald. Wir kreuzen einen Forstweg und treffen wenig später auf einen asphaltierten Fahrweg, der zur Mulde des Lottensees hinaufführt. Wir dürfen gespannt sein, ob uns dort eine spiegelnde Wasserfläche empfängt. Auf jeden Fall lädt die gemütliche **Lottenseehütte** ❸ zur Einkehr ein. Dazu zweigen wir am Waldrand links ab. Nach der Rast gehen wir wie-

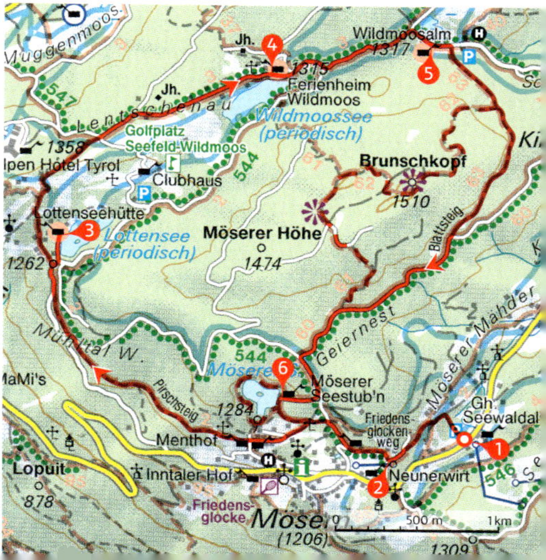

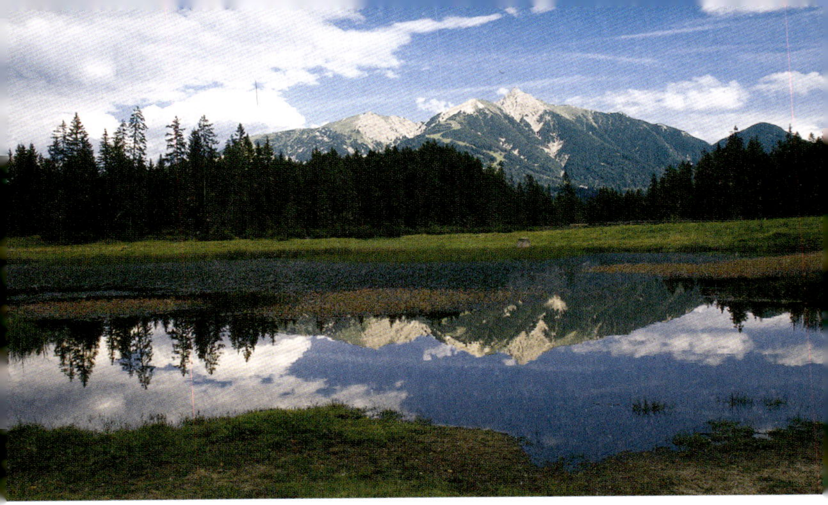

Launische Bergseen: die Lacke bei der Wildmoosalm entsteht nur ab und zu.

der zur Verzweigung, folgen dem Asphaltsträßchen kurz zurück Richtung Mösern und biegen nach 20 m rechts bergauf ab. Kurz darauf bleibt eine Linksabzweigung unbeachtet. An den beiden folgenden Querwegen halten wir uns jeweils rechts, überqueren den Golfplatz und wandern rechts auf einem breiten Schotterweg zwischen Birken und Heidelbeersträuchern bergauf. Wir passieren zwei Forstwegabzweige, dann biegen wir rechts ab und gelangen zum **Ferienheim Wildmoos** 4 (für Wanderer nicht bewirtschaftet). Auch der Wildmoossee gleich nebenan füllt sich nur sporadisch mit Wasser. Wir folgen der Forststraße weiter geradeaus durch Wald und kommen zur Lichtung mit der **Wildmoosalm** 5. Rechts gelangen wir zum beliebten Gasthaus – auch dort spiegeln sich manchmal die Seefelder Berge in einer Lacke –, gehen auf dem Fahrweg noch 130 m weiter und zweigen rechts auf den Wanderweg ab, der an den Hängen des Brunschkopfs bergauf führt. Den Abzweig zum Brunschkopf lassen wir rechts liegen und wandern um seine bewaldete Anhöhe herum, mit Blick auf Seefeld und seine Hausberge. Schließlich treffen wir wieder auf eine Schotterstraße und folgen ihr bergab, bis wir uns in einem flachen Wiesentälchen nach links wenden. Nach 250 m biegen wir rechts ab und haben kurz darauf das Ufer des **Möserer Sees** 6 mit einem Gasthaus erreicht. Rechts können wir den See umrunden (15 Min. zusätzlich).
Für die Rückkehr zum Ausgangspunkt halten wir uns jedoch links, verlassen kurz darauf den See nach links und gehen an zwei Rechtsabzweigen, die nach Mösern führen, vorbei. Wir treffen wieder auf den Möstererseeweg und kehren auf dem bekannten Weg zum **Parkplatz Seewaldalm** 1 zurück.

↗ 910 m | ↘ 910 m | 8.5 km

4.45 h

Weißlehnkopf, 2002 m

11

Steil hinauf zum Arnspitzgrat

Aus der Oberleutasch fällt im Nordosten ein Berg wegen seiner ungewöhnlichen Form ins Auge: die Hintere Arnspitze, 2171 m, auch Arnplattenspitze genannt. Als viereckiger Turm schaut sie über die vorgelagerten Latschenköpfe. Ihre Besteigung erfordert leichte Kletterei (bis II. Schwierigkeitsgrad) und ist geübten Berggehern, die sich im Felsgelände wohlfühlen, vorbehalten. Trittsichere können auf einem steilen, recht anspruchsvollen Steiglein zum Arnspitzgrat am Fuß des Turms hinaufsteigen. Dort bietet sich der Weißlehnkopf, 2002 m, als Gipfelziel an. Vom Hohen Sattel führt auch ein Anstieg zur Großen Arnspitze hinauf.

Ausgangspunkt: Leutasch / Ahrn, 1095 m; von Seefeld / Weidach kommend in Leutasch / Ahrn rechts und über die Leutascher Ache, (gebührenpflichtiger) Parkplatz nach der Brücke; vom Bahnhof Mittenwald mit der Buslinie 431 Richtung Telfs zur Haltestelle »Leutasch Ahrn« (wenige Verbindungen) oder vom Bahnhof Seefeld mit den Buslinien 430 oder 433 nach Leutasch / Weidach Zentrum und dort umsteigen in die Linie 431 Richtung Geisterklamm.

Anforderungen: Bis in den Hohen Sattel Forststraße; zum Arnspitzgrat schmale, steile und steinige Pfade, gute Trittsicherheit erforderlich.

Einkehr: Unterwegs keine.

Varianten: Vom Hohen Sattel zur Großen Arnspitze, ab Ahrn 4 Std.;
Variante für den Rückweg: Beim Abstieg am Hohen Sattel geradeaus und durch Wald auf den Kamm der Hochfluder. Kurz hinab zu einer Forststraße und auf ihr längere Zeit bergab. Nach einer scharfen Rechtskurve rechts und zum Aussichtspunkt Kurblhang, von der Aussichtsplattform in Kehren bergab nach Weidach und dort rechts in die Straße einbiegen. Nach gut 5 Min. links zur Leutascher Ache und am Bach entlang nach Ahrn (2.30 Std.).

Felsige Zinne am Arnspitzgrat: die Hintere Arnspitze (links).

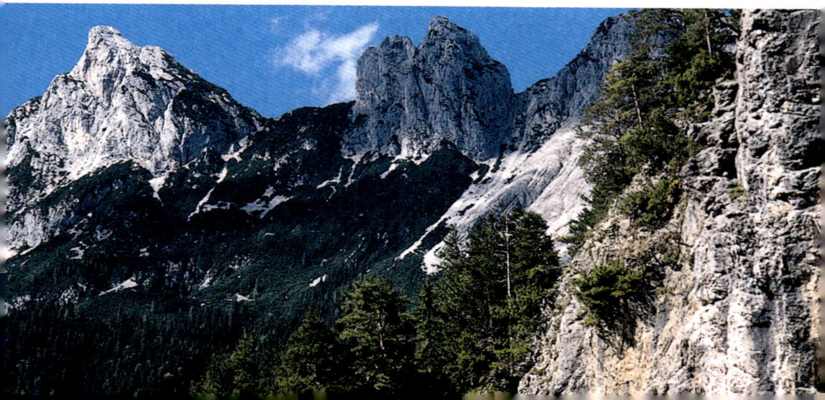

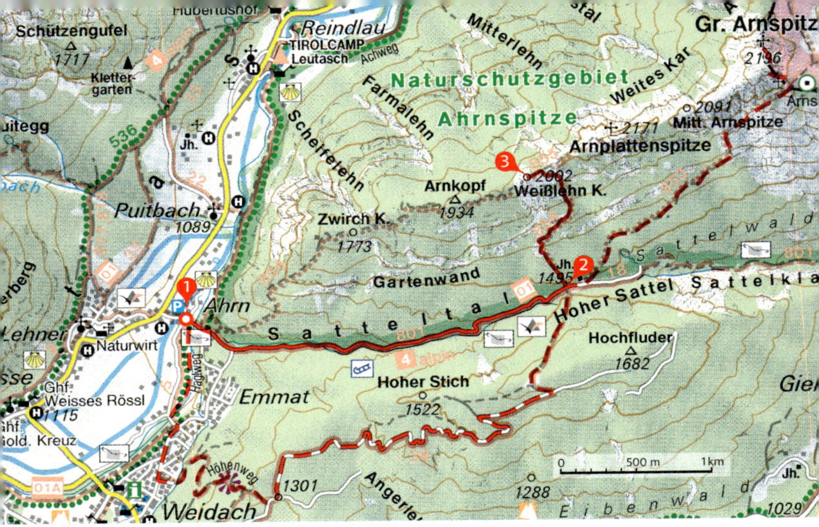

Vom Parkplatz beim Leutascher Ortsteil **Ahrn** ❶ folgen wir dem Schotterweg, der gleich nach der Brücke beginnt und ins Satteltal führt. Bei einer Verzweigung halten wir uns links und wandern am Bach entlang durch das tief eingeschnittene waldige Tal immer gerade aufwärts bis in den **Hohen Sattel** ❷. Noch vor der Jagdhütte biegen wir im rechten Winkel nach links ab und steigen auf einem schmalen Fußweg kurz durch Wald an, bis wir zu den sehr steilen Latschen-, Schutt- und Schrofenhängen der Weißlehn gelangen.

In vielen kleinen Kehren geht es zum Arnspitzgrat hinauf, den wir neben dem **Weißlehnkopf** ❸, 2002 m, betreten. Dieser ragt zu unserer Linken nur wenig über dem Grat empor. Rechts baut sich ganz nah die turmartige Hintere Arnspitze auf. Der Rückweg zum Parkplatz bei **Ahrn** ❶ erfolgt auf der Aufstiegsroute oder über die Anhöhe der Hochfluder und den Aussichtspunkt Kurblhang.

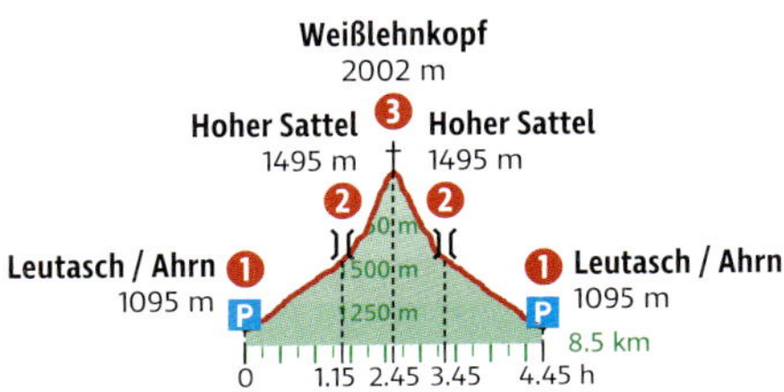

↗ 160 m | ↘ 160 m | 4.6 km

2.00 h

TOP **12**

Leutascher Geisterklamm

Von Teufelsgumpen und Höllengrusel

Am Ausgang des Leutaschtals, nahe Mittenwald, zwängt sich die Leutascher Ache durch einen felsigen Schlund und veranstaltet dabei ein geräuschvolles Spektakel. Ihr Wasser überschlägt sich in Wogen und Wirbeln und brandet gischtend gegen die Felsen. Dort, zwischen den bis zu 75 Meter hohen Wänden, hat der Klammgeist sein Reich.

Ein eindrucksvoll angelegter Steig führt in seine Welt aus Wasser und Fels. Metallstege scheinen an den Wänden der Klamm zu kleben und gewähren schwindelerregende Tiefblicke. Klammgeist und Kobolde erzählen an zahlreichen Stationen Spannendes aus ihrem Schluchtreich. So gibt es nicht nur für Kinder viel Überraschendes zu erkunden: Man lauscht dem Klang des Wassers, erfährt, was es mit Wasserwalzen und Teufelsgumpen auf sich hat, und entdeckt Feenharfe und Spiegelkabinett.

Eine lohnende Zugabe ist der Wasserfallsteig, der vom Mittenwalder Klammkiosk 250 Meter in die Klamm hineinführt (gegen Gebühr). Dieser Teil der Schlucht wurde bereits 1880 erschlossen und war somit die erste begehbare Klamm im bayerischen Alpenraum.

Ausgangspunkt: Parkplatz Leutascher Geisterklamm, 1024 m, bei Schanz in Unterleutasch; von Seefeld / Weidach kommend durch das Leutaschtal zum Taleingang kurz vor der bayerischen Grenze und rechts zum gebührenpflichtigen Parkplatz. Vom Bahnhof Mittenwald mit der Buslinie 431 Richtung Telfs zur Haltestelle »Leutasch Geisterklamm« (wenige Verbindungen) oder vom Bahnhof Seefeld mit den Buslinien 430 oder 433 nach Leutasch / Weidach Zentrum und dort umsteigen in die Linie 431 Richtung Geisterklamm.

Anforderungen: Durch die Klamm auf Metallstegen hoch über dem Bach, die Stege sind mit Geländern gesichert; Schwindelfreiheit ist von Vorteil, um die Aus- und Tiefblicke genießen zu können; Rückweg über den Gletscherschliff auf unschwierigen Waldwegen.

Einkehr: Leutascher Klammstüberl am Ausgangspunkt, Tel. +43 676 3337000; Mittenwalder Klammkiosk, ab September Freitag Ruhetag.

Varianten: Wer die Runde abkürzen will, überquert die Panoramabrücke (Wegpunkt 3) und kehrt wieder zum Parkplatz zurück (Insgesamt 1.10 Std.).

Vom Mittenwalder Klammkiosk führen Holzstege nur wenig über dem schäumenden, zwischen Felswänden eingekeilten Bach zu einem 23 m hohen Wasserfall (hin und zurück 10 Min.).

Tipp: Wasserfallsteig, geöffnet je nach Witterung circa Mitte Mai bis Ende Oktober, 10–17 Uhr, ab September freitags geschlossen.

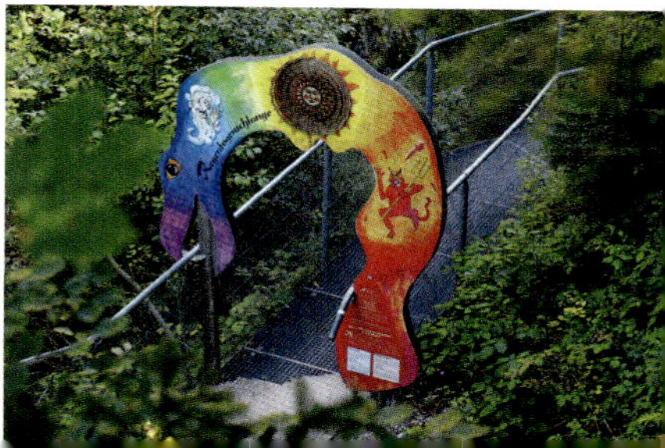

Am Eingang zur Geisterklamm.

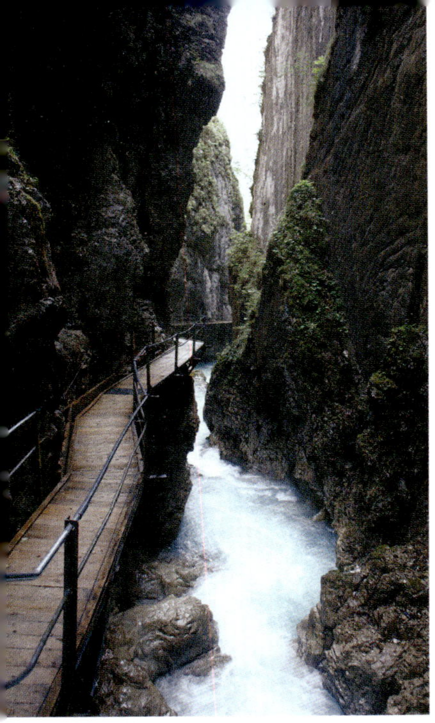

Spannender Wasserfallsteig.

Beim **Parkplatz Leutascher Geisterklamm** 1 beginnt neben dem Leutascher Klammstüberl ein breiter Schotterweg, dem wir flach durch Wald zu einer Wegverzweigung, dem **Eingang zur Klamm** 2, 1033 m, folgen.

Wir gehen links kurz abwärts und durch ein Tor mit einer Regenbogenschlange, das den Beginn des Klammwegs markiert. Metallstege führen hoch über der schäumenden Ache an den Felswänden entlang. Die Stationen des Klammgeistwegs öffnen die Sinne für manch Erstaunliches und Verborgenes. Über die Höllbrücke überqueren wir die Schlucht (Abstecher links zur Höllkapelle möglich, 5 Min.). Auf der linken Seite der Klamm geht es weiter zur **Panoramabrücke** 3, die ihrem Namen alle Ehre macht: Der Tiefblick in die Schlucht ist schwindelerregend, die Aussicht aufs Karwendel beeindruckend (Abkürzung zurück in die Leutasch).

Für den Weiterweg bleiben wir auf der linken Bachseite, folgen einer Reihe von Stufen bergauf und treffen auf einen bequemen Fußweg, der sich den Waldhang hinunterschlängelt. Wir sind nun auf dem Koboldpfad unterwegs und können das Gletschertagebuch studieren. Am unteren Eingang der Klamm gibt es beim **Mittenwalder Klammkiosk** 4, 924 m, die Gelegenheit, uns für den Rückweg zu stärken und den spannenden Abstecher auf dem Wasserfallsteig zu unternehmen.

Für den Anstieg zurück in die Leutasch gehen wir beim Klammkiosk über die Brücke und auf einem breiten Schotterweg zum **Gletscherschliff** 5, 1005 m, mit dem (bis auf Weiteres geschlossenen) Gasthaus hinauf, das wir in einem Rechtsbogen erreichen. Auf einem großen Felsblock hat dort der Inngletscher während der Eiszeit seine Spuren hinterlassen. Beim ehemaligen Gasthaus zweigen wir links

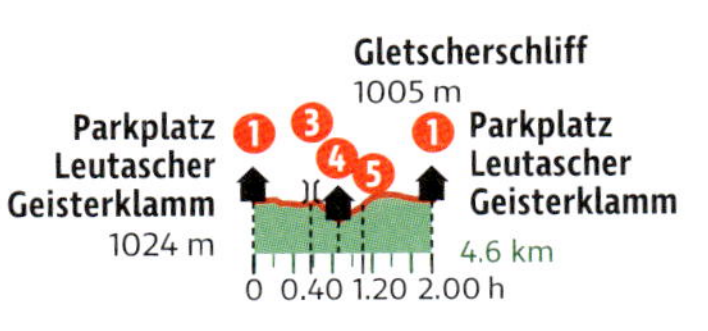

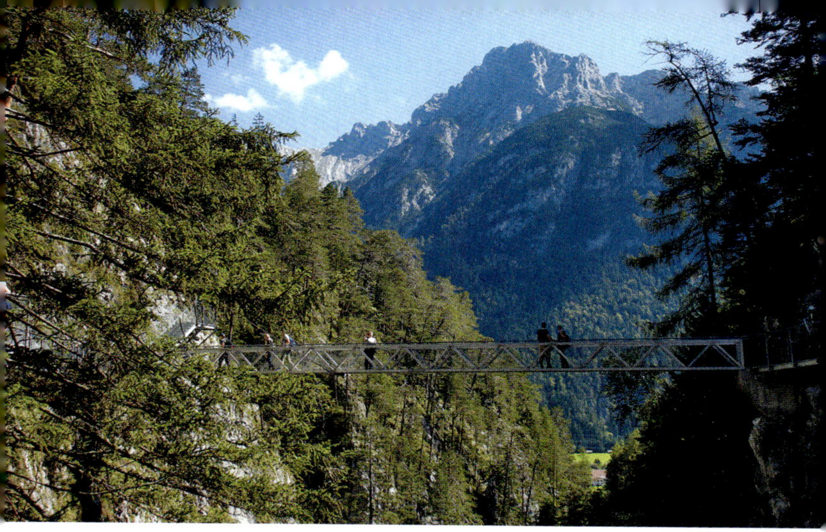

Luftiger Logenplatz: die Panoramabrücke mit Blick zum Karwendel.

ab und steigen auf einem Fußweg am bewaldeten Hang bergauf. Auch hier erzählen Kobolde manch Wissenswertes aus ihrem Reich. In flacherem Gelände halten wir uns an der Abzweigung zur Panoramabrücke geradeaus und kommen wieder zum oberen **Eingang der Klamm** ❷. Auf bekanntem Weg kehren wir zum **Parkplatz Leutascher Geisterklamm** ❶ zurück.

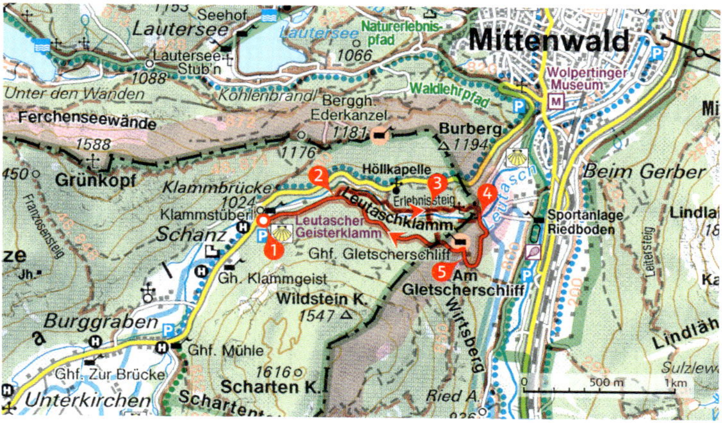

TOP

13

Hoher Kranzberg, 1391 m

↗ 240 m | ↘ 470 m | 9.0 km

2.45 h

Aussichtsgipfel, alpine Badeseen und Felsberg-Kulisse

Mittenwald im Oberen Isartal, nicht weit von der bayerisch-tirolerischen Grenze entfernt, ist einen Besuch wert. Im Ortskern sind die mit Lüftlmalereien geschmückten Hausfassaden sehenswert. Zudem ist Mittenwald bereits seit dem 17. Jahrhundert für seinen Geigenbau bekannt. Eindrucksvoll bauen sich die Felsfluchten des Karwendels über dem Ort auf. Im Westen der Ortschaft präsentiert sich die Bergwelt kontrastreich. Über einer hügeligen, teilweise von Wald überzogenen Mittelgebirgslandschaft ragen die schroffen Felsgipfel des Wettersteins auf. Eine leichte Genießertour führt dort zum aussichtsreichen Hohen Kranzberg und zu zwei wunderschön gelegenen Bergseen, die an warmen Tagen zum Baden einladen.

Ausgangspunkt: Mittenwald, Talstation der Kranzbergbahn, 985 m, am westlichen Ortsrand, alpenwelt-karwendel.de/kranzberg-sessellift-mittenwald; aus dem Zentrum auf steiler Straße mit einer Kehre hinauf zur Sessellift-Talstation; Bahnverbindung von München / Garmisch-Partenkirchen und Innsbruck / Seefeld, vom Bahnhof durch den Ortskern zur Talstation (ca. 20 Min.).
Anforderungen: Gute Wanderwege ohne schwierige Stellen.
Einkehr: Berggasthaus St. Anton, Dienstag Ruhetag, Tel. +49 8823 8001, alpenwelt-karwendel.de/a-sankt-anton; Gasthaus Ferchensee, Donnerstag und Freitag Ruhetag, Tel. +49 8823 1409, ferchensee.eu; Gasthäuser am Lautersee; bei Variante: Gasthaus Ederkanzel, Mittwoch Ruhetag, Tel. +49 8823 1681, ederkanzel.de.
Variante: Vom Sattel zwischen den beiden Seen auf einem Weg fast eben immer durch Wald gut 1 km nach Osten, dann schräg aufwärts zum weiträumigen Kamm mit dem Gasthaus Ederkanzel, 1181 m, 40 Min., mit schönem Blick nach Süden; direkter Abstieg zum Lautersee (20 Min.) und rechts (kürzer) oder links um die Wasserfläche.

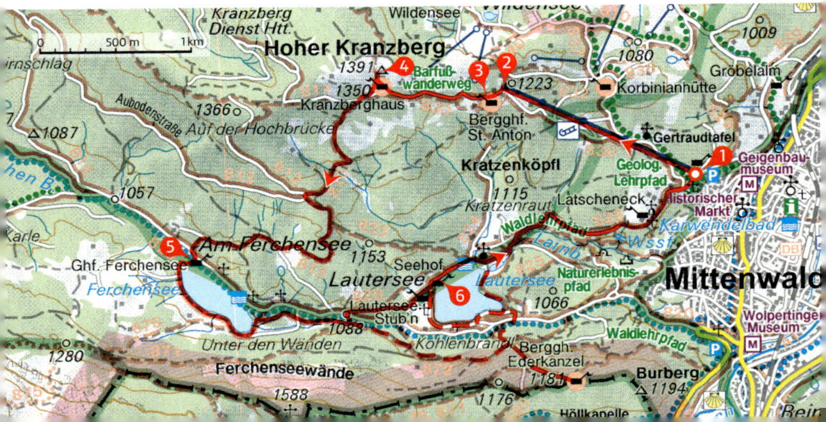

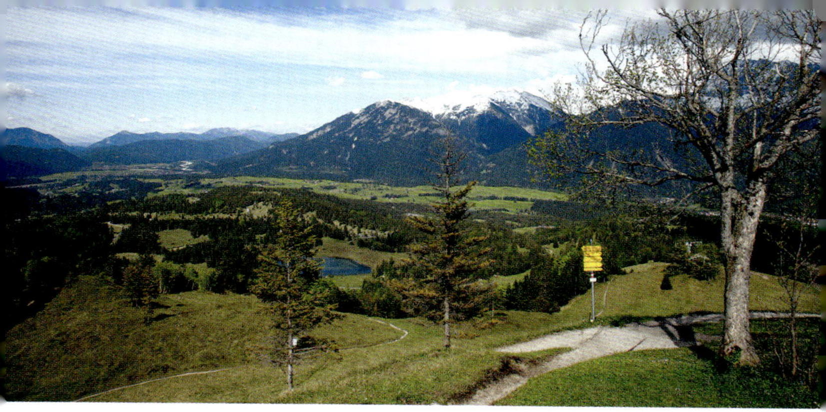

Am Hohen Kranzberg mit Blick ins Isartal und zur Soierngruppe (rechts).

Von der **Kranzbergbahn-Talstation** ❶ in Mittenwald geht es gemütlich mit dem Sessellift zur **Bergstation** ❷ in 1214 m Höhe. Nur wenige Minuten entfernt befindet sich das Berggasthaus **St. Anton** ❸, 1227 m. Dort lädt der Panorama-Barfußweg dazu ein, die Natur mit nackten Fußsohlen zu erkunden. Für den Anstieg zum Kranzberg folgen wir dem Fahrweg am Gasthaus vorbei nach Westen und kommen nach einer knappen halben Stunde zum Kranzberg-Gipfelhaus (bis auf Weiteres geschlossen). Wir gehen rechts an dem Gebäude vorbei und treffen auf den Fußweg, der in kurzem Anstieg auf den **Hohen Kranzberg** ❹, 1391 m, führt. Dort genießen wir einen herrlichen Rundblick auf die Felsgipfel von Wetterstein und Karwendel. Eine Unterstandshütte bietet Schutz vor Wind und Wetter, Panoramaliegen laden zu einer entspannten Verschnaufpause ein.

Wir kehren zur Abzweigung beim Kranzberg-Gipfelhaus zurück und wandern geradeaus über wellige Wiesen. Bei einer Verzweigung halten wir uns links und folgen dem bequemen Fußweg durch Wald bergab. Bei einer weiteren Weggabelung orientieren wir uns nach rechts Richtung Ferchensee, treffen schließlich auf eine Forst-

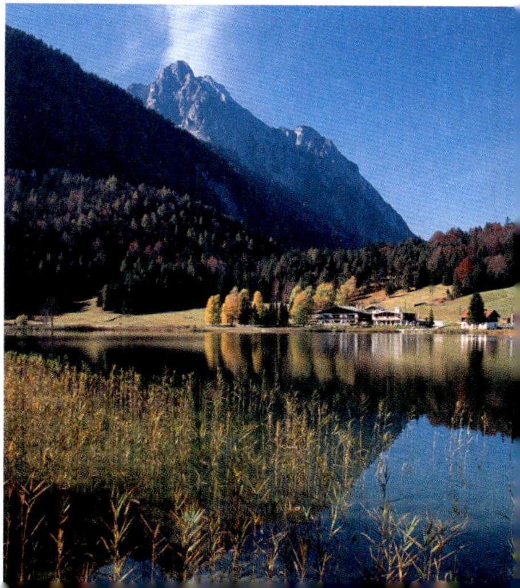

Herbstidyll am Lautersee.

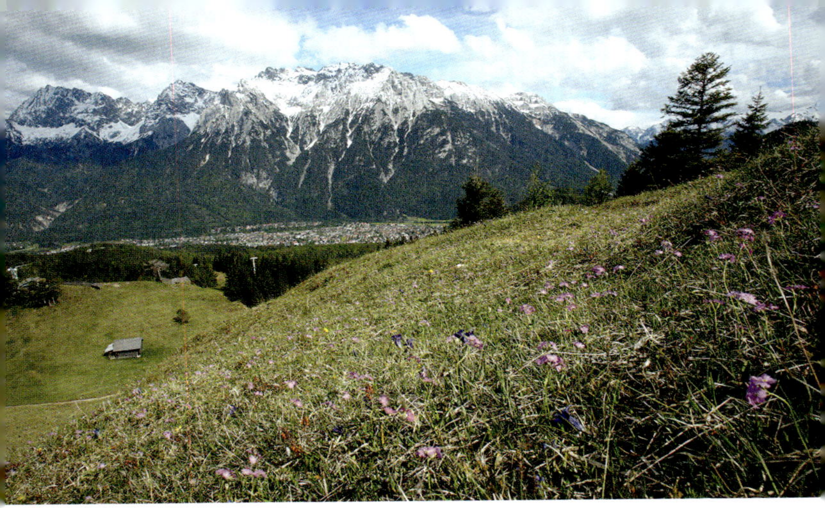

Felsiger Blickfang am Kranzberg: das Karwendel über Mittenwald.

straße und kommen links zum Ufer des **Ferchensees** 5 mit einem Gasthaus. Dort biegen wir rechts in den Uferweg ein und umrunden den See, bis wir an seinem südöstlichen Ende, nach einer Brücke rechts abzweigen und auf Fußwegen etwas auf und ab in einen Sattel gelangen. Wir gehen an der Rechtsabzweigung zur Ederkanzel vorbei, queren die Straße und steigen, an einer weiteren Verzweigung rechts, zum Westufer des **Lautersees** 6 mit Einkehrmöglichkeiten hinab.

Am See folgen wir dem Fahrweg links am Ufer entlang und an einer kleinen Badeanstalt vorbei (weitere Badestellen auf der Süd- und Ostseite). Rechts zweigt ein Wanderweg ab, der unterhalb einer Kapelle und an einem Walderlebnispfad vorbeiführt. An den beiden folgenden Wegkreuzungen halten wir uns jeweils geradeaus und wandern auf bequemem Weg an den Hängen über dem Laintal entlang. Mit schönen Ausblicken auf Mittenwald und Karwendel kehren wir zur **Talstation der Kranzbergbahn** 1 zurück. Infotafeln erzählen dabei Wissenswertes zur Geologie der Region.

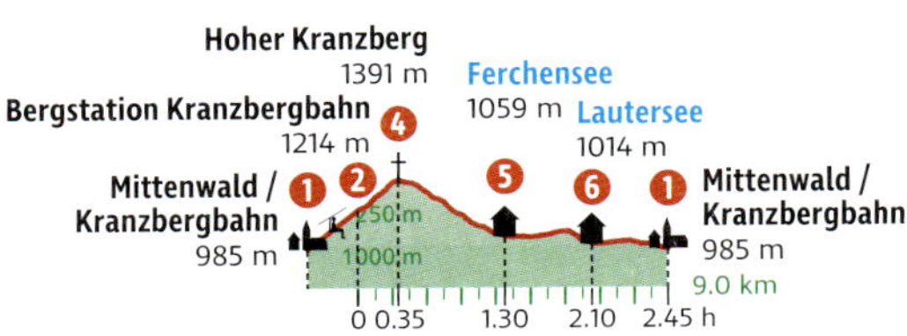

↗ 600 m | ↘ 600 m | 7.5 km

3.20 h

Grünkopf, 1588 m

14

Leutascher Vorposten und Grenzberg

Der Franzosensteig hat seinen Namen nicht ohne Grund. Als Napoleon 1805 gegen Österreich in den Krieg zog, fielen französische Soldaten von bayerischer Seite aus in die Leutasch ein. Von ortskundigen Mittenwaldern wurden sie dabei über die Anhöhe des Grünkopfs geführt. So konnten sie den Scharnitzpass erobern und ins Inntal und nach Innsbruck vordringen. Der Grünkopf ist auch heute noch halb Bayer, halb Tiroler – die Grenze verläuft über seinen Gipfel. Er bietet einen schönen Ausblick auf die Soierngruppe und die Felsgipfel des Karwendels. Beim Abstieg lohnt sich der kurze Abstecher zum Gasthaus Ederkanzel. Dort genießt man bei der Einkehr ein herrliches Panorama.

Ausgangspunkt: Leutasch / Schanz, 1028 m, in Unterleutasch; von Seefeld / Weidach kommend durch das Leutaschtal zum Ortsteil Burggraben und 300 m nach dem Gasthaus Mühle (dort ebenfalls ein Parkplatz, Gebühr wird bei Einkehr verrechnet) zu einem kleinen Parkplatz links der Straße (bei einer Holzhütte mit Informationstafeln); vom Bahnhof Mittenwald mit der Buslinie 431 Richtung Telfs zur Haltestelle »Leutasch Burggraben Gasthaus Mühle« (wenige Verbindungen) oder vom Bahnhof Seefeld mit den Buslinien 430 oder 433 nach Leutasch / Weidach Zentrum und dort umsteigen in die Linie 431 Richtung Geisterklamm.

Anforderungen: Schmale, unschwierige, teils allerdings etwas holprige Bergwege; der Anstieg auf dem Franzosensteig ist ziemlich steil, ebenso der Abstieg vom Grünkopf, Trittsicherheit erforderlich.

Einkehr: Gasthaus Ederkanzel, Mittwoch Ruhetag, Tel. +49 8823 1681, ederkanzel.de.

Vom Parkplatz beim Leutascher Ortsteil **Schanz** ❶ überqueren wir die Achbrücke und gehen an den Häusern von Schanz vorbei zum Bergfuß. Dort beginnt der Franzosensteig, der an den bewaldeten Hängen in drei

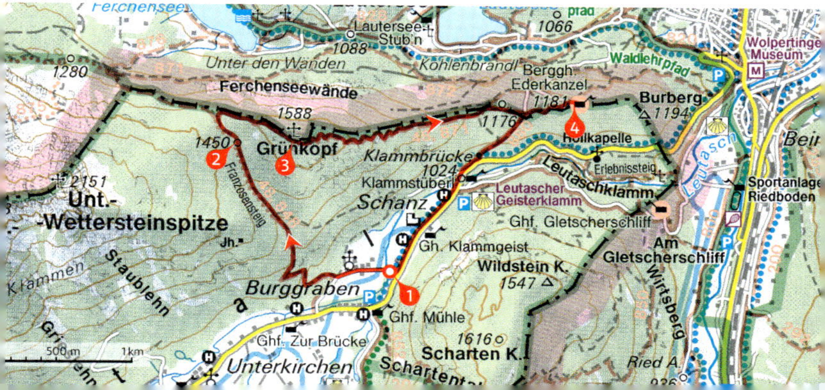

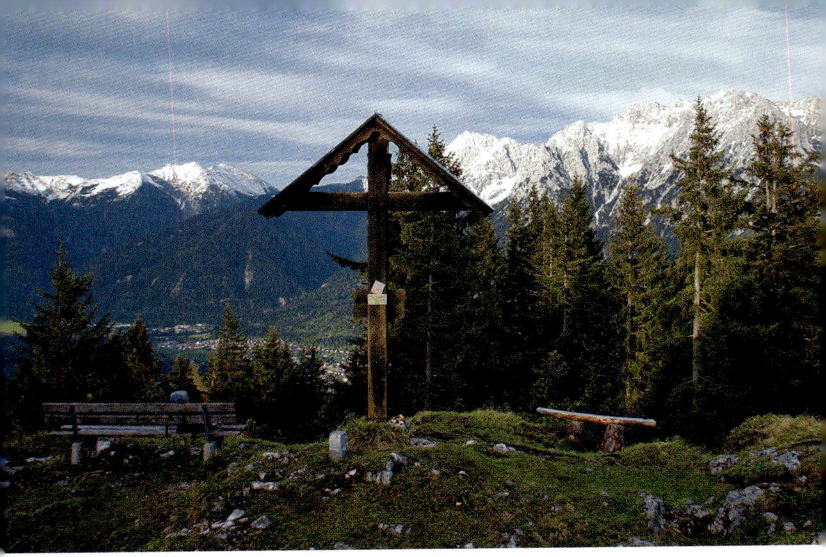

Ausblick am Grünkopf: Soierngruppe und Karwendel.

Serpentinen ansteigt. Er führt dann nach rechts in ein bachloses, waldiges Tal und weiter bergauf zu einem weiten **Sattel ❷**. Wir folgen dem Steig weiterhin nach Norden und wandern einige Meter bergab, bis wir auf den vom Ferchensee heraufkommenden Weg treffen. Nun biegen wir rechts ab und erreichen über einen Rücken den Gipfel des **Grünkopfs ❸**, 1588 m.
Der Abstieg leitet über seinen steilen Ostkamm in flacheres Gelände hinab. An einer Verzweigung folgen wir geradeaus dem welligen Waldrücken und kommen kurz darauf zu einer weiteren Weggabelung. Rechts zweigt unser Rückweg in die Leutasch ab. Für eine Einkehr im Gasthaus Ederkanzel halten wir uns jedoch zunächst links und treffen auf die Forststraße, die zur **Ederkanzel ❹** hinaufführt. Anschließend kehren wir zur Weggabelung zurück und steigen nun links zur Leutascher Straße hinunter. Wir biegen rechts ein und gelangen in 15 Min. wieder zum Parkplatz beim Ortsteil **Schanz ❶**.

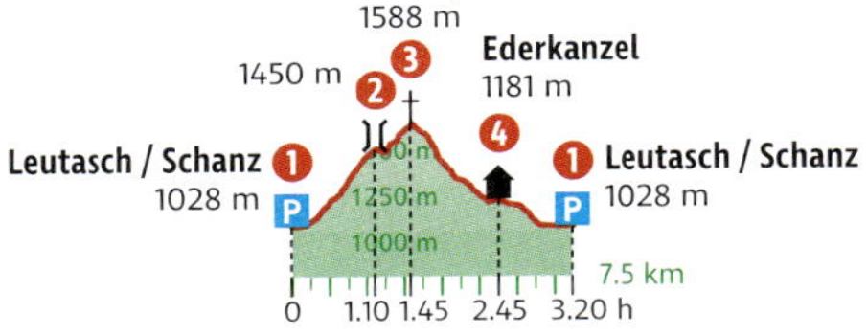

↗ 240 m | ↘ 170 m | 9.7 km

3.00 h

Entlang der Leutascher Ache

15

Durch Unterleutasch zum Aussichtspunkt Kurblhang

Glasklar und munter sprudelnd durchfließt die Leutascher Ache das gesamte Leutaschtal. Begleitet wird sie vom Achweg, einem bequemen Wanderweg, der die meiste Zeit ihrem Ufer folgt. Wer entlang des Bachs die Leutasch erkundet, muss sich um Erfrischung keine Sorgen machen. Kiesbänke laden zu einem belebenden Fußbad ein. Immer wieder rückt die felsige Wettersteinkulisse über dem Tal ins Blickfeld und bietet mit ihren steil aufragenden Wänden und mächtigen Felsburgen wie dem Öfelekopf oder der Gehrenspitze eindrucksvolle Landschaftsbilder. Bei Weidach winkt eine aussichtsreiche Zugabe zur gemütlichen Talwanderung. Ein Waldanstieg führt zur Aussichtsplattform Kurblhang hinauf. Dort genießt man die Vogelperspektive auf die obere Leutasch und staunt über den landschaftlichen Kontrast zwischen den flachen, grünen Talböden und den schroff emporragenden Felsgipfeln.

Ausgangspunkt: Leutasch / Unterkirchen, 1040 m, in Unterleutasch, kleiner Parkplatz bei der Kirche; vom Bahnhof Mittenwald mit der Buslinie 431 Richtung Telfs zur Haltestelle in Unterkirchen (wenige Verbindungen) oder vom Bahnhof Seefeld mit den Buslinien 430 oder 433 nach Leutasch / Weidach Zentrum und dort umsteigen in die Linie 431 Richtung Geisterklamm.
Endpunkt: Weidach, 1110 m, größter Ortsteil von Leutasch; von dort mit den Buslinien 430 oder 433 nach Seefeld oder 431 nach Unterkirchen und Mittenwald.
Anforderungen: Bequemer Wanderweg entlang der Leutascher Ache; zum Kurblhang kurze steilere An- und Abstiege auf Waldwegen.
Einkehr: Hotel Hubertushof in Reindlau, Tel. +43 5214 6561, hubertushof-leutasch.at; Gasthäuser in Weidach.

Von der Kirche im Leutascher Ortsteil **Unterkirchen** ❶ folgen wir der Straße 170 m taleinwärts und zweigen gegenüber der Pension Reiterklause links auf einen Feldweg ab. Er führt über die Wiesen zum Bergfuß und überquert dabei die Leutascher Ache. Am Waldrand biegen wir rechts in den breiten Achweg ein, kommen kurz darauf ans Bachufer und wandern, begleitet vom Plätschern der Ache, taleinwärts. Auf der gegenüberliegenden Talseite bli-

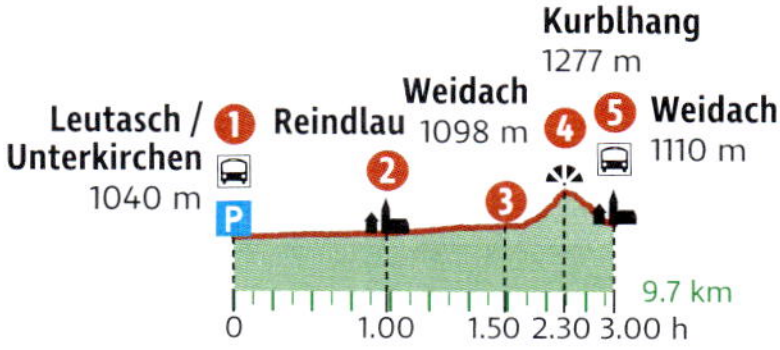

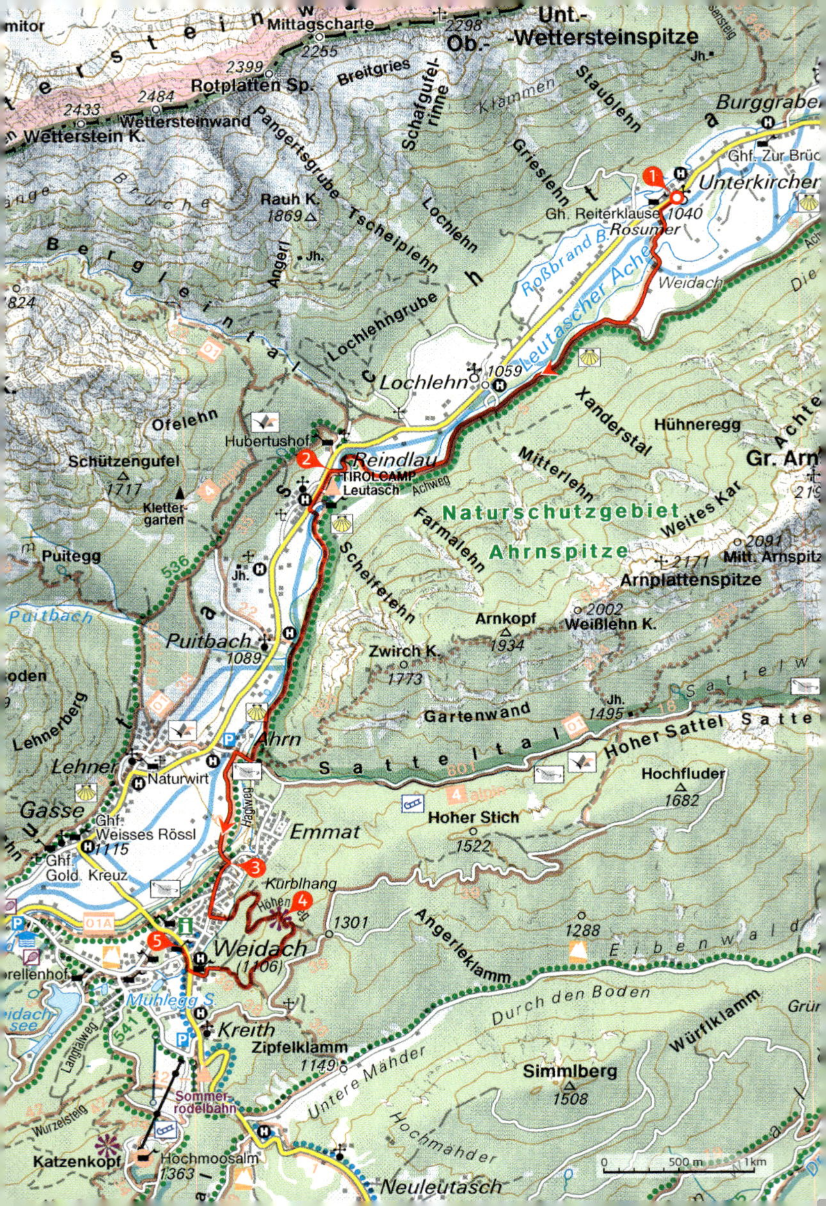

Mittagscharte
Unt.-
Ob.-
-Wettersteinspitze
Rotplatten Sp.
Breitgries
Schafgufel-
rinne
Wettersteinwand
Wetterstein K.
Staublehn
Burggraben
Pangertsgrube
Tscheiplehn
Grieslehn
Ghf. Zur Brücke
Unterkirchen
Rauh K.
Lochlehn
Gh. Reiterklause
Rosumer
Roßbrand B.
Leutascher Ache
Weidach
Lochlehngrube
Lochlehn
Xanderstal
Hühneregg
Ofelehn
Hubertushof
Reindlau
TIROLCAMP
Leutasch
Achweg
Mitterlehn
Gr. Arnspitze
Schützengufel
Klettergarten
Naturschutzgebiet
Ahrnspitze
Weites Kar
Farmalehn
Scheifelehn
Mitt. Arnspitze
Arnplattenspitze
Puitegg
Puitbach
Arnkopf
Weißlehn K.
Zwirch K.
Gartenwand
Lehnerberg
Ahrn
Satteltal
Hoher Sattel
Lehner
Naturwirt
Hochfluder
Gasse
Ghf. Weisses Rössl
Emmat
Hoher Stich
Ghf. Gold. Kreuz
Kurblhang
Angerleklamm
Weidach
Eibenwald
Mühlegg S.
Kreith
Zipfelklamm
Durch den Boden
Würfklamm
Simmlberg
Untere Mähder
Sommerrodelbahn
Hochmähder
Katzenkopf
Hochmoosalm
Neuleutasch

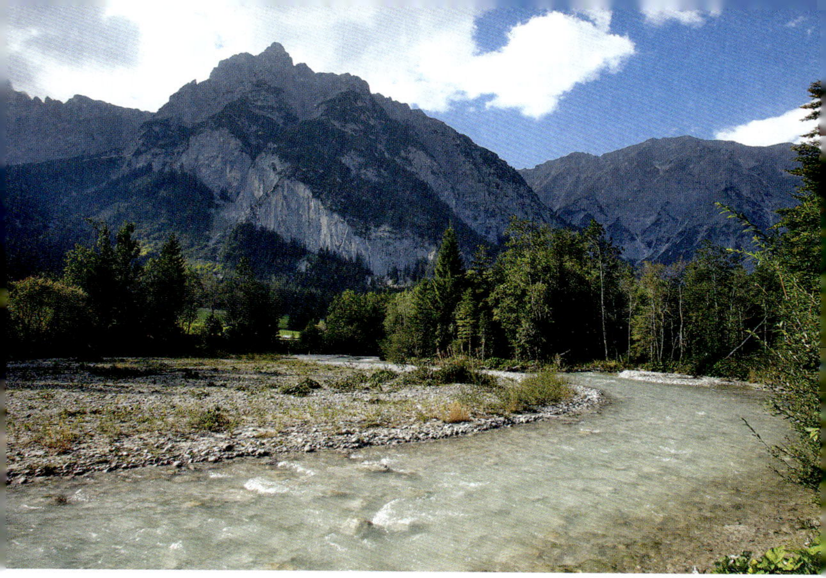

Erfrischendes in der Leutasch: die Ache unter dem felsigen Öfelekopf.

cken wir in den Einschnitt des Bergleintals, später in das Puittal, die beide von den Felsabstürzen des Wettersteins überragt werden.
Beim Ortsteil **Reindlau** ❷, 1060 m, mündet der Weg in die Talstraße. Wir gehen am Campingplatz vorbei und gleich danach links wieder zur Ache und über die Brücke. Der Achweg verläuft nun zwischen bewaldeten Berghängen und Bachbett. Wir kommen an bei Kletterern beliebten Felswänden vorbei und wechseln bei der Ortschaft Ahrn die Bachseite. Der Uferweg bringt uns zur nächsten Brücke, die wir wiederum überqueren. Geradeaus verlassen wir nun den Bach und gehen zwischen den Häusern von **Weidach** ❸ hindurch zu einer Querstraße. Wir folgen ihr nach rechts und zweigen nach gut 5 Min. gegenüber dem Haus Ahrnspitze links ab (Wegweiser »Kurblhang«). Am Fuß eines bewaldeten Hangs leiten die Wanderschilder über einen Bach und links durch den Wald bergauf. In einigen Kehren erreichen wir schließlich die **Aussichtsplattform Kurblhang** ❹ mit Vogelschau über die obere Leutasch.
Für den Rückweg gehen wir gut 50 m bergauf und biegen beim Wegweiser in einen Waldpfad ein. Nach einem Flachstück führt er über die bewaldeten Hänge abwärts, bis wir uns oberhalb der Häuser von Weidach links halten und zur Hauptstraße gelangen. Wir wandern rechts Richtung Ortszentrum, kommen nach 200 m zur **Bushaltestelle von Weidach** ❺ mit Busverbindungen nach Unterkirchen und Mittenwald oder nach Seefeld.

↗ 1380 m | ↘ 1380 m | 13.1 km

TOP

16

Bergleintal und Meilerhütte, 2375 m

7.15 h

Eindrucksvolle Felswildnis

Der lange Weg zur Meilerhütte führt mitten hinein in die imposante Felslandschaft des Wettersteingebirges und hat manch landschaftlichen Höhepunkt zu bieten. Das Bergleintal wird im Süden von den hohen Wänden des Öfelekopfs und im Norden von den Felsabstürzen der Wettersteinwand flankiert. Dazwischen hat der Bach eine schluchtartige Landschaft geschaffen. Am Leutascher Platt beeindruckt die karge Fels- und Geröllwüste. Die Meilerhütte thront exponiert im schmalen Einschnitt des Dreitorspitzgatterls und hat großartige Ausblicke zu bieten. Sie ist Ausgangspunkt für eine Besteigung der Partenkirchner Dreitorspitze über den Hermann-von-Barth-Weg.

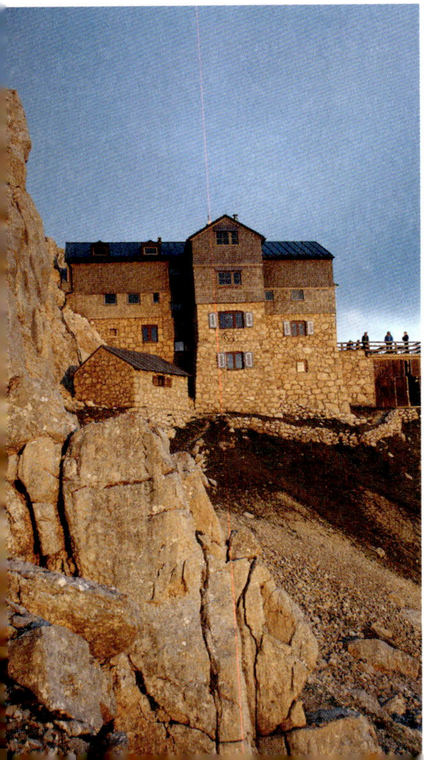

Ausgangspunkt: Hotel Hubertushof in Leutasch / Reindlau, 1060 m, nördlich des Ortes, kleiner gebührenpflichtiger Parkplatz rechts hinter dem Hotel, erreichbar über eine Schotterstraße (im Hotelrestaurant melden und Kennzeichen angeben, Gebühr wird bei Einkehr erstattet); vom Bahnhof Mittenwald mit der Buslinie 431 Richtung Telfs zur Haltestelle »Leutasch Reindlau« (wenige Verbindungen) oder vom Bahnhof Seefeld mit den Buslinien 430 oder 433 nach Leutasch / Weidach Zentrum und dort umsteigen in die Linie 431 Richtung Geisterklamm.
Anforderungen: Teilweise steile und steinige Steige, die Trittsicherheit erfordern, bei Nässe unangenehm; lange Tour, die Ausdauer erfordert.
Einkehr: Meilerhütte, DAV, Übernachtungsmöglichkeit, geöffnet Mitte Juni bis Anfang Oktober, Tel. +49 171 5227897, alpenverein-gapa.de.
Varianten: Spannender, jedoch langer und anspruchsvoller Anstieg über Puittal, Söllerpass und Leutascher Platt zur Meilerhütte: sehr steiles, ungesichertes Schrofengelände, gute Trittsicherheit erforderlich, an einigen ausgesetzten Pas-

Wie eine Festung trotzt die Meilerhütte Wind und Wetter.

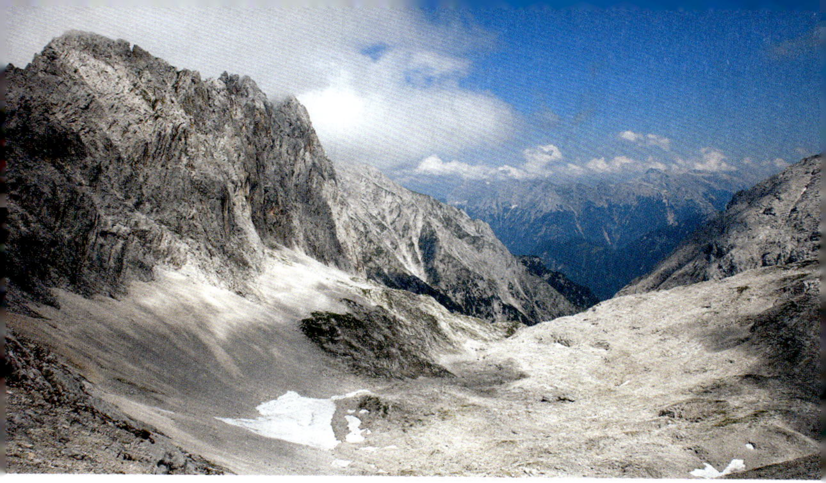

Karge Mondlandschaft: das Leutascher Platt am Fuß des Mustersteins.

sagen auch Schwindelfreiheit (5 Std.). Leichter Klettersteig (Hermann-von-Barth-Weg) zum Westgipfel der Partenkirchner Dreitorspitze, 2633 m, am besten mit einer Übernachtung auf der Meilerhütte: Von der Hütte etwas ausgesetzt über gesicherte Bänder unter den Wänden des Bayerländerturms entlang, dann zum Leutascher Platt hinab und über die Geröllhalden bergauf. Bei einem Felsblock mit Markierung scharf rechts ab und schräg nach oben auf die Felswände und den Einstieg des Klettersteigs zu. Drahtseile leiten teils ausgesetzt über die Felsen hinauf. Der letzte Abschnitt des Anstiegs über ungesichertes, abschüssiges Schrofengelände (1.30 Std. ab Meilerhütte, Bergerfahrung und Schwindelfreiheit erforderlich, Steinschlaghelm empfehlenswert, für weniger Geübte auch ein Klettersteigset).

Tipp: Abstieg auf der Nordseite der Meilerhütte zum Königshaus am Schachen von Ludwig II. und dem bewirtschafteten Schachenhaus, 1866 m (1 Std.). Besichtigung des Königshauses mit Führung, schachenhaus.de; außerdem botanischer Alpengarten mit über 1000 Pflanzenarten aus Gebirgen unterschiedlicher Kontinente, geöffnet Mitte Juni bis Anfang September, 8–17 Uhr.

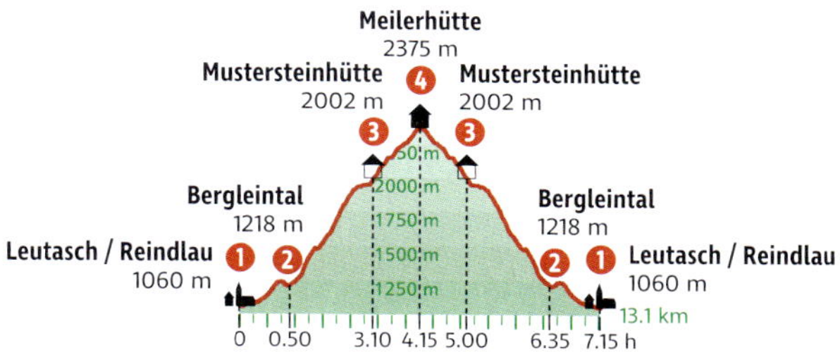

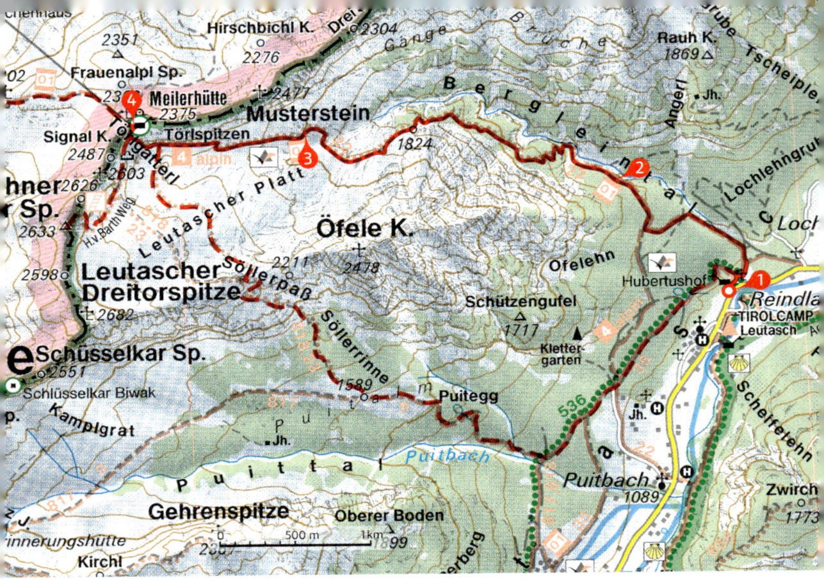

Vom Hotel Hubertushof im Leutascher Ortsteil **Reindlau** ❶ gehen wir auf dem Schotтersträßchen zu einer Wegkreuzung und geradeaus zu einem Bachbett. Dort folgen wir dem Steig auf der linken Bachseite. Nach 10 Min. verlassen wir das Bachufer und wandern wiederum auf einem Steig nach links über den Waldhang hinauf. Er mündet in einen quer verlaufenden Weg, in den wir rechts einbiegen. Dieser führt mit schönem Tiefblick um einen Rücken und einige Meter abwärts in das schluchtartig eingeschnittene **Bergleintal** ❷.

Kurz darauf geht es nach links zwischen Buschwerk steil bergauf und auf die Wände des Öfelekopfs zu. Unter den mächtigen Felsabstürzen zieht der Anstieg im nun freien Gelände weiter aufwärts und quert dabei einige Schuttrinnen. Schließlich führt uns unser Weg auf die rechte Seite des Hochtals und an der kleinen, unbewirtschafteten **Mustersteinhütte** ❸ vorbei. Über felsdurchsetzte, wellige Wiesen steigen wir weiter an. Über uns wachsen die mauerglatten Südwände des Mustersteins in den Himmel. Wir erreichen den unteren Rand des Leutascher Platts, das von den Dreitorspitzen überragt wird, und queren die Schotterhalden etwas oberhalb seiner weiten Karstflächen. Ein letzter steiler Anstieg führt über einen Geröllhang, teils auch über felsige Stellen zur **Meilerhütte** ❹, 2375 m, hinauf. Der Abstieg nach **Reindlau** ❶ erfolgt auf der Aufstiegsroute.

Blick aus der Reindlau ins Bergleintal, darüber der Musterstein mit seiner Südwand.

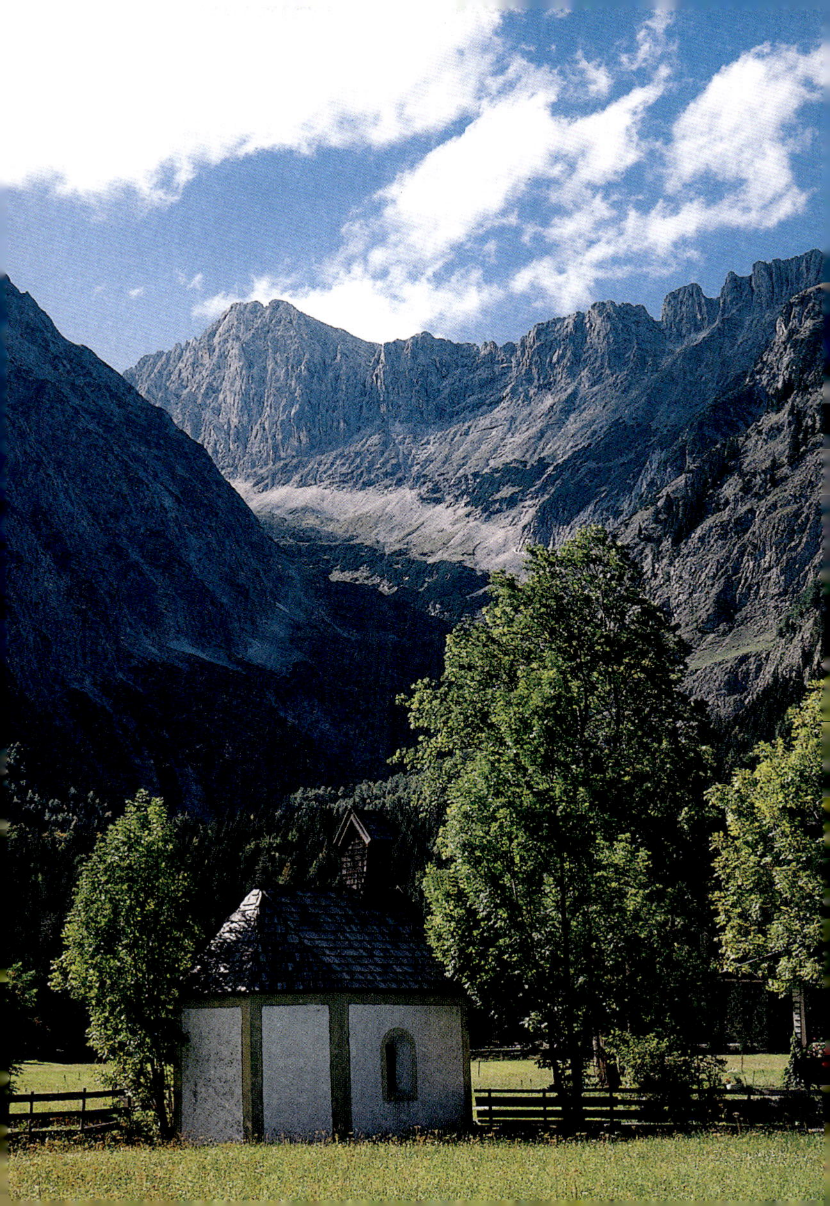

↗ 980 m | ↘ 980 m | 13.9 km

5.40 h

17 Puittal und Scharnitzjoch, 2048 m

Tal der Gegensätze über der Leutasch

Im Puittal hat es die Natur besonders gut gemeint. Flache Wiesen- und Latschenböden werden von den düsteren Nordabstürzen der Gehrenspitze und den steil aufragenden Felsfluchten des Wettersteins eingefasst – eine kontrastreiche Landschaft mit ganz eigenem Reiz. Auf der Südseite des Wettersteins, vor allem an den mauerglatten Platten der Schüsselkarspitze, wurde Klettergeschichte geschrieben. Meister ihres Fachs erprobten dort ihr Können in schwierigen Routen. Am Scharnitzjoch lassen sich ihre Wände aus nächster Nähe bestaunen.

Ausgangspunkt: Parkplatz Puitbach-Ahrn, 1089 m, gebührenpflichtig; von Seefeld kommend in Weidach Richtung Mittenwald und zum Parkplatz 400 m nördlich von Ahrn; vom Bahnhof Mittenwald mit Buslinie 431 Richtung Telfs nach Puitbach (wenige Verbindungen) oder vom Bahnhof Seefeld mit den Buslinien 430 oder 433 nach Leutasch / Weidach Zentrum und dort umsteigen in Linie 431 Richtung Geisterklamm.
Anforderungen: Teilweise etwas steinige Bergwege, doch keine besonderen Schwierigkeiten.

Einkehr: Unterwegs keine.
Varianten: Vom Scharnitzjoch links über den Grasrücken an der unbewirtschafteten Erinnerungshütte vorbei zur kleinen Anhöhe des Hüttenkopfs, 2130 m (insgesamt 25 Min. für Auf- und Abstieg). Alternativer Rückweg vom Scharnitzjoch über Wangalm und Wettersteinhütte zum Parkplatz Stupfer im Gaistal (1.45 Std.). Mit Buslinie 433 (von Juli bis Anfang Oktober) nach Leutasch Weidach / Zentrum (Anschluss an Linie 431 nach Puitbach) oder nach Seefeld.

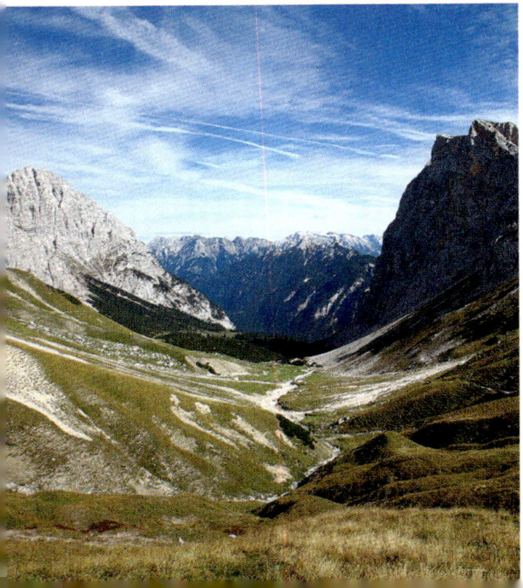

Am Ende des **Parkplatzes Puitbach-Ahrn ❷**, bei einer Holzhütte, gehen wir auf einem Pfad zur Leutascher Ache und bachabwärts, bis wir links auf einem Wirtschaftsweg zur Talstraße gelangen. Dort überqueren wir rechts die Brücke und biegen bei der Bushaltestelle links auf einen asphaltierten Fahrweg ab. Wir wandern an einigen Höfen vorbei und über Wiesen schräg nach rechts bergauf zum bewaldeten Bergfuß. Dort folgen wir einer Forststraße nach links weiter ansteigend, bis vor dem **Puitbach ❷** der Wanderweg ins Puittal

Von Felswänden flankiert: das Puittal, rechts die Gehrenspitze.

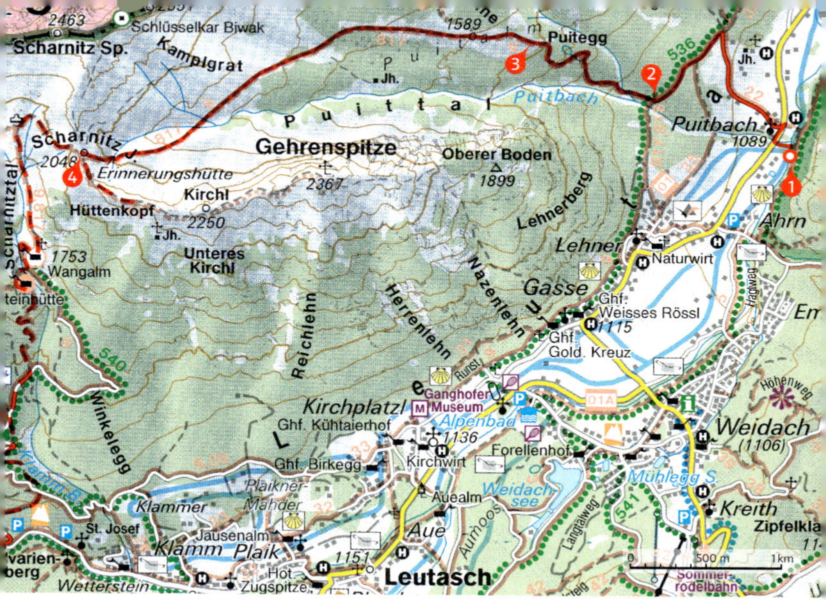

rechts abzweigt. Er führt über steile Waldhänge hinauf zum **Puitegg** ❸ und auf die weiten Wiesenflächen des Puittals, das von den Felsfluchten der Gehrenspitze und des Wettersteins eingerahmt wird. Auf der rechten Talseite geht es über die Böden sanft ansteigend taleinwärts und unter den Wänden der Schüsselkarspitze allmählich nach links in den Talschluss.

Schließlich steigen wir über von Rinnen zerfurchte Hänge zum **Scharnitzjoch** ❹, 2048 m, an. Dort können wir die eindrucksvollen Felsmauern der Wetterstein-Südseite in aller Ruhe bestaunen und den Blick zu den Mieminger Gipfeln genießen (Abstecher zum Hüttenkopf).

Der Rückweg nach **Puitbach** ❶ erfolgt auf derselben Route oder über die Wangalm ins Gaistal.

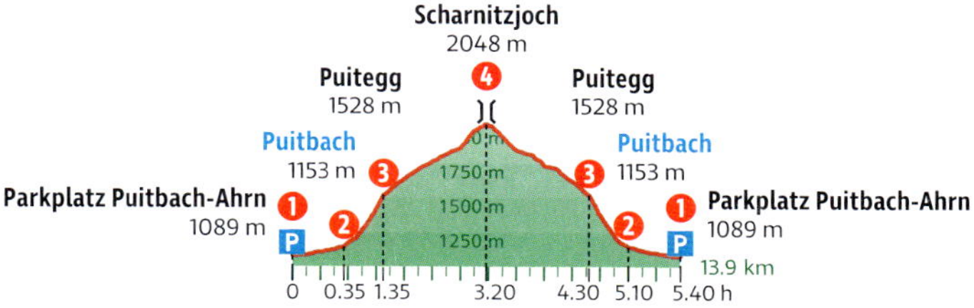

TOP

18 Gehrenspitze, 2367 m

↗ 1200 m | ↘ 1200 m | 14.5 km

6.30 h

Aussichtswarte über der Leutasch

Als mächtiger, isoliert stehender Felsberg ist die Gehrenspitze der Südseite des Wettersteingebirges vorgelagert. Eindrucksvoll bricht ihre gut 500 m hohe Nordwand zu den Böden des Puittals ab. Sie präsentiert sich als hervorragender Aussichtsgipfel mit Nahblicken auf die Wettersteinwände mit ihren berühmten Kletterrouten und Fernsicht bis zu den Zillertaler und Stubaier Alpen. Auch bei den beiden Einkehrmöglichkeiten am Weg, der Wettersteinhütte und der Wangalm, lässt der Ausblick nichts zu wünschen übrig – der richtige Platz, um den Bergtag ausklingen zu lassen. Durch den südseitigen Anstieg ist die Tour auch eine schöne Unternehmung für den Herbst.

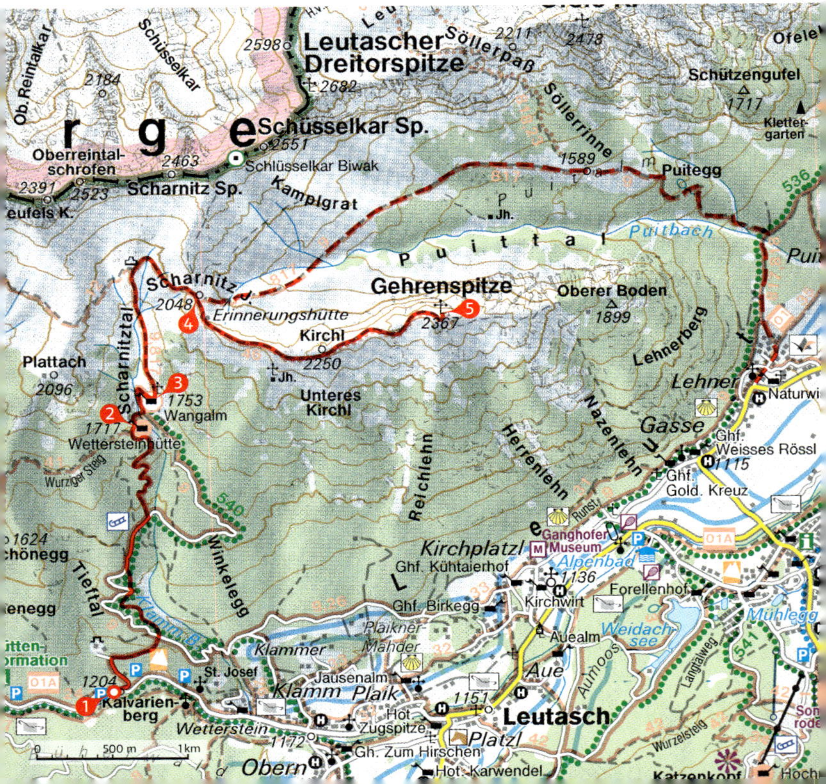

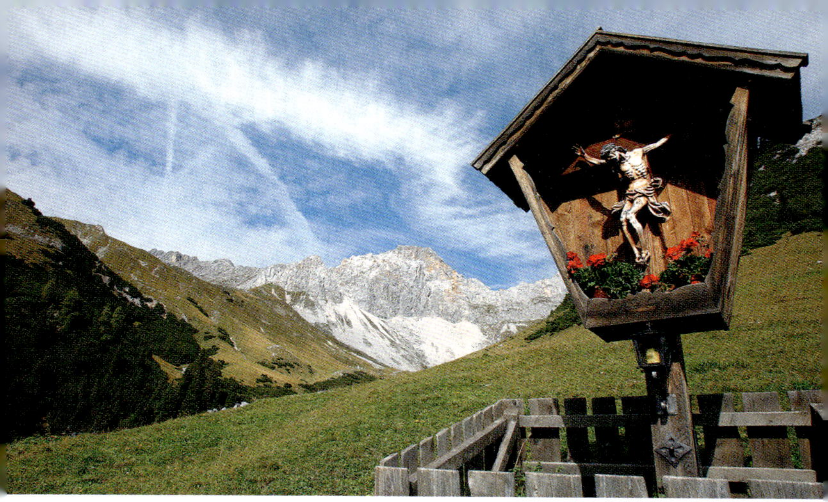

Bei der Wangalm rückt die felsige Wetterstein-Südseite ins Blickfeld.

Ausgangspunkt: Parkplatz Stupfer (Parkplatz 2), 1204 m, im Gaistal (gebührenpflichtig); im hintersten Leutaschtal durch den Ortsteil Klamm und ins Gaistal; Buslinie 433 vom Bahnhof Seefeld zur Haltestelle »Gaistal Stupfer Parkplatz« (verkehrt von Juli bis Anfang Oktober).
Anforderungen: Zu Beginn der Tour auch Fahrwege; bis zum Scharnitzjoch unschwierige, teils etwas steile Bergwege; zur Gehrenspitze über steile Grashänge, teils auch über schrofiges Gelände; Trittsicherheit, Schwindelfreiheit und Ausdauer erforderlich.
Einkehr: Wettersteinhütte, Tiroler Bergwacht, Übernachtungsmöglichkeit, Sommeröffnung Mitte Mai bis Anfang November, Tel. +43 664 8958227, wettersteinhuette.at; Wangalm, privat, Übernachtungsmöglichkeit, geöffnet Mitte Mai bis Mitte Oktober, Tel. +43 664 9196073, wangalm.at.
Variante: Abstieg durch das Puittal: Von der Gehrenspitze zurück zum Scharnitzjoch, dort rechts und unter der felsigen Nordflanke der Gehrenspitze das landschaftlich wunderschöne Puittal hinaus. Über eine waldige Stufe zu einer Forststraße hinab, rechts über den Puitbach und bei einer Weggabelung links in den Ortsteil Lehner. Geradeaus zur Leutascher Straße und links zur Bushaltestelle »Leutasch Gasse Naturwirt«. Mit Buslinie 431 nach Weidach Zentrum, dort Anschluss an Linie 433 (von Juli bis Anfang Oktober) zum Parkplatz Stupfer und nach Seefeld.

Vom **Parkplatz Stupfer** ❶ im Gaistal überqueren wir die Straße und folgen einem zur Wettersteinhütte ausgeschilderten Forstweg durch lichten Wald bergauf. An einer Verzweigung halten wir uns dabei rechts. Nach 20 Min. biegen wir links in eine breite Forststraße ein und verlassen sie kurz darauf wieder nach rechts auf einem schmäleren Weg, der die Forststraßenkehren abkürzt. Unser Anstieg mündet dann erneut in die Schotterstraße und ver-

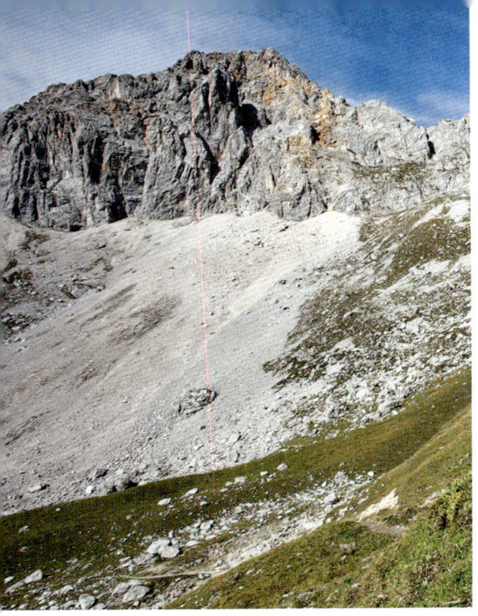

Oberreintalschrofen.

läuft auf ihr für einige Minuten. An zwei Linksabzweigungen gehen wir vorbei und folgen dann einem ausgeschilderten Fußweg in Serpentinen etwas steiler den Hang hinauf, bis die **Wettersteinhütte** ❷ erreicht ist. Hinter der Hütte wandern wir geradeaus zum Klammbach hinunter und steigen in einer Kehre zur **Wangalm** ❸ an.

Dort beginnt ein Steig, der über die Almweiden nach Norden ins Scharnitztal führt. Dabei rücken die Felswände des Oberreintalschrofen und der Scharnitzspitze immer näher. Wir überqueren erneut den Bach, halten uns bei einigen Felsblöcken rechts und kommen an Gedenktafeln für in den Bergen Verunglückte vorbei. Der Steig zieht in einem Rechtsbogen über Wiesenhänge zum **Scharnitzjoch** ❹ hinauf. Dort öffnet sich der Blick auf die steil abbrechende Nordseite der Gehrenspitze. Vom Joch steigen wir rechts über den Wiesenrücken zur kleinen Erinnerungshütte (Selbstversorgerhütte) hinauf, queren die grasige Anhöhe des Hüttenkopfs auf seiner rechten Seite und gelangen über den nun schmäleren Kamm zum Kirchl, einem felsigen Vorposten der Gehrenspitze. Der Anstieg führt nun rechts unterhalb des felsigen Kamms über die steil abfallenden Südhänge, teils auch über schrofiges Gelände. Haben wir einen Felsturm passiert, kommt das Gipfelkreuz in Sicht. Auf den letzten Metern sind steile Schrofen zu bewältigen, dann ist der Gipfel der **Gehrenspitze** ❺, 2367 m, erreicht. Der Rückweg zum **Parkplatz Stupfer** ❶ im Gaistal erfolgt auf derselben Route oder durch das Puittal.

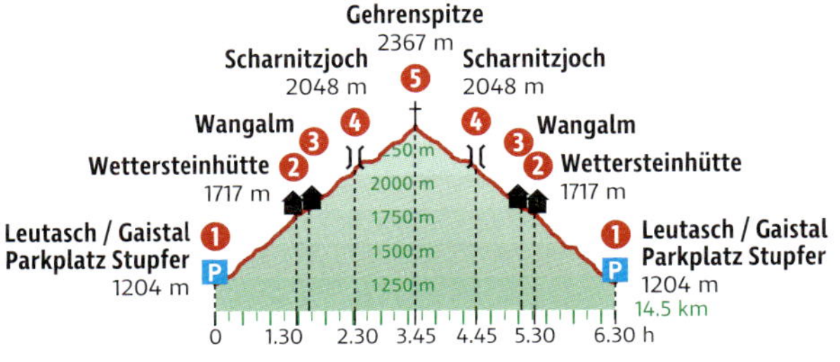

↗ 560 m | ↘ 560 m | 9.9 km

3.30 h

Wettersteinhütte, 1717 m, und Wurziger Steig

19

Panorama und Genuss hoch über der Leutasch

Wie ein Aussichtsbalkon liegt die Terrasse der Wettersteinhütte auf der Südseite des Wettersteingebirges. Bis zu den Bergspitzen über dem Inntal reicht der Blick, zu den Tuxer Gletschergipfeln und der gezackten Felslinie der Kalkkögel. Hinter der Hütte wachsen die Felsfluchten des Wettersteins in den Himmel, ein Eldorado für versierte Kletterer. Abwechslungsreich und ohne großen Höhenunterschied führt der Wurzige Steig auf halber Höhe über die Hänge des Wettersteins. Schöner Bergwald, sprudelnde Bäche und immer wieder herrliche Ausblicke machen ihn zu einer Genusswanderung. Übermächtig baut sich schließlich der Felskoloss der Hohen Munde über dem Gasthof Hämmermoosalm auf.

Ausgangspunkt: Parkplatz Stupfer (Parkplatz 2), 1204 m, im Gaistal (gebührenpflichtig); im hintersten Leutaschtal durch den Ortsteil Klamm und ins Gaistal; Buslinie 433 vom Bahnhof Seefeld zur Haltestelle »Gaistal Stupfer Parkplatz« (verkehrt von Juli bis Anfang Oktober).
Anforderungen: Einige Abschnitte auf Forststraßen; Waldwege und -steige ohne besondere Schwierigkeiten, etwas steilerer Anstieg zur Wettersteinhütte.
Einkehr: Wettersteinhütte, Tiroler Bergwacht, Übernachtungsmöglichkeit, Sommeröffnung Mitte Mai bis Anfang November, Tel. +43 664 8958227, wettersteinhuette.at; Hämmermoosalm, privat, nur Einkehr, Sommeröffnung Ende Mai bis Ende Oktober, Tel. +43 5214 20244, die-haemmermoos.com.
Variante: Am Abzweig vor dem Salzbach geradeaus und am Bach entlang zum Parkplatz Salzbachbrücke absteigen, dort über die Brücke und geradeaus zur Leutascher Ache.

Beim **Parkplatz Stupfer** ❶ im Gaistal gehen wir über die Straße zu einem Forstweg, auf ihm zu einer Verzweigung und rechts über die bewaldeten Hänge bergauf zu einer breiten Schotterstraße. Wir folgen ihr kurz nach

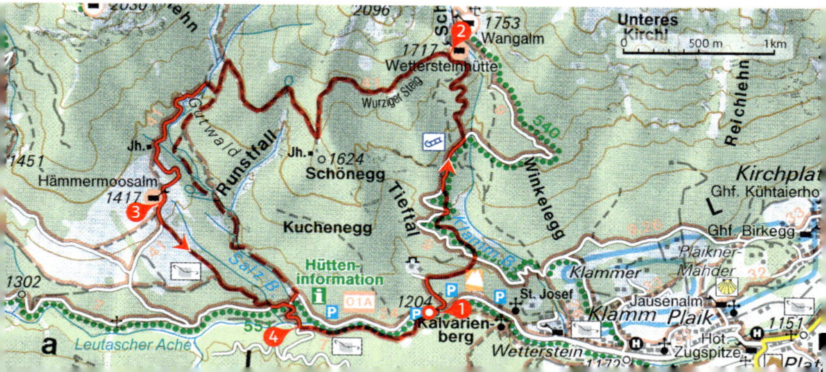

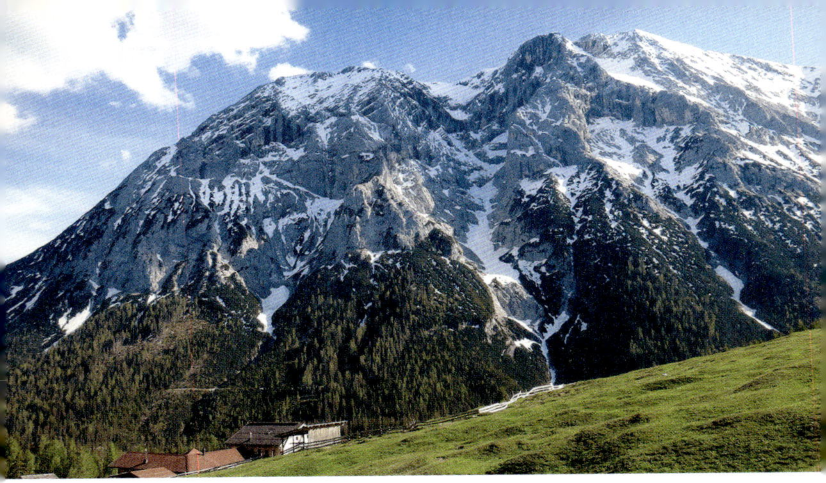

Winzig klein wirkt die Hämmermoosalm vor der mächtigen Hohen Munde.

links, bis rechts ein (nicht ausgeschildeter) Fußweg abzweigt. Er führt durch Wald bergauf und wieder zur Forststraße. Wir biegen rechts ein, lassen die folgenden beiden Linksabzweigungen unbeachtet und halten uns schließlich bei einem Wegweiser links. Ein Steig bringt uns in Kehren etwas steiler zur sonnig gelegenen **Wettersteinhütte** ❷ hinauf.

Hinter der Hütte beginnt links der Wurzige Steig. Er quert die Waldhänge nach Westen und führt über einen Rücken einige Höhenmeter bergab. Anschließend geht es wiederum ohne großen Höhenunterschied zum Salzbach und vor seinem Bachbett links bergab zu einer Verzweigung (dort geradeaus direkt zur Leutascher Ache). Für eine Almeinkehr und noch ein paar schöne Landschaftsbilder überqueren wir rechts die Brücke, treffen auf eine Forststraße und folgen ihr links zur **Hämmermoosalm** ❸.

Haben wir die Almwirtschaft passiert, zweigen wir links auf einen Wiesenpfad ab und wandern über die Almböden zum breiten Ganghoferweg hinab. Links kommen wir erneut zu einer Forststraße, biegen links ein und halten uns noch vor der Salzbachbrücke und dem Parkplatz rechts, um zur **Leutascher Ache** ❹ abzusteigen. Wir wechseln auf die andere Bachseite und gehen am rechten Ufer talauswärts. Bei der nächsten Brücke überqueren wir die Ache erneut und sind wieder beim **Parkplatz Stupfer** ❶ angelangt.

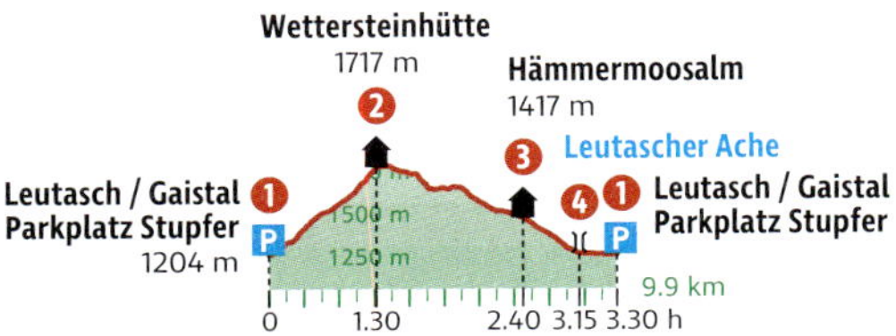

↗ 830 m | ↘ 830 m | 12.7 km

4.45 h

Rotmoosalm, 2030 m

20

Panoramaplatz auf der Wetterstein-Südseite

Im Gaistal, einem Hochtal zwischen Wetterstein und Mieminger Kette, kommen Almwanderer auf ihre Kosten. Mehrere Almwirtschaften reihen sich dort aneinander. Die höchstgelegene ist die Rotmoosalm, die am Rücken des Schönbergs hoch über dem Tal thront. Der Anstieg verlangt Wanderern einige Schweißtropfen ab, doch die Mühe lohnt sich. Die gastfreundliche Almhütte, 2009 nach einem Lawinenabgang neu errichtet, ist ein fantastischer Logenplatz: mit der imposanten Felsmauer des Wettersteins im Rücken, herrlichem Blick auf die Mieminger Felsberge bis zu den Stubaier Dreitausendern. Da schmecken die Almspezialitäten besonders gut. Als Gipfeloption mit einem noch umfassenderen Panorama bietet sich der dem Wetterstein vorgelagerte Predigtstein an (auch Predigtstuhl, → Variante).

Ausgangspunkt: Parkplatz Salzbachbrücke, 1220 m, im Gaistal (gebührenpflichtig), im hintersten Leutaschtal durch den Ortsteil Klamm und noch ca. 2 km ins Gaistal; Buslinie 433 vom Bahnhof Seefeld zur Haltestelle »Gaistal Salzbach« (verkehrt von Juli bis Anfang Oktober).

Anforderungen: Teils steiler Steig beim Anstieg zur Rotmoosalm; beim Abstieg

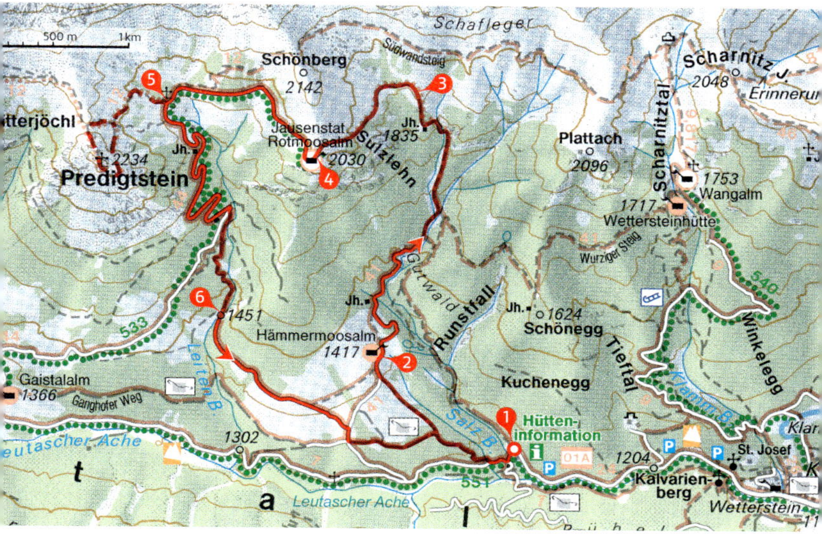

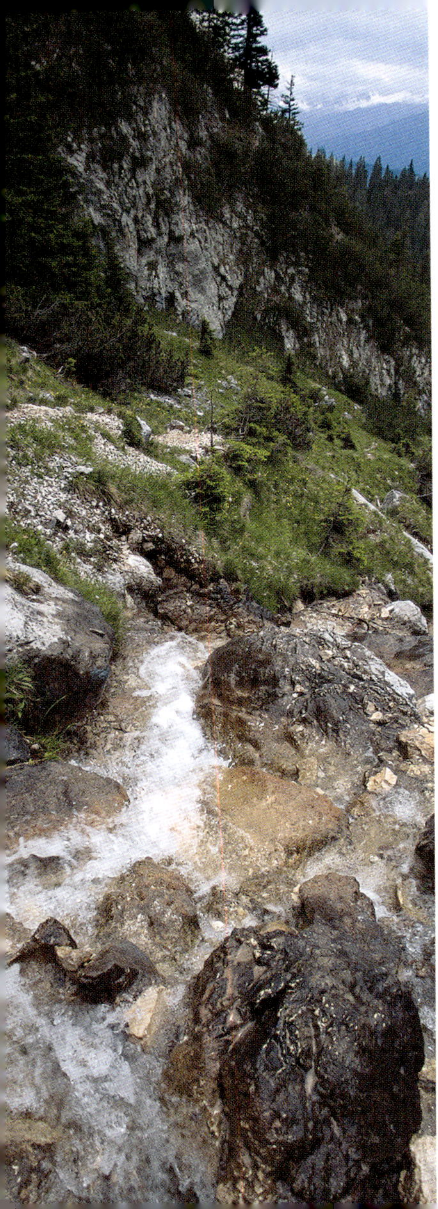

längere Abschnitte auf Forststraßen.
Einkehr: Hämmermoosalm, privat, nur Einkehr, Sommeröffnung Ende Mai bis Ende Oktober, Tel. +43 5214 20244, die-haemmermoos.com; Rotmoosalm, privat, Übernachtungsmöglichkeit, geöffnet Ende Mai bis Anfang Oktober, Tel. +43 676 4516900, rotmoosalm.at.
Variante: Aufstieg zum Predigtstein: Beim Abstieg von der Rotmoosalm in einem Wiesenkessel rechts auf einen Steig und zu einem Sattel hinauf, vorbei an einer ersten Abzweigung zum Predigtstein (Variante für den Abstieg); im Sattel links, über schotteriges und felsiges Gelände steil zum Gipfel, 2234 m (1 Std., gute Trittsicherheit erforderlich); Abstiegsalternative nach Osten über eine grasige Schulter und durch die Ostflanke auf sehr steilem Steig hinunter zum Anstiegsweg.

Vom **Parkplatz Salzbachbrücke** ❶ überqueren wir den Bach, folgen der breiten Schotterstraße, die ins Gaistal führt, und verlassen sie nach 200 m rechts auf dem Ganghoferweg. Auf ihm wandern wir 10 Min. bergauf, zweigen erneut rechts ab und steigen über Almböden zur **Hämmermoosalm** ❷ an. Auf einem Fahrweg gehen wir am Almgebäude vorbei und oberhalb des Salzbachs taleinwärts. Bei einer Verzweigung bleiben wir auf der linken Bachseite und gewinnen, nun auf einem Steig, im Bachtal weiter an Höhe. Der Pfad schraubt sich schließlich steil über den linken Talhang zu einem Rücken hinauf, führt am kleinen **Schäferhüttl** ❸, 1894 m, vorbei und schwenkt nach links.
Unter den mächtigen Südwänden des Wettersteins durchqueren wir einen stellenweise feuchten Berg-

Beim Anstieg zur Rotmoosalm.

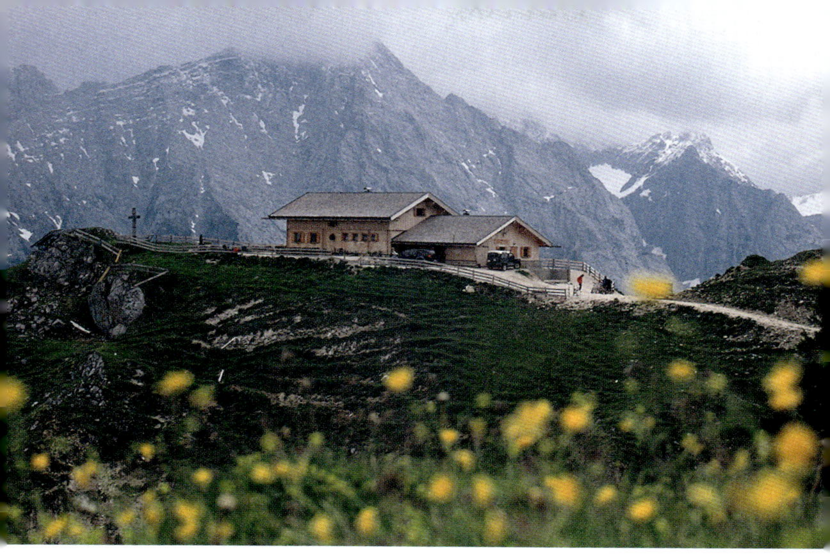

Panoramaplatz vis-à-vis der Mieminger Berge: die Rotmoosalm.

kessel (Holzstege) und gelangen über einen steilen Hang zur **Rotmoosalm** ❹, 2030 m, hinauf. Nach der Einkehr folgen wir der Almzufahrt in den Kessel zwischen Schönberg und Predigtstein hinab, kommen dort an der **Abzweigung zum Predigtstein** ❺, 1904 m, vorbei und wandern in Kehren über die Hänge des Leitenbachtals weiter abwärts. Kurz nach der Einmündung eines Forstwegs von links biegen wir ebenfalls links auf einen Steig ab, der talauswärts und zum **Leitenbach** ❻ hinunterführt. Wir wechseln auf die andere Talseite und folgen einem Fahrweg, der in die Zufahrt zur Hämmermoosalm mündet. Rechts gelangen wir wieder zum Ganghoferweg, der die Schotterstraße kreuzt. Wir biegen links ein und kehren auf bekanntem Weg zum **Parkplatz Salzbachbrücke** ❶ zurück.

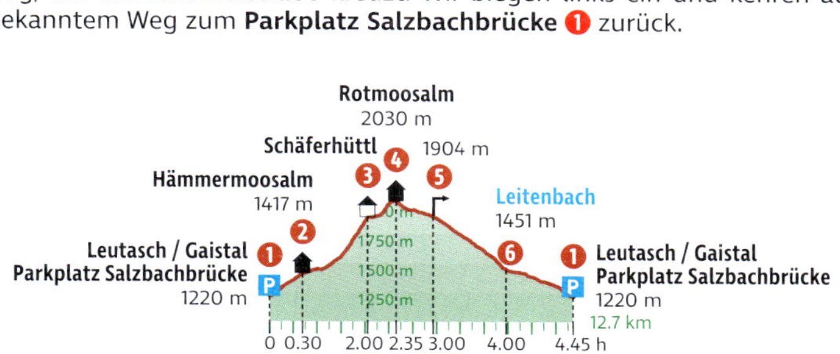

↗ 300 m | ↘ 1680 m | 22.1 km

21 Vom Zugspitzplatt, 2576 m, in die Leutasch

6.00 h

Ein außergewöhnlicher Abstieg

Der Abstieg von Deutschlands höchstem Gipfel über Knorrhütte und Gatterl nach Ehrwald ist eine beliebte Tour. Wenige Wanderer steigen dagegen in die Leutasch ab. Das mag daran liegen, dass die Anreise zum Ausgangspunkt Zugspitzplatt aus dem Leutaschtal einigen Aufwand bedeutet. Wer dies in Kauf nimmt, erlebt eine landschaftlich großartige und vielfältige Unternehmung. Höhepunkte der Tour sind der fantastische Ausblick auf dem Zugspitzgipfel, der bei günstigem Wetter 250 km weit reicht, die karge, von Felsgipfeln eingerahmte Geröllwüste des Platts sowie der Blick auf die Felsfluchten der Wettersteinsüdseite und des Mieminger Gebirges. Beim Abstieg ins Gaistal laden gastfreundliche Almen zur Einkehr ein.

Ausgangspunkt: Talstation Seilbahn Zugspitze, 995 m, am Eibsee, zugspitze.de; da Ausgangs- und Endpunkt unterschiedlich sind, empfiehlt sich die Anreise mit öffentlichen Verkehrsmitteln: vom Bahnhof Garmisch-Partenkirchen mit dem Eibsee-Bus oder der Zugspitzbahn zum Eibsee, mit der Seilbahn auf die Zugspitze und mit der Gletscherbahn auf das Zugspitzplatt; alternativ mit der Zugspitzbahn direkt zum Zugspitzplatt.
Endpunkt: Bushaltestelle Salzbach, 1210 m, im Gaistal; mit Buslinie 433 zum Bahnhof Seefeld (verkehrt von Juli bis Anfang Oktober).
Anforderungen: Langer Abstieg auf teils schotterigen und steinigen Bergwegen, die Trittsicherheit erfordern; nach dem Gatterl kurzer, gesicherter Abstieg durch eine felsige Rinne, für geübte Wanderer ohne Schwierigkeiten; wegen des Zeitaufwands für die Anfahrt und der Länge der Tour ist ein möglichst früher Aufbruch ratsam.
Einkehr: Auf der Zugspitze Restaurants sowie Münchner Haus, DAV, eingeschränkte Übernachtungsmöglichkeit nur für Alpinisten, geöffnet Mitte Mai bis Ende September, Tel. +49 8821 2901, alpenverein-muenchen-oberland.de; Gletscherrestaurant Sonnalpin am Zugspitzplatt; Knorrhütte, DAV, Übernachtungsmöglichkeit, geöffnet Ende Mai bis Anfang Oktober, Tel. +49 151 14443496, alpenverein-muenchen-oberland.de; Steinernes Hüttl, privat, Übernachtungsmöglichkeit, Getränke und Brotzeiten, geöffnet Juli bis September, WhatsApp +43 650 9847234 (Bewirtschaftung nach 2024 ungewiss); Tillfussalm, privat, Übernachtungsmöglichkeit, geöffnet Mitte Mai bis Ende Oktober, Montag Ruhetag, Tel. +43 676 6104770, tillfussalm.tirol; Gaistalalm, privat, Übernachtungsmöglichkeit, geöffnet Mitte Mai bis Ende Oktober, Tel. +43 5214 5190, gaistalalm.at.
Variante: Von der Bergstation Seilbahn Zugspitze lohnt ein Abstecher zum Kreuz am Ostgipfel (großartiger Rundblick): kurzer Anstieg über abgetretenen und rutschigen Fels, mit einer Leiter, Eisenklammern und Drahtseilen gesichert.

Von der **Talstation** ❶ am Eibsee bringt uns die Seilbahn Zugspitze zur **Bergstation** ❷ am Zugspitzgipfel. Von der Bergstation fahren wir mit der Gletscherbahn hinunter zur **Station Zugspitzplatt** ❸ mit dem Restaurant Sonnalpin. Dort folgen wir den Wegweisern zur Knorrhütte, gehen hinter

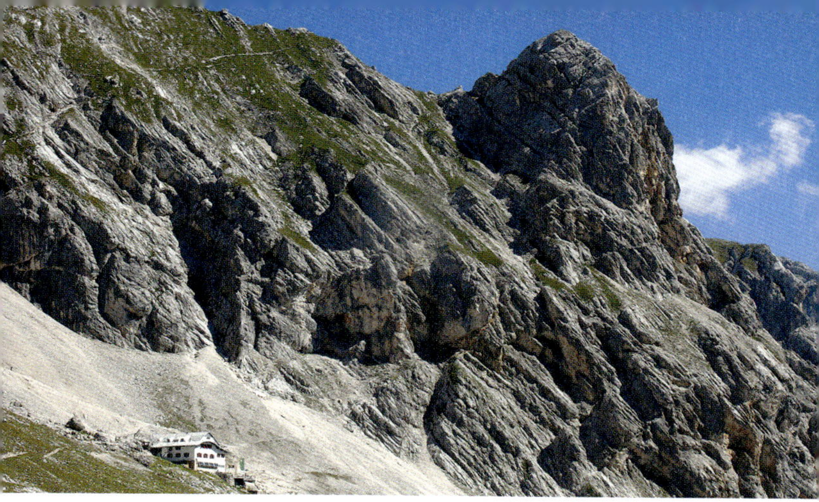

Traditionsreiche Einkehr am Zugspitzplatt: die Knorrhütte.

dem Restaurant auf die steilen Hänge der Zugspitze zu und an der Talstation eines Skilifts vorbei. Der Steig dreht nach rechts und führt über die wellige, geröllbedeckte Karsthochfläche des Platts bergab. Er hält sich am linken Rand des Plateaus, unter den Felswänden des Jubiläumsgrats, und leitet, zuletzt etwas steiler, zur **Knorrhütte** 4 hinab.

Wir orientieren uns nach rechts und wandern nun am unteren Rand des Platts etwas auf und ab über gewelltes Karstgelände. Beeindruckend ist der Blick ins Reintal, das von der gewaltigen 1400 Meter hohen Hochwanner-Nordwand überragt wird. In kurzem Anstieg über steile Hänge erreichen wir das von Felsen eingerahmte **Gatterl** 5, 2024 m. Über die Scharte verläuft die bayerisch-tirolerische Grenze. Jenseits geht es durch eine gesi-

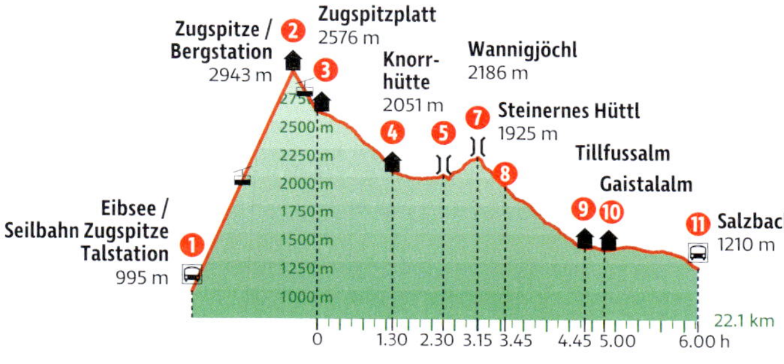

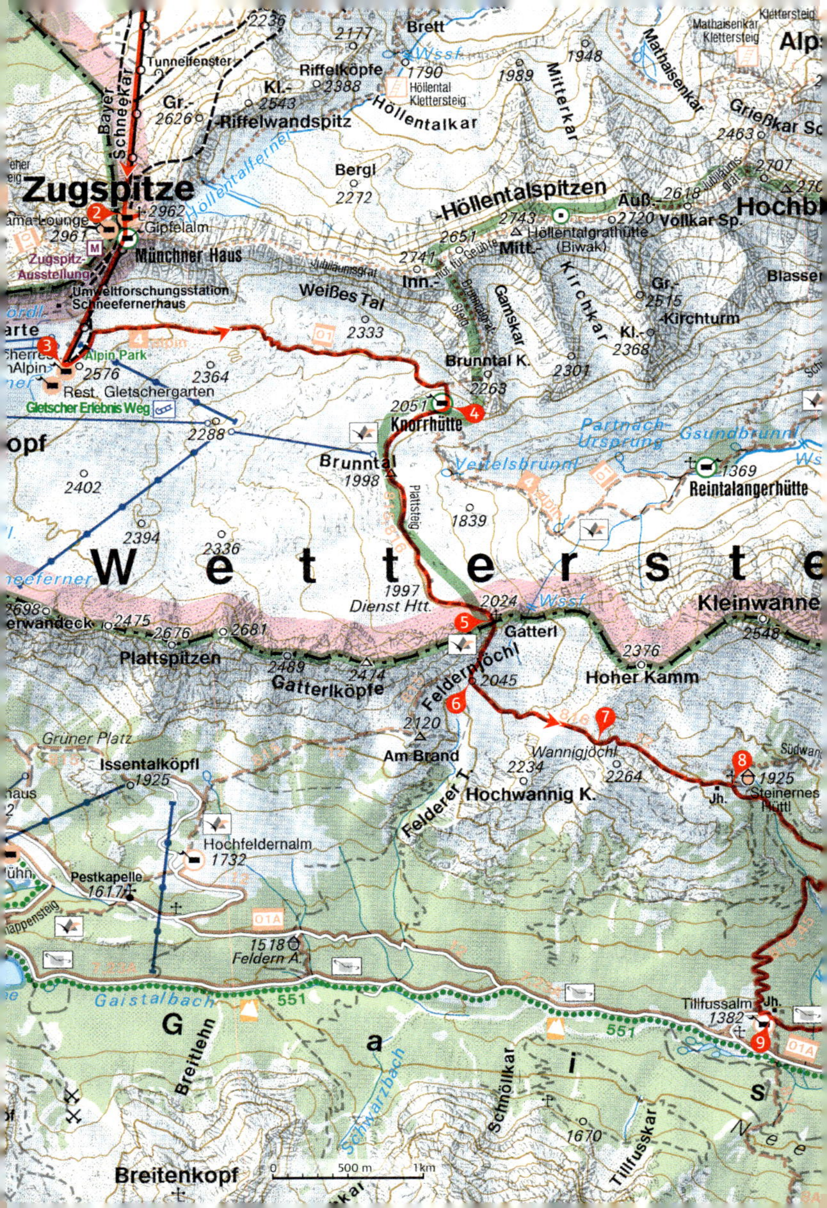

Zugspitze
2962
Gipfelalm
Münchner Haus
Zugspitz-Ausstellung
Umweltforschungsstation Schneefernerhaus
Riffelwandspitz
Riffelköpfe
Brett
Höllental Klettersteig
Höllentalkar
Höllentalferner
Bergl
Höllentalspitzen
Höllentalgrathütte (Biwak)
Mitterkar
Mathaisenkar
Grießkar
Vollkar Sp.
Hochblassen
Jubiläumsgrat
Weißes Tal
Brunntal K.
Gamskar
Kirchkar
Kirchturm
Alpin Park
Rest. Gletschergarten
Gletscher Erlebnis Weg
Knorrhütte
Brunntal
Plattsteig
Veitelsbrunn
Partnach-Ursprung
Gsundbrunn
Reintalangerhütte
Wetterstein
Dienst Htt.
Gatterl
Kleinwanne
Hoher Kamm
Plattspitzen
Gatterlköpfe
Feldernjöchl
Am Brand
Wannigjöchl
Hochwannig K.
Steinernes Hüttl
Grüner Platz
Issentalköpfl
Hochfeldernalm
Pestkapelle
Feldern A.
Felderer T.
Gaistalbach
Tillfussalm
Breitlehn
Schwarzbach
Schöllkar
Tillfusskar
Breitenkopf
Gaistal
500 m
1 km

cherte, gut gestufte Felsrinne hinab und anschließend wieder kurz aufwärts ins **Feldernjöchl** 6, 2045 m. Dort steigen wir links kurz über den grasigen Kamm bergauf, biegen erneut links ab und queren durch eine Flanke mit Schieferschutt in den Kaltwassersattel zwischen Hochwannigkopf und Hohem Kamm. Ein letzter kurzer Anstieg bringt uns zum **Wannigjöchl** 7 mit schönem Blick auf die Nordwände der Mieminger Berge. Dann wandern wir durch eine Mulde und über die Hänge hinab zum **Steinernen Hüttl** 8, einer urigen Einkehr (Bewirtschaftung ab 2025 unsicher).

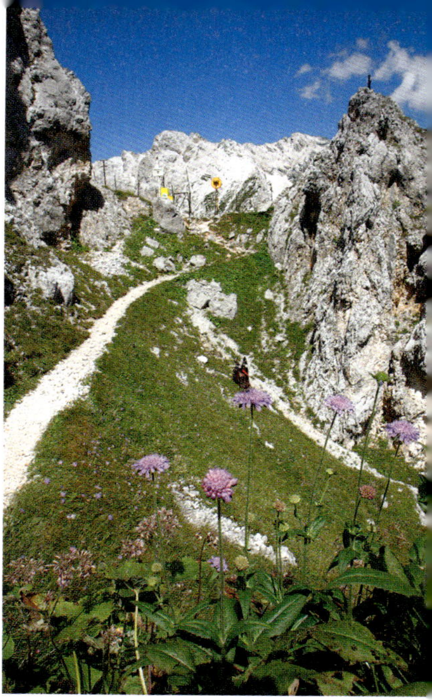

Von Felsen eingerahmt: das Gatterl.

Vor der kleinen Hütte halten wir uns rechts, steigen in ein tief eingeschnittenes Bachtal ab und überqueren den Bach. Der Steig führt nun links des Grabens durch teils sehr steiles, von Latschen und Krummholz überwuchertes Gelände talauswärts, überquert abermals den Bach und leitet durch Wald ins Gaistal und hinunter zur **Tillfussalm** 9, 1382 m. Im benachbarten Jagdhaus verbrachte der bekannte Heimatschriftsteller Ludwig Ganghofer jahrelang die Sommermonate. Beim Almgebäude beginnt ein Steig, der uns nach Osten zur nächsten Einkehr bringt, der **Gaistalalm** 10, 1366 m. Wir behalten die Richtung bei, gehen an der Alm vorbei und folgen dem breiten Ganghoferweg das Gaistal hinaus. Er führt unterhalb der Hämmermoosalm vorbei und zur Gaistalstraße hinunter. Wir biegen links in sie ein, halten uns kurz darauf erneut links und gelangen zum Parkplatz und rechts zur **Bushaltestelle Salzbach** 11.

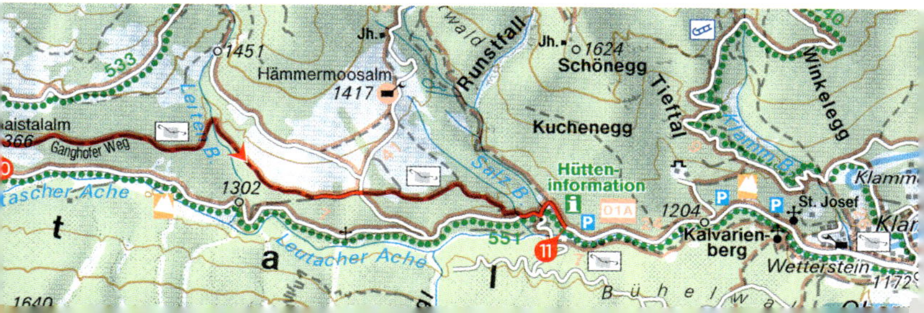

↗ 930 m | ↘ 930 m | 16.5 km

22 Durch das Gaistal zur Niederen Munde, 2055 m

5.45 h

Ein Sattel mit überraschendem Blick nach Süden

Die Niedere Munde ist ein erstaunlich tiefer und weiträumiger Sattel zwischen dem Gipfel der Hohen Munde und den anderen Mieminger Bergen. Beim Aufstieg genießt man den Blick auf große Wände und mächtige Felsberge, auf dem Kamm öffnet sich dann eine verblüffend weite Schau nach Süden über das Inntal zu den Stubaier Bergen. Man könnte vom Sattel auch gut nach Wildermieming oder Telfs absteigen.

Ausgangspunkt: Parkplatz Salzbachbrücke, 1220 m, im Gaistal (gebührenpflichtig); im hintersten Leutaschtal durch den Ortsteil Klamm und noch ca. 2 km ins Gaistal; Buslinie 433 vom Bahnhof Seefeld zur Haltestelle »Gaistal Salzbach« (verkehrt von Juli bis Anfang Oktober).
Anforderungen: Ins Gaistal zu den Almen auf einem Fahrweg ohne großen Höhenunterschied; Anstieg zur Niederen Munde auf steilem, steinigem Bergweg.
Einkehr: Gaistalalm, privat, Übernachtungsmöglichkeit, geöffnet Mitte Mai bis Ende Oktober, Tel. +43 5214 5190, gaistalalm.at; Variante: Tillfussalm, privat, Übernachtungsmöglichkeit, geöffnet Mitte Mai bis Ende Oktober, Montag Ruhetag, Tel. +43 676 6104770, tillfussalm.tirol; Hämmermoosalm, privat, nur Einkehr, Sommeröffnung Ende Mai bis Ende Oktober, Tel. +43 5214 20244, diehaemmermoos.com.
Variante: Gemütliche Almenrunde im Gaistal: Vom Parkplatz Salzbachbrücke geht man auf der Schotterstraße durch das Gaistal bis zur Tillfussalm und wandert von dort auf dem Fußweg wieder talauswärts zur Gaistalalm. Nun folgt man dem bequemen Ganghoferweg weiter das Tal hinaus, bis links ein Fahrweg zur Hämmermoosalm hinaufführt. Für den Abstieg geht man von der Almwirtschaft wieder einige Meter zurück und biegt links auf einen Wiesenpfad ab. Erneut trifft man auf den Ganghoferweg und kehrt zurück zum Parkplatz (3 Std.).

Vom **Parkplatz Salzbachbrücke** ❶ überqueren wir den Bach und folgen dem Fahrweg ins Gaistal. Er bleibt immer rechts oberhalb des Baches und bietet dadurch schöne Ausblicke. Bei abbiegenden Forststraßen halten wir uns jeweils geradeaus. Nach gut einer Stunde erreichen wir die Abzweigung zur Gaistalalm und gehen nun noch 400 m weiter taleinwärts.

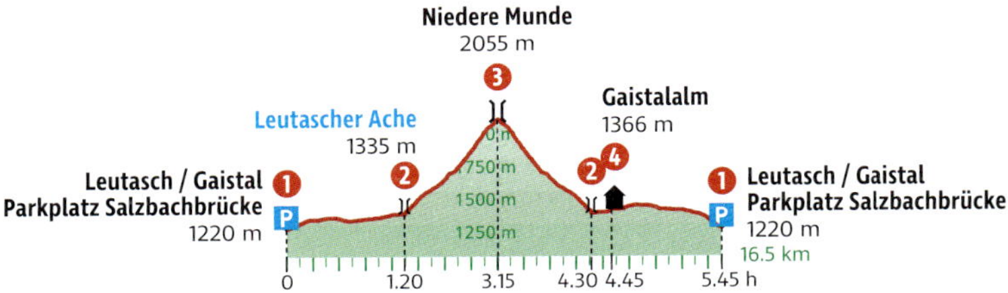

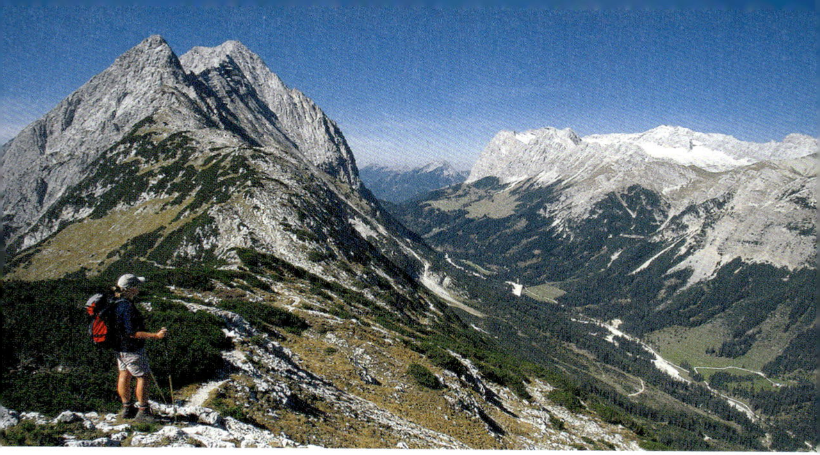

Weiter Sattel über dem Gaistal: die Niedere Munde mit Karkopf (links) und Zugspitze.

Nach der Brücke über den Kotbach zweigen wir links ab, überqueren die **Leutascher Ache** ❷ und biegen links in den Steig zur Niederen Munde ein. Gut auf die Markierungen achtend geht es durch Wald und über eine Wiese, später häufig zwischen Latschen weit bergauf, bis wir zum weiten Sattel der **Niederen Munde** ❸, 2055 m, gelangen. Folgt man links noch 15 Min. dem Rücken nach Osten aufwärts, kommt man in sehr schönes, freies Grasgelände. Auf demselben Weg steigen wir wieder zur **Leutascher Ache** ❷ und zur Gaistalstraße ab (links Abstecher zur bewirtschafteten Tillfussalm mit dem ehemaligen Jagdhaus des Schriftstellers Ludwig Ganghofer, 10 Min.), halten uns rechts und gehen nun bei der Verzweigung links zur **Gaistalalm** ❹. Dort biegen wir rechts in den breiten Ganghoferweg ein. Er führt über die Hänge des Gaistals talauswärts und unterhalb der Hämmermoosalm vorbei. Schließlich treffen wir wieder auf die Gaistalstraße und kehren zum **Parkplatz Salzbachbrücke** ❶ zurück.

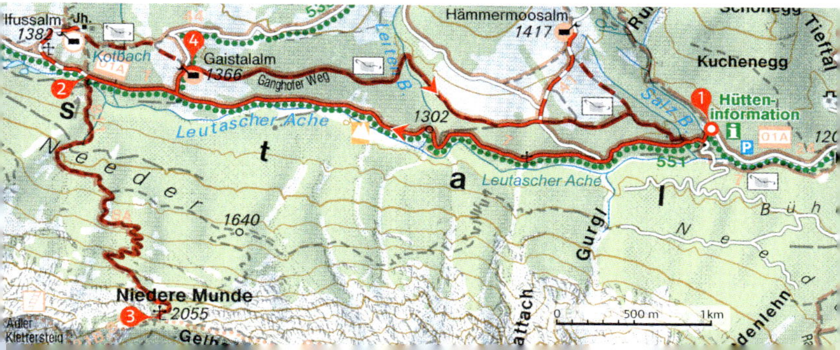

↗ 1430 m | ↘ 1430 m | 11.4 km

23 Hohe Munde, Ostgipfel, 2592 m

7.30 h

Das Wahrzeichen der Oberleutasch

Im Bergpanorama der oberen Leutasch ist die Hohe Munde ein Blickfang. Das mächtige frei stehende Massiv hat eine eigenwillige Form. Nach Norden und Süden stürzt es in hohen Wänden ab, während der Gipfel auffallend breit und abgerundet ist. Er verwandelte sich sogar schon einmal in eine Theaterbühne. 1990 kam dort das Drama »Munde« von Felix Mitterer zur Aufführung. Die Tour ist lang und hat einige etwas eintönige Passagen. Am Gipfel wird man jedoch mit einem grandiosen Panorama belohnt.

Ausgangspunkt: Parkplatz Rauthhütte in Leutasch / Moos, 1170 m; von Platzl in der Oberleutasch nach Moos und rechts zum ausgeschilderten Parkplatz; Buslinie 430 vom Bahnhof Seefeld zur Haltestelle »Leutasch Weiler Moos«.
Anforderungen: Forstweg bis zur Rauthhütte, dann steinige, schon recht alpine Bergwege in teilweise steilem Gelände; Trittsicherheit erforderlich, doch keine größeren Schwierigkeiten; gute Ausdauer notwendig.
Einkehr: Gasthaus Mundestadl am Parkplatz, Mittwoch Ruhetag; Rauthhütte, privat, Übernachtungsmöglichkeit, Sommeröffnung Ende Mai bis Mitte Oktober, Tel. +43 664 2815611, rauthhuette.at.
Varianten: Abstecher zum Westgipfel der Hohen Munde, 2662 m: Vom Kreuz am Ostgipfel über die Hochfläche nach Westen, am Sendemasten vorbei nach Nordwesten, dann links über bröselige Schrofen hinab in die tiefste Scharte, 2530 m. Neben dem Grat, der in Wänden nach Süden abbricht, gelangt man in eine zweite Scharte. Über Platten und schließlich über Geröll zum Kreuz des Westgipfels (30 Min.).
Anspruchsvoller ist die Überschreitung hinunter zur Niederen Munde, 2055 m, auf einem teils klettersteigartig versicherten Steig mit einem Gegenanstieg und ausgesetzten Stellen; anschließend Abstieg durch das Gaistal zur Salzbachbrücke und mit Buslinie 433 (verkehrt von Juli bis Anfang Oktober) zum Bahnhof Seefeld oder nach Leutasch Klamm, dort Anschluss an Linie 430 zurück nach Moos.

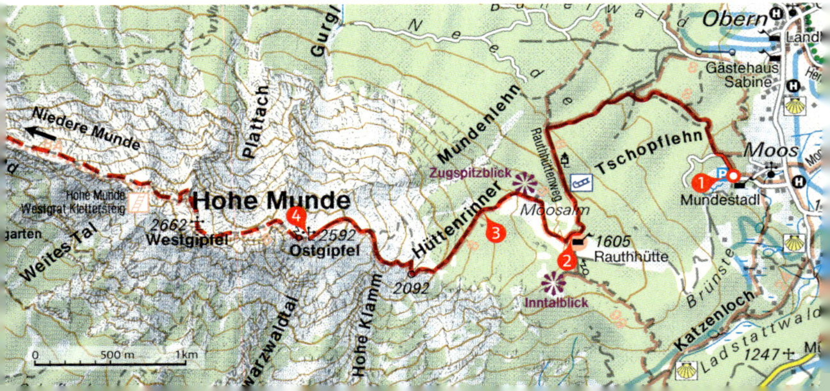

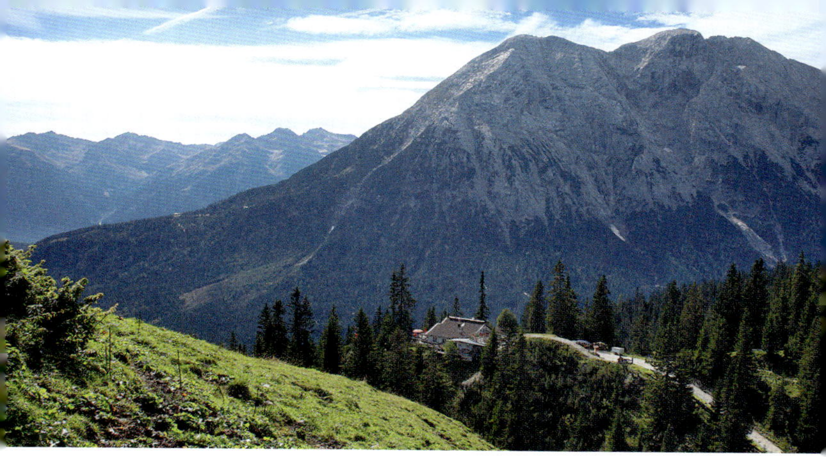

Die Nordseite der Hohen Munde bricht steil ins Gaistal ab.

In der rechten, unteren Ecke des **Parkplatzes Rauthhütte** 1 in Moos beginnt ein Forstweg (Rodelbahn). Auf ihm steigen wir über Waldhänge, die immer steiler werden, in weitem Bogen empor und queren den Hang dann nach links weiter aufwärts zur **Rauthhütte** 2 mit schöner Aussicht. Bei der Hütte halten wir uns rechts und wandern über die Hänge der ehemaligen Moosalm zu einem Absatz mit Blick ins Gaistal und zur Zugspitze. Weiter geht es wieder nach links und durch die felsige Latschengasse des **Hüttenrinner** 3 zu den freien, von Steilstufen durchsetzten Osthängen. Über Gras, Schutt und viele Karstfelsen führt unsere Anstiegsroute in Kehren weit aufwärts und schließlich über eine breite Gratschulter auf die erstaunlich geräumige, sehr steinige Hochfläche. Flacher gelangen wir in wenigen Minuten zum Ostgipfel der **Hohen Munde** 4, 2592 m. Der Rückweg in die Leutasch erfolgt auf der Anstiegsroute.

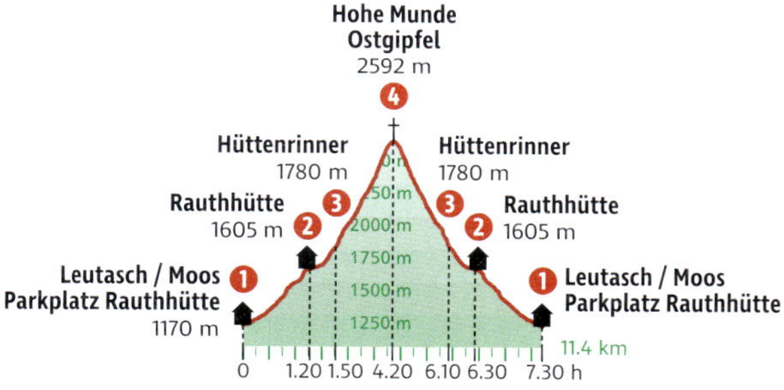

Das Mieminger Plateau und Telfs

Das Inntal zwischen Telfs und Mötz wird im Norden von einer 200 bis 450 Meter höher liegenden, ausgedehnten Hochfläche begleitet – dem Mieminger Plateau. Es handelt sich um eine in mancher Hinsicht bevorzugte Landschaft: weiträumig, ungewöhnlich sonnig und im Norden von hohen Gipfeln bestens gegen kalte Winde geschützt. Die Mieminger Berge bilden diesen Schutzwall – eine eindrucksvolle Felsmauer von acht Kilometern Länge, die im Hochplattig, 2768 m, gipfelt. Die Hochfläche bietet eine abwechslungsreiche Landschaft. Ausgedehnte Wiesen wechseln mit Waldstücken. Das Plateau ist bekannt für seine herrlichen Lärchenbestände. Vor etwa 500 Jahren begannen die Bauern rund um ihre Höfe Lärchenwiesen anzulegen, um das widerstandsfähige Lärchenholz nutzen zu können. So entstand eine parkartige Landschaft, die einen reizvollen Kontrast zu den Felsburgen der Mieminger Berge bildet. Über die gesamte Fläche verstreut liegen die Dörfer und zahlreichen Weiler. Touristisch sind sie dem Tourismusverband Innsbruck zugeordnet. Das wellige Plateau mit den schönen Ausblicken – auch quer über das Inntal auf die nördlichen Stubaier Berge – bietet genussreiche, gemütliche Wanderungen, aber auch anspruchsvolle Touren zu den Mieminger Felsgipfeln.

Wanderer am Simmering (Tour 29).

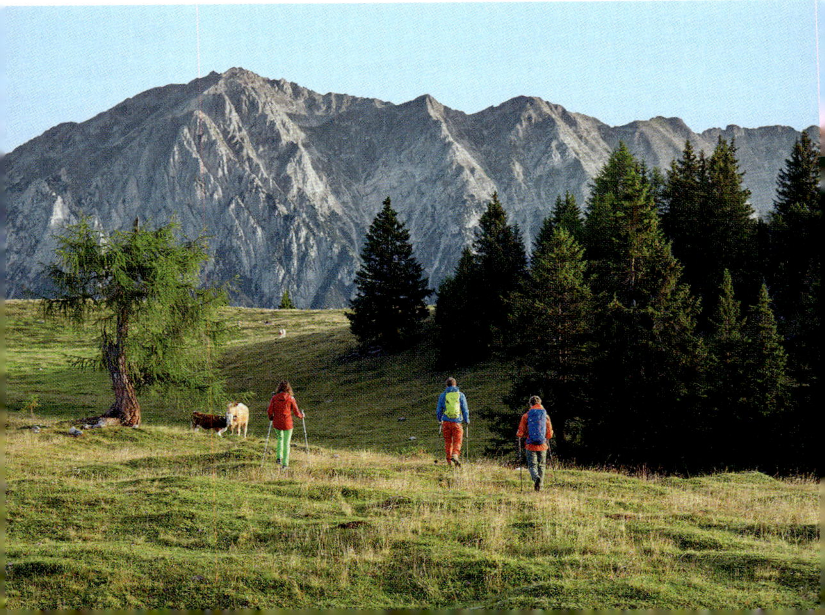

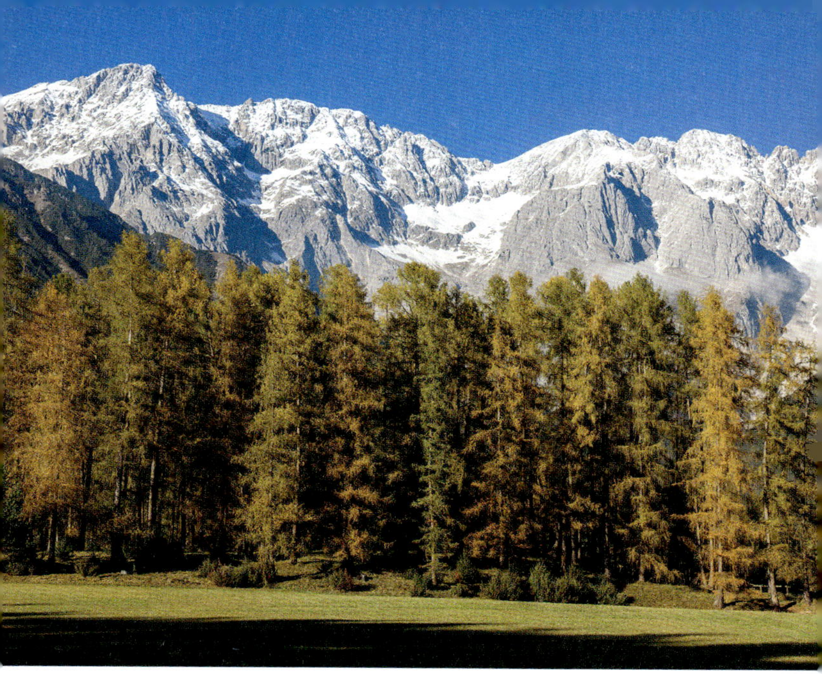

Herbstliches Farbenspiel am Mieminger Plateau.

- **Telfs**, 634 m, stattlicher Markt im Inntal, wichtigstes Zentrum zwischen Innsbruck und Imst, in eine sonnige Talnische geschmiegt, aber auch hoch an den Hängen ansteigend; schöner Blick auf die Hohe Munde, 2662 m; alle fünf Jahre Schleicherlauf, ein alter Fasnachtsbrauch; Touristinformation Telfs, Tel. +43 512 53566410, innsbruck.info
- **Wildermieming**, 872 m, Dorf auf freien, sanften Wiesenflächen, geschützt durch die nahen, bewaldeten Steilhänge der Judenköpfe; Bergdoktorhaus, 1992–1997 Schauplatz der Serie »Der Bergdoktor«, von außen zu besichtigen
- **Mieming**, 875 m, über Kilometer verstreute Gemeinde im Zentrum des Mieminger Plateaus in völlig freier, sonniger Lage und mit großer Felsbergkulisse; Touristinformation Mieming, Tel. +43 512 53566414, innsbruck.info
- **Obsteig**, 994 m, höchstgelegene Gemeinde des Mieminger Plateaus, weit verstreut in reizvoller, abwechslungsreicher Landschaft mit freien Wiesenflächen und besonders schönen Lärchenwäldern; Name von »Ob dem Steig« (ob = über)

↗ 570 m | ↘ 570 m | 9.7 km

3.30 h

24 Durchs Kochental nach Buchen

Am Fuß der Hohen Munde

Eine Wanderung ins Kochental führt direkt unter die eindrucksvollen Felsabstürze der Hohen Munde. Im oberen Abschnitt des Tals verbirgt sich eine urwüchsige Landschaft mit zerklüftetem Kalkgestein, erodierten Felstürmen und sprudelnden Bächen. Dort scheint das betriebsame Inntal unendlich weit entfernt zu sein. Das Kochental wurde als Schutzgebiet ausgewiesen: Auf engem Raum sind dort unterschiedliche Biotope und eine große Artenvielfalt vorzufinden. Ziel der Wanderung ist das schön gelegene Gasthaus Ropferstub'm in Buchen. Das Wirtshaus hat eine aussichtsreiche Einkehr, ein kleines Bergbauernmuseum, einen Spielplatz und eine Kneippanlage zu bieten.

Ausgangspunkt: Telfs, Parkplatz Birkenberg, 710 m, Ortsteil im Nordosten von Telfs; von Seefeld kommend in Telfs am ersten Kreisverkehr (beim MPreis) rechts, gleich wieder links und durch das Wohngebiet von Unterbirkenberg aufwärts zum Parkplatz vor den Tennisplätzen; Buslinie 434 vom Bahnhof Seefeld zur Haltestelle »Telfs Sagl MPreis« (verkehrt stündlich) und wie beschrieben zu Fuß in 20 Min. zum Ausgangspunkt.
Anforderungen: Forststraßen sowie Fußwege ohne besondere Schwierigkeiten; aus dem Kochental steiler Anstieg auf schmalem Steig nach Buchen, Trittsicherheit ist von Vorteil.
Einkehr: Terrassencafé Birkenberg am Ausgangspunkt (bei den Tennisplätzen); Gasthof Ropferstub'm, Mo. Ruhetag, Mai/Juni und September bis November auch Di. geschlossen, Tel. +43 664 99877470, ropferhof.at.
Variante: Wer die Wanderung ausdehnen möchte, kann weiter zur Rauthhütte, 1605 m, ansteigen. Dazu geht man in Buchen wenige Meter auf der Straße Richtung Seefeld, zweigt dann links Richtung Katzenloch ab und biegt nach 10 Min. erneut links in den Anstieg zur Rauthhütte ein (ab Buchen 1 Std.).

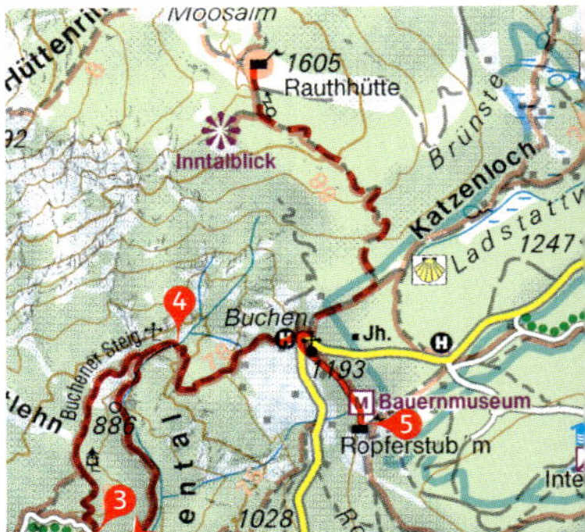

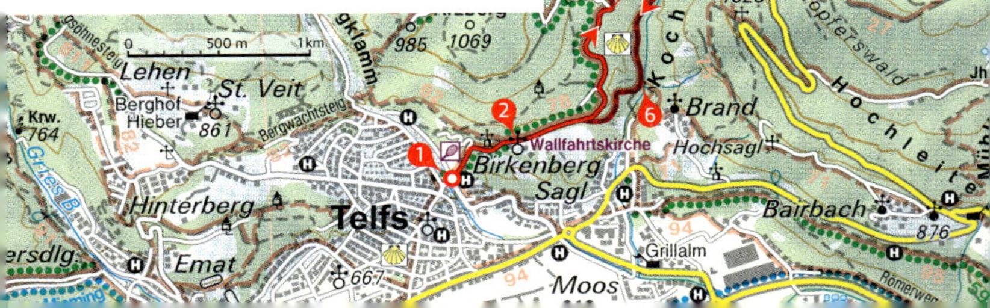

Vom Parkplatz Birkenberg in **Telfs** ❶ folgen wir dem bergauf führenden Fahrweg an den Tennisplätzen vorbei zur Wallfahrtskirche **Mariahilf am Birkenberg** ❷, 740 m, mit schöner Aussicht über das Inntal. Wir sind nun auf einer Forststraße unterwegs, die bald nach links schwenkt und oberhalb des Kochentals durch Föhrenwald taleinwärts führt. Gut 20 Min. nach der Kirche kommen wir in einer Linkskehre zur **Abzweigung** ❸ eines Steigs und folgen ihm geradeaus über die Waldhänge bergauf. Der Pfad führt schließlich in leichtem Auf und Ab weiter in das Tal hinein. Über uns ragen nun die imposanten Felsabstürze der Hohen Munde auf. Wir queren einen Bach, der sich oberhalb des Weges durch eine Felsspalte zwängt, und kommen zu einer Weggabelung. Rechts zweigt unser späterer Abstiegsweg ab. Wir wenden uns zunächst nach links, halten auf den **Talschluss des Kochentals** ❹ zu und überqueren dort abermals ein Bachbett. Ein schmaler Steig windet sich nun in Kehren den steilen Talhang hinauf. Bei einer Geländeschulter mit Blick ins Inntal wird der Anstieg etwas flacher. Kurze Zeit verläuft er, mit einem Zaun gesichert, direkt am Abhang entlang und bietet bei einem Aussichtspunkt Ausblicke ins hinterste Kochental und zum Mieminger Plateau. Ein letzter Waldanstieg führt zu einer Forststraße hinauf. Rechts gelangen wir beim Weiler Buchen zur Straße Seefeld – Telfs, folgen ihr einige Meter bergab, an der Bushaltestelle vorbei, und überqueren sie, um in das Sträßchen zum Gasthaus **Ropferstub'm** ❺ einzubiegen. Haben wir unsere Rast ausgiebig genossen, steigen wir auf der Anstiegsroute wieder in den **Talschluss des Kochentals** ❹ ab, gehen dort über den Saglbach und kommen zur bereits bekannten Verzweigung. Nun halten wir uns links Richtung »Telfs (Sagl)«, wechseln zweimal die Bachseite und treffen auf eine Forststraße. Auf ihr wandern wir das Tal hinaus, bis nach gut 20 Min. im **Unteren Kochental** ❻ rechts ein Steig abzweigt und in Serpentinen den steilen Hang hinaufzieht. Ist die Hangkante erreicht, gehen wir links zur Forststraße und kehren auf unserer Anstiegsroute zu **Mariahilf am Birkenberg** ❷ und nach **Telfs** ❶ zurück.

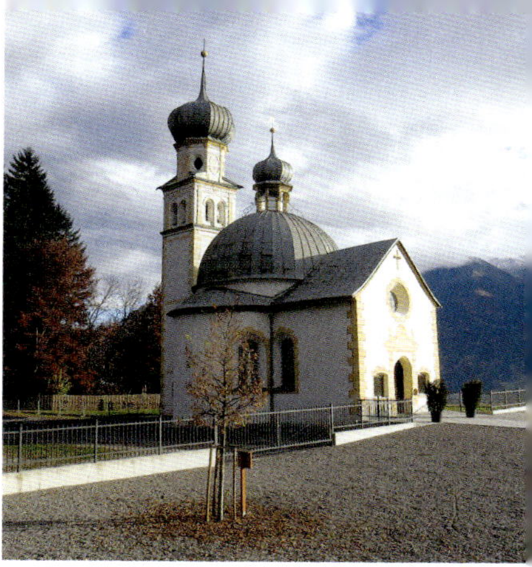

Wallfahrtskirche Mariahilf am Birkenberg.

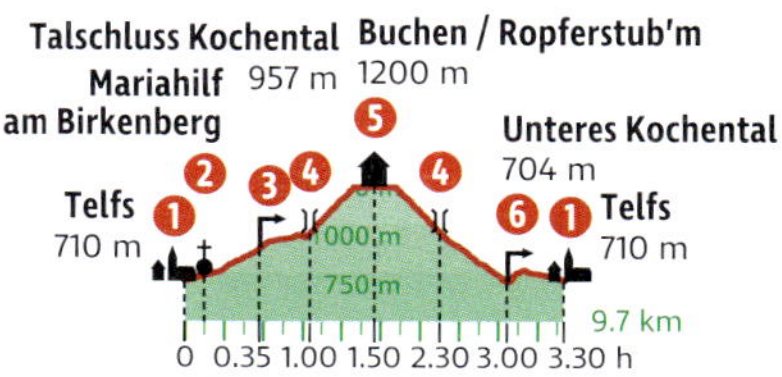

TOP

25 Neue Alplhütte, 1504 m

↗ 570 m | ↘ 570 m | 10.2 km

3.30 h

Gemütliche Hütte in einem eindrucksvollen Bergkessel

In seiner urwüchsigen Wildheit erinnert das innere Alpltal schon ein wenig an die Dolomiten. Der halbrunde Kessel wird ganz von Felswänden eingeschlossen. Auf einer von mächtigen Fichten eingerahmten Lichtung ist dort die gemütliche Neue Alplhütte ein einladendes Ziel. Man sollte von dem Berghaus noch einen Abstecher in den inneren Talboden unternehmen, wo sich der Bergkessel besonders eindrucksvoll zeigt.

Ausgangspunkt: Wanderparkplatz nördlich über Wildermieming, 940 m; in Affenhausen nach Wildermieming abzweigen, links ins Dorf und vor der Kirche links; über die Wiesen zu einer Verzweigung hinauf, dort links und über eine Wegkreuzung zum ausgeschilderten Parkplatz bei einer Schottergrube. Buslinie 355 (Montag bis Freitag) oder 350 (samstags) vom Bhf. Innsbruck über Telfs und von Nassereith zur Haltestelle »Wildermieming Affenhausen«, zu Fuß in 30 Min. zum Ausgangspunkt.
Anforderung: Beim Aufstieg meist Forstwege; im Alpltal Wanderweg ohne Schwierigkeiten; beim Abstieg über das Ochsenbründl Wege in steilem Gelände.
Einkehr: Neue Alplhütte, privat, Übernachtungsmöglichkeit, Sommeröffnung Anfang Mai bis Mitte November, Montag und Dienstag Ruhetag, Tel. +43 5264 20720 oder +43 676 7209100, alplhuette.com.

Vom Wanderparkplatz bei **Wildermieming** ❶ gehen wir zurück zur Wegkreuzung und vor dem Weiderost links auf die Forststraße, die durch Wald zur **Sagkapelle** ❷ führt. Von der Kapelle steigen wir weiterhin auf einem Forstweg über bewaldete Hänge an und gelangen um einen Bergrücken

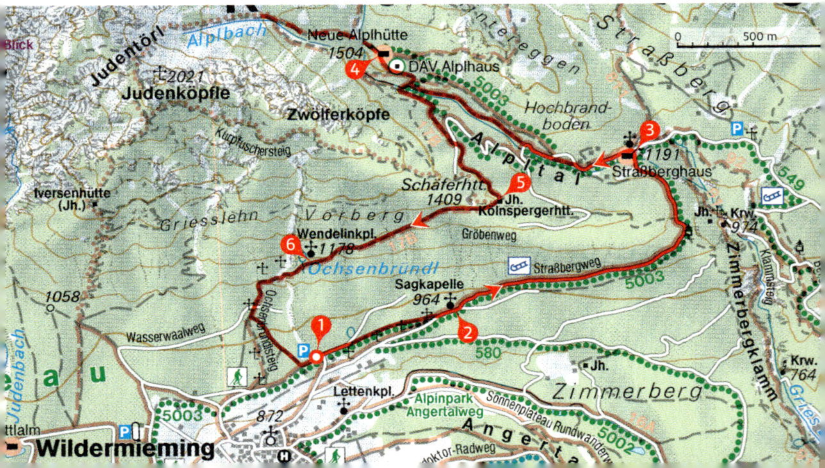

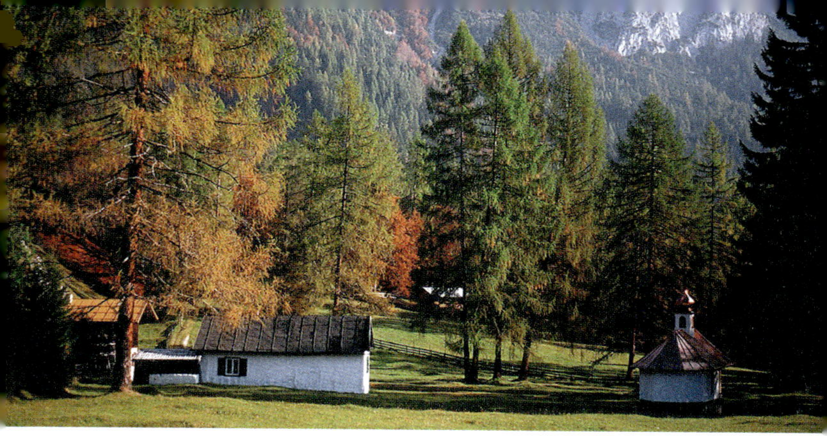

Kapelle beim Straßberghaus.

herum zum Wiesenboden mit dem **Straßberghaus** ❸, das nicht mehr bewirtschaftet ist. Bei dem Gebäude biegen wir links ab und kommen zum Alplbach. Wir bleiben auf der rechten Bachseite und wandern taleinwärts auf einem Steig, der den Fahrweg abkürzt. Bei einer Forstwegverzweigung halten wir uns links und biegen vor einer Brücke rechts auf den Fußweg ab, der weiter ins Alpltal hineinführt. Dabei durchquert er das »Steinerne Meer«, die Felsblöcke eines Bergsturzes, der 2012 von der Hochwand herunterdonnerte. Bei einer Brücke steigen wir rechts den Hang hinauf und steuern dann links die **Neue Alplhütte** ❹, 1504 m, an. Auf dem gastfreundlichen Berghaus haben wir uns eine Stärkung verdient. Für einen Abstecher in den Bergkessel bei der Hütte folgt man dem kleinen, markierten Steig, der, anfangs zwischen Latschen, nach Westen führt.
Für den Rückweg über den Ochsenbründlsteig gehen wir von der Hütte auf unserem Anstiegsweg ca. 300 m zurück und rechts wieder zum Bach hinunter. Dort überqueren wir die Brücke und folgen dem Fußweg talauswärts. Wir treffen auf einen Forstweg, halten uns bei einer Verzweigung links und kommen zum Rücken mit der **Schäferhütte** ❺, 1409 m. Dort geht es bei der Weggabelung links und über die steilen, von Bachrinnen zerfurchten und meist bewaldeten Südhänge schräg abwärts zur **Wendelinkapelle** ❻ und dem Ochsenbründl. Nach weiterem Abstieg biegen wir in flacherem Waldgelände links auf einen Pfad ab, der zum Parkplatz nach **Wildermieming** ❶ zurückführt.

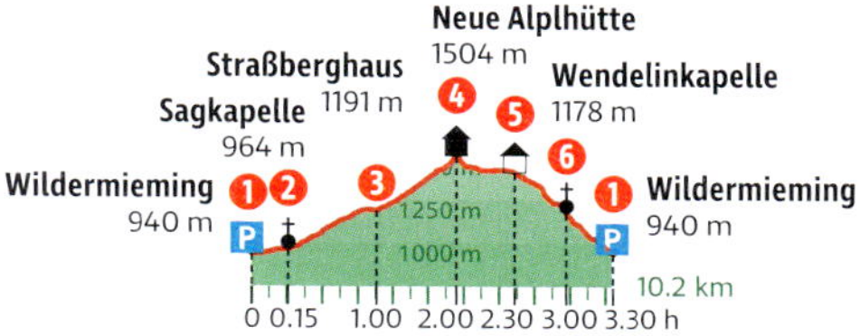

↗ 1550 m | ↘ 1550 m | 18.2 km

26 Karkopf, 2469 m

8.45 h

Felsgipfel im Mieminger Hauptkamm

Der Karkopf ist zwar der kleinste und bescheidenste Gipfel im Mieminger Hauptkamm, dennoch gehört er zu den besonders interessanten Zielen und bietet eine herrliche Aussicht über das Inntal sowie auf das Wettersteinmassiv mit der Zugspitze. Ein dürftiger Pfad führt durch eindrucksvolle Steilhänge, die nach unten in Wänden abbrechen. Deshalb dürfen nur erfahrene Wanderer diesen Aufstieg begehen! Wer weniger aufregende Touren bevorzugt, der steigt stattdessen zur Niederen Munde empor.

Ausgangspunkt: Wanderparkplatz nördlich über Wildermieming, 940 m; in Affenhausen nach Wildermieming abzweigen, links ins Dorf und vor der Kirche links; über die Wiesen zu einer Verzweigung hinauf, dort links und über eine Wegkreuzung zum ausgeschilderten Parkplatz bei einer Schottergrube. Buslinie 355 (Montag bis Freitag) oder 350 (samstags) vom Bhf. Innsbruck über Telfs und von Nassereith zur Haltestelle »Wildermieming Affenhausen«, zu Fuß in 30 Min. zum Ausgangspunkt.

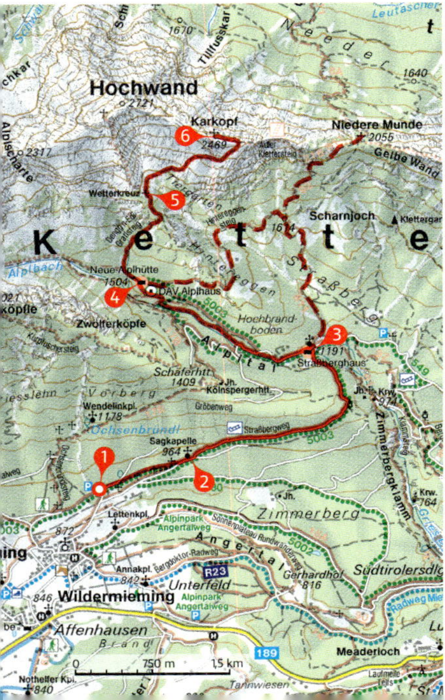

Anforderungen: Ab der Alplhütte schmaler Steig über steile Hänge, teils felsdurchsetztes und schrofiges Gelände, gute Trittsicherheit und Schwindelfreiheit erforderlich; sehr lange Tagestour, Übernachtung auf der Neuen Alplhütte möglich.

Einkehr: Neue Alplhütte, privat, Übernachtungsmöglichkeit, Sommeröffnung Anfang Mai bis Mitte Nov., Montag und Dienstag Ruhetag, Tel. +43 5264 20720 oder +43 676 7209100, alplhuette.com.

Varianten: Zur Niederen Munde folgt man von der Neuen Alplhütte dem Fahrweg ca. 200 m Richtung Straßberghaus und zweigt dann links auf einen Fußweg ab. Auf ihm immer quer durch die Hänge auf den Rücken der Hintereggen und hinein in einen tief eingeschnittenen Graben. Weiterhin die zerfurchten Hänge querend zu einer Wegverzweigung auf einer Rippe. Nun steil zwischen Latschen aufwärts und schließlich nach rechts in den weiten Sattel der Niederen Munde, 2059 m (580 Hm, 2 Std.); Abstieg bei der Wegverzweigung links zum Straßberghaus und zurück nach Wildermieming.

Vom Wanderparkplatz bei **Wildermieming** ❶ kehren wir zur Wegkreuzung zurück, gehen links auf der Forststraße zur **Sagkapelle** ❷ und folgen dort weiterhin dem Schotterweg zum **Straßberghaus** ❸. Wir wandern am ehemaligen Gasthof vorbei und biegen vor dem Alplbach in einen Fußweg ein, der taleinwärts verläuft. Nach wenigen Minuten treffen wir auf eine Forstwegverzweigung, halten uns links und folgen vor einer Brücke rechts erneut einem Wanderweg. Er führt schließlich rechts den Hang hinauf und nach links zur **Neuen Alplhütte** ❹. Hinter der Hütte folgen wir dem Schotterweg ein kurzes Stück taleinwärts, zweigen nach einem Bachbett rechts ab und steigen über eine Wiese aufwärts. Der Steig führt nach rechts über die Geröllrinne und steil durch Latschengassen in eine Lücke des Hintereggengrates hinauf. Links gelangen wir über den Rücken zu einem **Wetterkreuz** ❺ mit großartigem Ausblick nach Süden. An der Wegverzweigung halten wir uns rechts und queren ein großes Schuttkar. Über uns ragen gewaltige Flanken und Felsabbrüche empor. Der Steig zieht in östlicher Richtung über die steilen Südhänge bergauf. Dabei geht es durch eine breite Felsrinne und über mit Felsen und Schrofen durchsetzte Grashänge. Schließlich führt er zum Ostgrat hinauf. Wir folgen dem Kamm nach links und erreichen über eine ausgesetzte, mit Drahtseilen gesicherte Passage den Gipfel des **Karkopfs** ❻, 2469 m.

Abstieg zum Parkplatz bei **Wildermieming** ❶ auf der Anstiegsroute.

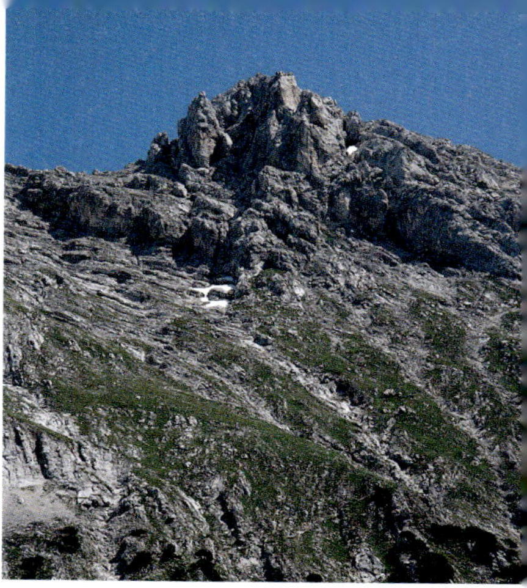

Der Karkopf im Mieminger Hauptkamm.

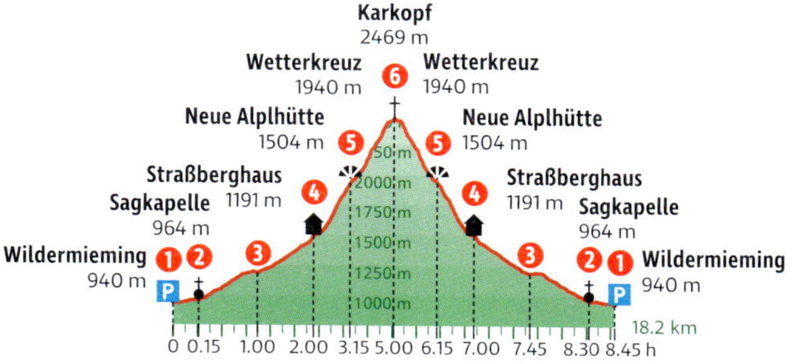

↗ 1170 m | ↘ 1170 m | 12.5 km

27 Rund um die Judenköpfe

6.00 h

Zu Füßen großer Mieminger Felsgipfel

Vor den übermächtigen Felsabstürzen der Hochwand wirken die Judenköpfe in ihrem Latschenkleid wie Berg-Zwerge. Doch der Weg zu ihnen hinauf hat es durchaus in sich. Steil klettert der Iversensteig über die Südhänge bergauf. Auf den letzten Metern zum Gipfel, dem Judenkopfkreuz – auch Judenköpfle –, ist kurze Kraxelei gefordert. Das Panorama ist alle Mühe wert. Großartig ist die Aussicht über das Inntal auf Stubaier und Zillertaler Alpen und beeindruckend der Blick in die Wände der großen Mieminger Gipfel. Ein riesiger Felssturz, der 2012 aus den Flanken der Hochwand brach, prägt die Landschaft beim Abstieg durch das urwüchsige Alpltal zur Neuen Alplhütte. Das kleine Berghaus ist der richtige Platz, um die Tour bei einer gemütlichen Einkehr ausklingen zu lassen.

Ausgangspunkt: Wanderparkplatz nördlich über Wildermieming, 940 m; in Affenhausen nach Wildermieming abzweigen, links ins Dorf und vor der Kirche wieder links, über die Wiesen zu einer Verzweigung hinauf, dort links und über eine Wegkreuzung zum ausgeschilderten Parkplatz bei einer Schottergrube. Buslinie 355 (Montag bis Freitag) oder 350 (samstags) vom Bahnhof Innsbruck über Telfs und von Nassereith zur Haltestelle »Wildermieming Affenhausen«, zu Fuß 30 Min. zum Ausgangspunkt.

Anforderungen: Sehr steiler Anstieg auf dem Iversensteig; zum Judenkopfkreuz und vor dem Judentörl felsige, etwas ausgesetzte Passagen, Trittsicherheit und Schwindelfreiheit erforderlich; Abstieg ins Alpltal auf steinigem Bergweg ohne Schwierigkeiten.

Einkehr: Neue Alplhütte, privat, Übernachtungsmöglichkeit, Sommeröffnung Anfang Mai bis Mitte Nov., Montag und Dienstag Ruhetag, Tel. +43 5264 20720 oder +43 676 7209100, alplhuette.com.

Landschaftlich eindrucksvoll: das Alpltal mit dem Judentörl.

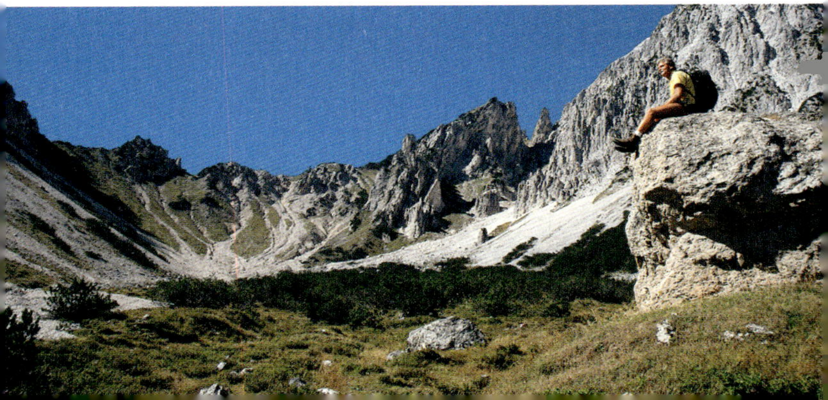

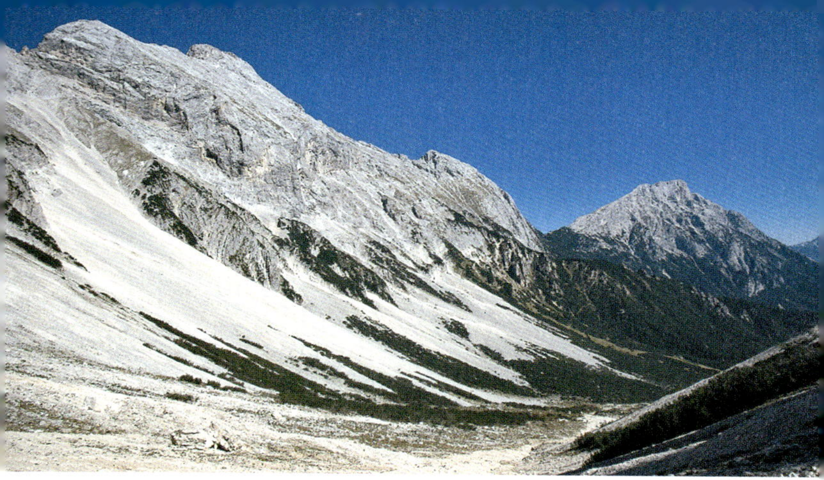

Großartige Felsszenerie am Judentörl, rechts die Hohe Munde.

Vom Wanderparkplatz bei **Wildermieming** ❶ gehen wir zur Wegkreuzung zurück und biegen rechts in den Forstweg ein, der flach oberhalb der Ortschaft verläuft. Abzweigungen werden zunächst ignoriert. Nach 15 Min. biegen wir bei einem Stadel rechts bergauf ab und steigen durch Wald an. An zwei Weggablungen halten wir uns dabei jeweils geradeaus, bis wir schließlich auf 1030 m nach einer Rechtskurve zur Abzweigung des **Iversensteigs** ❷ kommen. Er zieht in vielen Serpentinen über steile, bewaldete Hänge aufwärts zur **Iversenhütte** ❸, einer privaten Jagdhütte.
Nun geht es über einen Rücken zwischen Latschen weiter bergauf. Bei einer Verzweigung folgen wir links dem Steig ziemlich direkt aufwärts, kreuzen bei einem Geländeabsatz einen quer verlaufenden Weg und gehen geradeaus auf den Pfad, der steil und etwas ausgesetzt mit einer kurzen Felspassage zum **Judenkopfkreuz** ❹, 2021 m, hinaufführt. Dort blicken wir

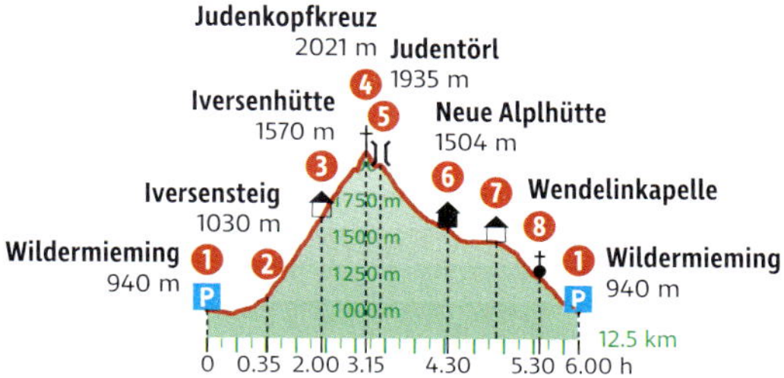

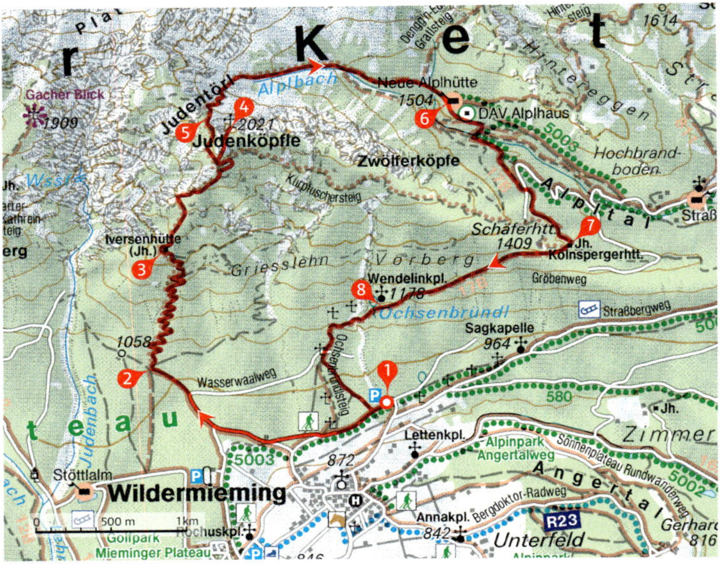

hinüber in die wilden Felsfluchten der großen Mieminger Gipfel und hinab in die weite Talfurche des Inntals.

Wir steigen wieder zu dem quer verlaufenden Weg hinunter und queren nun nach rechts die steilen und stellenweise felsigen Hänge, teils mit Drahtseil gesichert, zur Scharte des **Judentörls** ❺. Vom Törl folgen wir den Kehren über Geröll und Gras in das Alpltal hinab, wandern unter den Wänden von Hochplattig und Hochwand talauswärts und kommen zwischen den Felsblöcken des Bergsturzes hindurch zur **Neuen Alplhütte** ❻, 1504 m. Die Einkehr auf dem gemütlichen Berghaus wird sich kaum jemand entgehen lassen.

Anschließend gehen wir auf einem Fußweg weiter das Tal hinaus, biegen nach 300 m rechts zum Alplbach ab und überqueren ihn. Wir wandern auf der rechten Talseite um einen Rücken, treffen auf eine Forststraße und orientieren uns bei einer Gabelung nach links zur **Schäferhütte** ❼, 1409 m. Dort dreht unsere Abstiegsroute, der Ochsenbründlsteig, nach rechts und quert die steile, von Gräben durchzogene Flanke schräg abwärts zur **Wendelinkapelle** ❽, 1170 m, mit dem erfrischend sprudelnden Ochsenbründl. Nun steigen wir in Richtung Wildermieming hinunter und zweigen in flacherem Wald links auf einen Pfad ab, der uns zum Parkplatz oberhalb von **Wildermieming** ❶ zurückbringt.

↗ 270 m | ↘ 270 m | 7.8 km

3.00 h

Von Untermieming nach Maria Locherboden

28

Am Inn entlang zu einem Wallfahrtsort

Der Sonne ausgesetzt, steil, von Felsen durchzogen – die Hänge, die das Mieminger Plateau vom Inntal trennen, sind ein extremer Lebensraum. Dort haben sich Spezialisten aus der Tier- und Pflanzenwelt angesiedelt, die an die besonderen Gegebenheiten angepasst sind: seltene Tierarten wie die Turmdohle oder das Alpen-Langohr, eine Fledermausart. Mancherorts erinnert die Vegetation an die Mittelmeerregion. Am Innufer mit seinen unter Schutz stehenden Flussauen sind Graureiher und Flussuferläufer beheimatet. Am »Weg der Extreme« geben Stationen spannende Einblicke in diese besonderen Standorte. Er führt zur Wallfahrtskirche Maria Locherboden, die weithin sichtbar über dem Inntal thront. Die schwankende Stamser Hängebrücke, die unter Denkmalschutz steht, und der rauschende Wasserfall des Stöttlbachs lohnen ebenfalls, erkundet zu werden. Ein kleiner Wermutstropfen ist die nahe Inntalautobahn, die auf einigen Wegabschnitten für einen beständigen Geräuschpegel sorgt.

Ausgangspunkt: Badesee Mieming, 795 m, bei Untermieming; von der Straße Obermieming – Mötz in den Ortsteil Zein abzweigen, dort links und durch Tabland, dann rechts zum Badesee; Buslinie 355 (Montag bis Freitag) oder 350 (samstags) von Innsbruck Bahnhof über Telfs und von Nassereith nach Mieming, Haltestelle »Gasthaus Post«, von dort 30 Min. Fußweg zum Badesee.
Anforderungen: Wanderwege ohne besondere Schwierigkeiten; zum Innufer steiler Abstieg, anschließend schmaler Fußweg über die steilen, bewaldeten Uferhänge, Trittsicherheit ist dort von Vorteil.
Einkehr: Unterwegs keine; Restaurant Leuchtturm am Badesee Mieming.
Variante: Die Runde wird etwas kürzer, wenn man wenige Minuten hinter Maria Locherboden vom Besinnungsweg links Richtung Zein und Untermieming abbiegt, durch die Ortsteile Zein und Tabland geht und bei einer Wegkreuzung auf freiem Feld rechts dem Sträßchen zum Badesee Mieming folgt (30 Min. ab Maria Locherboden).
Tipp: Der Badesee Mieming mit Restaurant, großer Liegewiese, Badeinseln und Stegen ist der richtige Platz, um die Wanderung entspannt ausklingen zu lassen, geöffnet Mai bis Ende August, 9–19 Uhr, badesee-mieming.at.

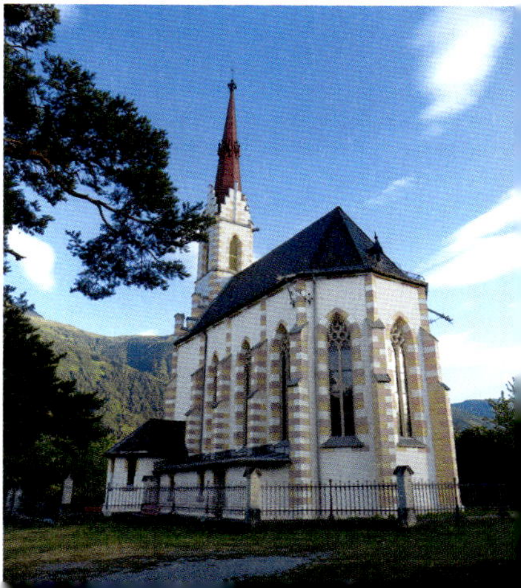

Wallfahrtskirche Maria Locherboden.

Am Parkplatz beim **Badesee Mieming** ❶ biegen wir in eine Schotterstraße ein, die nach Stams und zur Hängebrücke ausgeschildert ist, und wandern etwa 10 Min. flach durch Wald. Sobald wir auf eine asphaltierte Straße treffen, gehen wir links über die Brücke und halten uns gleich wieder rechts. Nach 150 m überqueren wir erneut den Bach und folgen dem Besinnungsweg zu freien Wiesenhängen. Bei einer **Verzweigung** ❷, 790 m, biegen wir links ab und steigen über die Weiden zum Waldrand hinunter. Dort überqueren wir ein Gatter, kommen an einer Kapelle vorbei und verlieren in Kehren weiter an Höhe. Eine flache Querung, mit Drahtseilgeländer gesichert, führt uns an Felsen entlang, dann fällt der Steig über steile Waldhänge zum Innufer ab.

Bei einer Weggabelung gehen wir links zur **Hängebrücke am Inn** ❸, über die man nach Stams, bekannt für sein Zisterzienserkloster und sein Skigymnasium, gelangen würde. Wir bleiben auf der linken Innseite und wandern noch einige Minuten weiter flussabwärts. Nun sind wir auf dem »Weg der Extreme« unterwegs und erfahren Wissenswertes über die Tier- und Pflanzenwelt am Innufer. Der Wanderweg führt hinter dem Gebäude eines Kraftwerks vorbei und zu einem **Wasserfall** ❹, 632 m. Kurz bevor der Stöttlbach in den Inn mündet, stürzt er sich als Wasserschwall über eine Felsstufe. Kiesbänke bieten sich als Rastplatz an.

Wir kehren zur **Hängebrücke über den Inn** ❸ und zur Weggabelung zurück und folgen nun geradeaus dem schmalen Fußweg, der in leichtem Auf und Ab durch die urwaldartige Vegetation am Innufer verläuft. Schließlich steigt er an und mündet in den breiten Besinnungsweg, auf dem wir nach Untermieming zurückkehren werden. Zuvor lohnt sich jedoch ein Besuch der Wallfahrtskirche. Wir gehen links zu einem Parkplatz und auf dem brei-

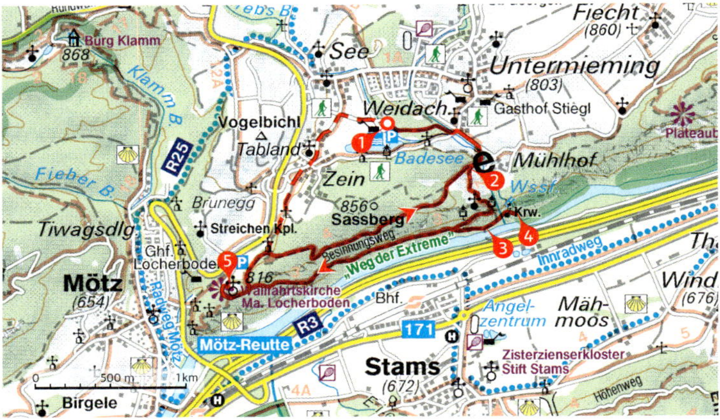

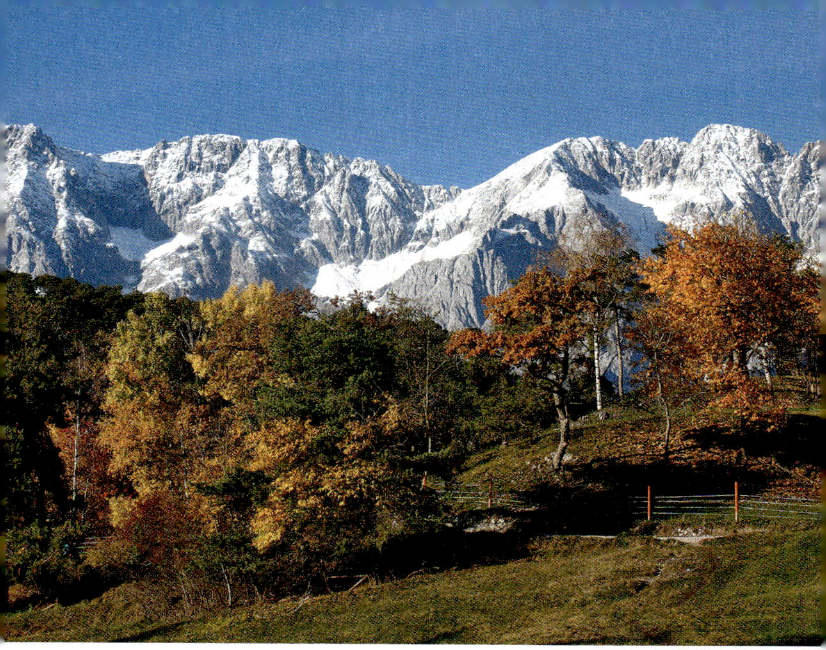

Felskulisse der Mieminger Berge beim Abstieg zum Inn.

ten asphaltierten Kirchweg an einem Kiosk vorbei und zur Kirche **Maria Locherboden** ❺, 816 m, hinauf. Das Inntal liegt ihr zu Füßen. Gegenüber ragen die steilen Nordhänge der Sellrainer Berge empor.

Wir steigen wieder zur Weggabelung am Besinnungsweg ab und folgen ihm flach durch Wald, an einer Abzweigung nach Zein vorbei. An der darauffolgenden Wegkreuzung biegen wir scharf rechts ab und wandern in einer Linksschleife zum bewaldeten Rücken hinauf. Der Besinnungsweg verläuft auf der Südseite des Kamms durch Föhrenwald und passiert Stationen, die Tiroler Künstler gestaltet haben. Schließlich kommen wir wieder zu den Wiesen mit der **Verzweigung** ❷, an der wir zum Innufer abgebogen sind. Auf der bekannten Route kehren wir zum **Badesee Mieming** ❶ zurück.

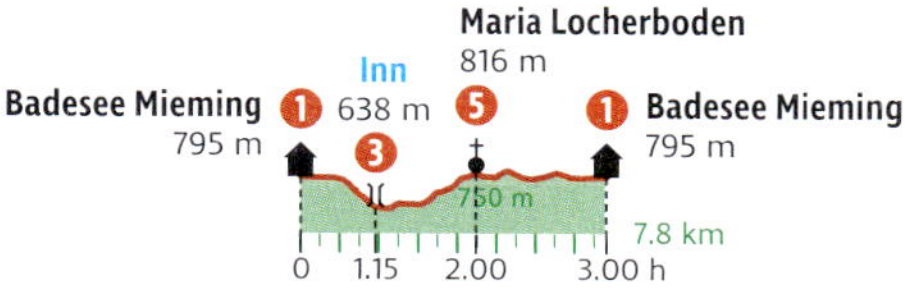

↗ 1100m | ↘ 1100 m | 14.0 km

29 Simmering, 2096 m

5.45 h

Der Berg über den Almmatten

Zwischen dem Inntal, dem Mieminger Plateau und dem Gurgltal bei Nassereith steht ganz isoliert ein mächtiger Bergstock, der Simmering. Auf allen Seiten fallen steile Hänge, im Süden auch wilde Felswände in die Täler ab, während die Höhe des Massivs weiträumig und auffallend sanft ist. Hier hat man ein weites Panorama mit eindrucksvollem Tiefblick ins Inntal.

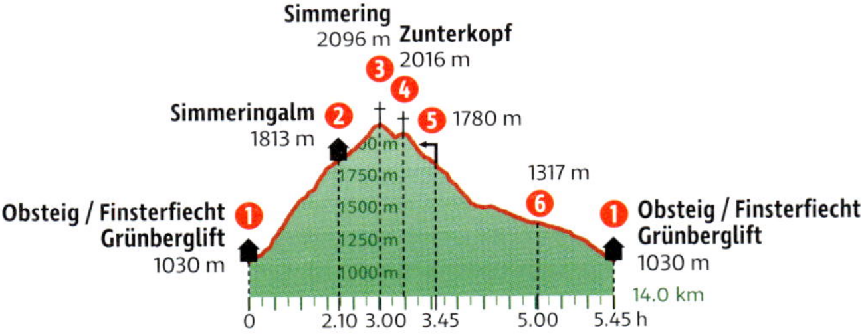

Ausgangspunkt: Grünberglift, 1030 m, in Obsteig / Finsterfiecht; von Nassereith kommend am Ortseingang von Obsteig beim Schild »Grünbergalm« auf eine Schotterstraße abzweigen und nach 1 km vor der Bachbrücke parken; Buslinie 355 (Montag bis Freitag) oder 350 (samstags) von Innsbruck Bahnhof über Telfs und von Nassereith zur Haltestelle »Obsteig Mooswaldsiedlung«, zu Fuß in 20 Min. zum Ausgangspunkt.
Anforderungen: Aufstieg auf einem kräftig steigenden Fußweg in teilweise sehr steilem Waldgelände; Abstieg auf Fußweg oder Fahrstraße.
Einkehr: am Ausgangspunkt Grünbergalm, Dienstag und Mittwoch Ruhetag; Simmeringalm, Übernachtungsmöglichkeit, geöffnet Ende Mai bis Ende Oktober, Mittwoch Ruhetag, Tel. +43 650 4977268; Variante: Haiminger Alm, geöffnet Ende Juni bis Anfang September, Mittwoch Ruhetag, Tel. +43 664 6426115.
Variante: Alternative Abstiegsroute: vom Simmering zur Simmeringalm zurück, in der ersten Kehre des Zufahrtswegs rechts auf den Harnersteig abbiegen. Die Waldhänge zur Hubertushütte queren, dann in Kehren bergab und wieder auf den Fahrweg. Auf ihm durch das Tal Zwischensimmering zum Ausgangspunkt zurück (2.30 Std. ab Simmering).

Der Anstieg beginnt am Parkplatz bei der Bachbrücke noch vor dem **Grünberglift** ❶ in Finsterfiecht. Wir folgen einem bergauf führenden Forstweg Richtung »Simmeringalm«, gehen bei einer Kreuzung geradeaus und biegen nach rund 250 m links auf den Alpsteig ab. Er führt meist im Wald erst über stark gegliederte Hänge hinauf und zieht dann in recht steilem Gelände gerade empor. Nach einigen Serpentinen quert er weiter ansteigend nach links und mündet schließlich in den Fahrweg, der uns zur **Simmeringalm** ❷ bringt. Für den Gipfelanstieg zweigen wir kurz vor der Alm links auf einen Steig ab und wandern südwestlich über Wiesenhänge bergauf. Uns rechtshaltend gelangen wir zum Nordostrücken und durch Latschen zum Gipfelkreuz des **Simmering** ❸, 2096 m.

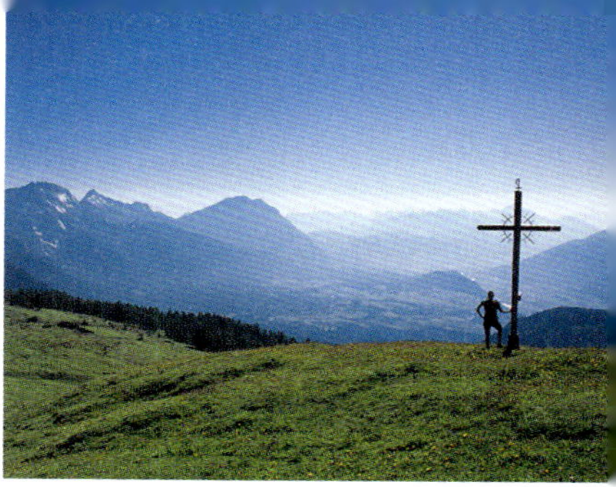

Herrlicher Aussichtsberg: der Simmering.

Wir folgen dem Steig weiter über den Kamm und in eine Senke hinunter. Erneut geht es kurz bergauf zum latschenbewachsenen **Zunterkopf** ❹ und anschließend in angenehmem Gefälle über seinen Südwestrücken zu einem Almweg hinab. Dort treffen wir auf die **Abzweigung** ❺, 1780 m, zur Haiminger Alm (10 Min.). Für den Weiterweg halten wir uns jedoch links, gehen bei der privaten Guggehütte rechts bergab und wandern in längerer Querung über die steilen Waldhänge oberhalb des Inntals. Dabei orientieren wir uns bei einer Verzweigung geradeaus Richtung Obsteig. Unsere Wanderung setzt sich schließlich auf einer Forststraße fort. Wir kommen an der **Rechtsabzweigung** ❻ zur Aussichtsplattform Inntalblick vorbei (10 Min. Abstecher) und wandern durch das waldige Tal Zwischensimmering, zwischen Grünberg und Simmering. Abzweigungen lassen wir dabei unbeachtet. Der Fahrweg bringt uns wieder zur Wegkreuzung vom Anfang der Tour. Dort geht es rechts zum Parkplatz beim **Grünberglift** ❶ zurück.

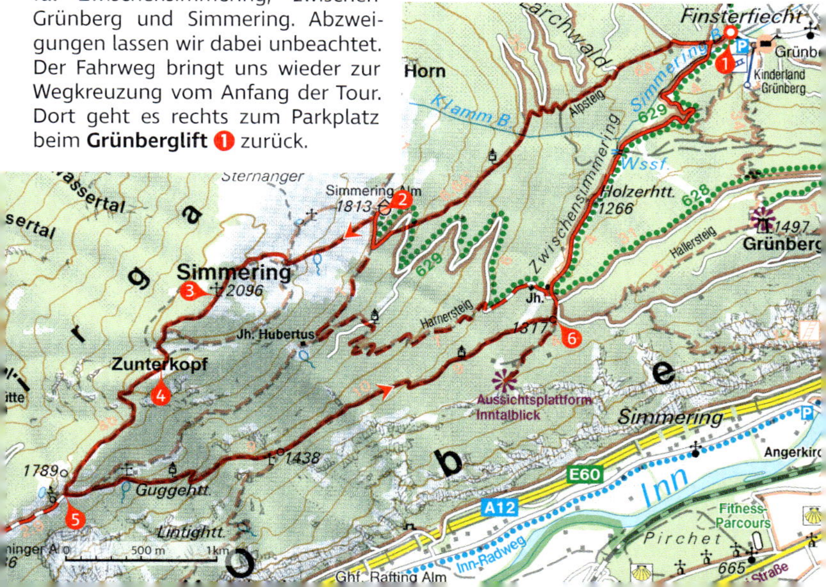

↗ 760 m | ↘ 760 m | 11.0 km

30 Rundtour über die Lacke, 1704 m

4.30 h

Auf steilen Pfaden zu einem Aussichtspunkt

In unzähligen Kehren klettert ein schmaler Steig über steile Hänge zu einem aussichtsreichen Sattel unterhalb der Wankspitze hinauf. Er wird nicht allzu oft begangen und führt über urwüchsige Bergflanken mit Kiefernwald, Latschen und einigen dekorativen Felsen. Am Sattel bei der Lacke bietet eine Aussichtsplattform eindrucksvolle Ausblicke über das Mieminger Plateau, das Inntal und zu den Gipfeln der Stubaier Alpen. Nach kurzem Abstieg lädt die Terrasse des Lehnberghauses zu einer sonnigen Rast ein, bevor es entlang des plätschernden Bachs nach Arzkasten hinuntergeht.

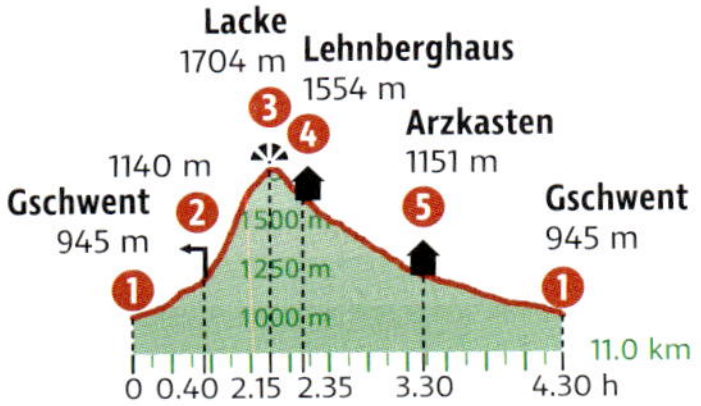

Ausgangspunkt: Gschwent, 945 m, Ortsteil von Obsteig; von Nassereith kommend durch Obsteig hindurch und am Ortsende links auf ein kleines Sträßchen, dann bis zu einer Wegkreuzung kurz vor den Häusern von Gschwent; kleiner Parkplatz an der Straße; Buslinie 355 (Montag bis Freitag) oder 350 (samstags) vom Bahnhof Innsbruck über Telfs und von Nassereith zur Haltestelle »Obsteig Kirche«, zu Fuß in 25 Min. zum Ausgangspunkt.
Anforderungen: Der Anstieg erfolgt auf einem schmalen und teilweise etwas verwachsenem Pfad über sehr steiles Gelände, Trittsicherheit erforderlich, nicht für heiße Tage geeignet; Abstieg auf guten Wanderwegen; ab Arzkasten Forststraße.
Einkehr: Lehnberghaus, privat, Übernachtungsmöglichkeit, Sommeröffnung Mitte Mai bis Ende Oktober, Dienstag Ruhetag, Montag ab 16 Uhr geschlossen, Tel. +43 660 5212520, lehnberghaus.com; Gasthaus Arzkasten, Montag und Dienstag Ruhetag.
Variante: Aufstieg zur Wankspitze, 2209 m: Von der Lacke rechts über einen Rücken bergauf; unterhalb des Gipfelhangs durch eine Mulde und in Kehren zum Kamm hinauf. Nach links und den leicht schrofigen Südostrücken steil zum Gipfelkreuz der Wankspitze hinauf (hin und zurück 2.30 Std.).

Von der Wegkreuzung vor dem Weiler **Gschwent** ❶ wandern wir auf dem Feldweg über Wiesen 400 m zum Waldrand und zu einer weiteren Kreuzung am Bergfuß. Wir gehen geradeaus auf einen breiten Waldweg, der schräg nach rechts in lichtem Kiefernwald zu einer Forststraße hinaufführt. Dort folgen wir dem Weg 120 m nach rechts und zweigen links auf einen Steig ab. Bei einer weiteren Forststraße wieder kurz rechts und zur **Abzweigung** ❷ des Pfads zur Lacke. Er zieht links sehr steil durch den Lichtenwald aufwärts, dann über Latschenhänge weit empor. Schließlich quert er nach links in den Sattel bei der **Lacke** ❸, 1704 m, mit einer Aussichtsplattform. Dort zweigt rechts der Anstieg zur Wankspitze ab.

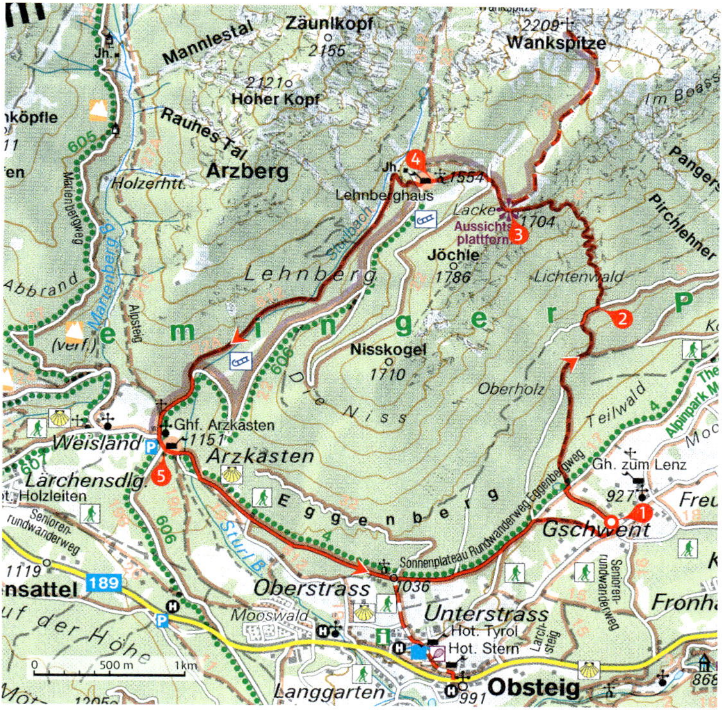

Für den Abstieg folgen wir geradeaus dem Steig durch lichten Wald und Latschen, kreuzen einen Fahrweg nach rechts und wandern zum **Lehnberghaus** ❹ hinunter. Dort treffen wir auf die Zufahrtsstraße, biegen rechts ein und gehen nach 50 m links am Brunnen vorbei über die Wiese hinab. Einem Forstweg folgen wir 100 m nach rechts und steigen dann links zum Sturlbach ab. Am Bach entlang wandern wir das Tal hinaus nach **Arzkasten** ❺ mit einem gemütlichen Gasthaus. Am Parkplatz zweigt links eine Schotterstraße ab, der Sonnenplateau-Rundwanderweg. Er überquert den Bach, führt durch Wald und entlang von Wiesen um den Eggenberg herum. An Wegverzweigungen halten wir uns dabei jeweils geradeaus. Wer Obsteig als Ziel hat, geht nach gut 30 Min. rechts. Für die Rückkehr zum Ausgangspunkt bleiben wir geradeaus auf dem Schotterweg, biegen 250 m vor der bereits bekannten Wegkreuzung am Bergfuß rechts ab und treffen auf die Zufahrtsstraße nach **Gschwent** ❶.

TOP 31

Wankspitze, 2209 m

↗ 1060 m | ↘ 1060 m | 11.3 km

5.30 h

Gemütliche Hütte und herrlicher Panoramagipfel

Die Wankspitze ist den großen Mieminger Felsbergen vorgelagert und bietet eindrucksvolle Einblicke in deren wild zerklüftete Felslandschaft. Aber auch die Fernsicht hat fünf Sterne verdient. Mieminger Plateau und Inntal liegen dem Gipfel zu Füßen. Der Blick reicht bis zu den Zillertaler Gletschergipfeln im Osten und zu den Kalkzacken der Lechtaler Alpen im Westen. Der Hausberg des Lehnberghauses hat zwei Gesichter: Klettersteiggeher wählen die Route über den wild zerrissenen Nordgrat, Wanderer bevorzugen die sanftere Südseite mit ihren Latschen- und Wiesenhängen. Ganz gleich, auf welchem Anstieg man unterwegs war, die Einkehr auf dem gastfreundlichen Lehnberghaus wird sich kaum jemand entgehen lassen.

Ausgangspunkt: Arzkasten, 1151 m, nordwestlich von Obsteig; von Nassereith kommend in Holzleiten links und über Weisland zum (gebührenpflichtigen) Parkplatz beim Gasthaus Arzkasten; alternativ von Obsteig Richtung Nassereith und nach dem Ortsende rechts auf einer Schotterstraße nach Arzkasten; Buslinie 355 (Montag bis Freitag) oder 350 (samstags) vom Bahnhof Innsbruck über Telfs und von Nassereith zur Haltestelle »Obsteig Holzleiten«, zu Fuß in 25 Min. zum Ausgangspunkt.

Anforderungen: Zum Lehnberghaus bequemer Wanderweg; zur Wankspitze Steige ohne besondere Schwierigkeiten, teils steil; am Gipfelkamm etwas schrofiges Gelände, Trittsicherheit erforderlich.

Einkehr: Gasthaus Arzkasten, Mo. u. Di. Ruhetag; Lehnberghaus, privat, Sommeröffnung Mitte Mai bis Ende Oktober, Di. Ruhetag, Mo. ab 16 Uhr geschlossen, Tel. +43 660 5212520, lehnberghaus.com.

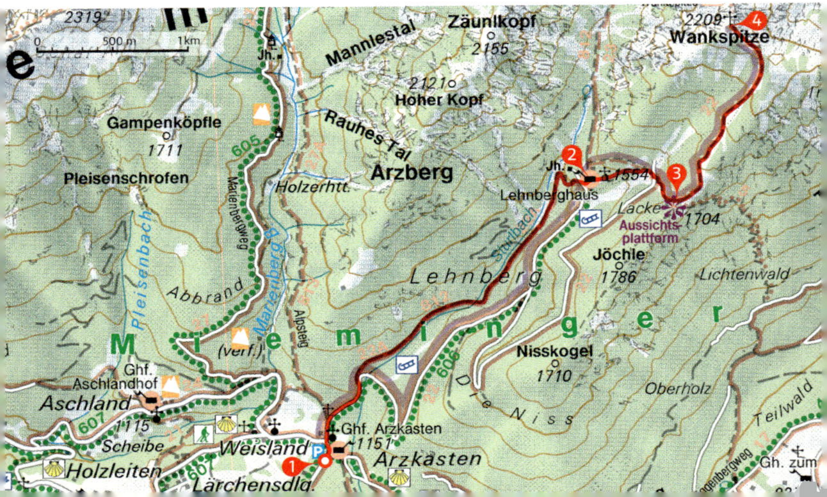

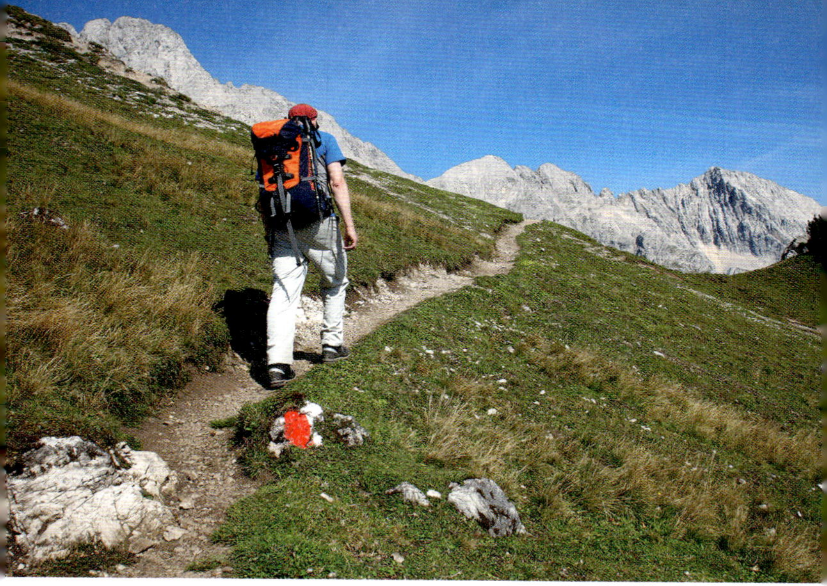

Beim Anstieg rücken die Mieminger Felsgipfel ins Blickfeld – rechts der Hochplattig.

Vom Parkplatz in **Arzkasten** ❶ gehen wir am Gasthaus vorbei und geradeaus in den Wald. Wir wandern an der Abzweigung des Alpsteigs vorbei und halten uns an der folgenden Weggabelung links, um dem breiten Bachweg ins Tal hinein zu folgen. Er wechselt bald auf die andere Bachseite und geht dann in einen schmalen Fußweg über. Nach etwa einer Stunde verlässt er das Bachufer und zieht rechts den Hang hinauf. Wir biegen rechts in eine Schotterstraße ein und kürzen nach 100 m über die Wiese hinauf eine Straßenkehre ab. Dann stehen wir vor dem gemütlichen **Lehnberghaus** ❷ und können uns schon auf eine Einkehr beim Rückweg freuen. Wir

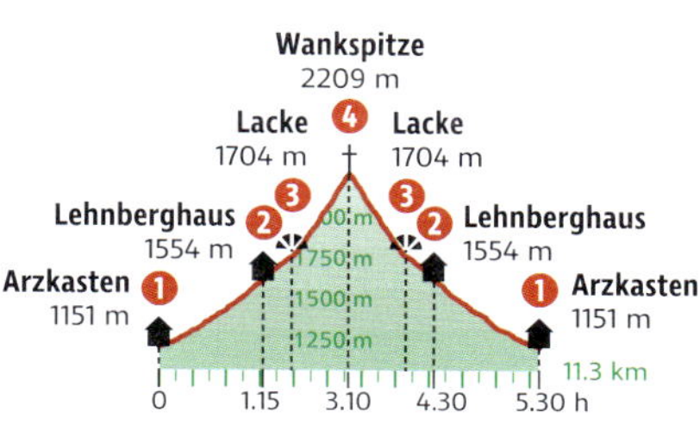

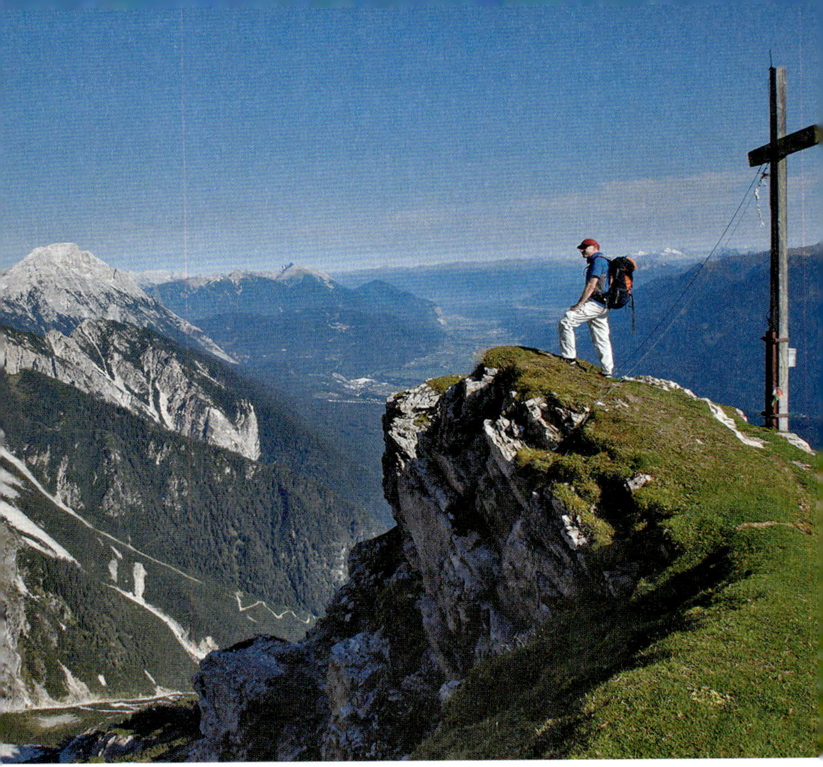

Gipfelglück auf der Wankspitze mit Hoher Munde (links) und Inntal.

gehen rechts an der Hütte vorbei und durch eine Waldschneise bergauf, bis nach 200 m rechts der Steig zur Lacke abzweigt. Auf ihm queren wir weiter ansteigend nach rechts, folgen dabei einem Fahrweg etwa 20 m und gelangen über einen Waldhang zum Sattel bei der **Lacke** 3 hinauf. Dort bietet eine Aussichtsplattform einen ersten Vorgeschmack auf das großartige Gipfelpanorama.

Die Anstiegsroute führt nun links über einen Rücken bergauf. Der lichte Wald wird bald von Latschen abgelöst. Unterhalb des Gipfelhangs durchqueren wir eine Mulde und steigen in Kehren zum Kamm hinauf. Dort erwartet uns der Tiefblick auf die von Felsen eingerahmten Geröllhalden der Stöttlreise. Wir wenden uns nach links und folgen dem leicht schrofigen Südostrücken steil zum Gipfelkreuz der **Wankspitze** 4, 2209 m, hinauf. Der Abstieg erfolgt auf dem Anstiegsweg.

5.30 h

Marienbergalm, 1622 m, und Höllkopf, 2194 m

Mitten hinein in die Mieminger Felskulisse

Die Tour auf den Höllkopf führt ganz nahe an die zerfurchten Felsabbrüche des Grünsteins heran. Ein besonders eindrucksvoller Platz ist die Hölle, ein mit Latschen bewachsener Boden, der von wilden Geröllkaren und steil aufragenden Felswänden eingerahmt wird. Mit der Marienbergalm und dem Lehnberghaus liegen zwei gemütliche und schön gelegene Einkehrmöglichkeiten am Weg.

Ausgangspunkt: Arzkasten, 1151 m, nordwestlich von Obsteig; von Nassereith kommend in Holzleiten links und über Weisland zum (gebührenpflichtigen) Parkplatz beim Gasthaus Arzkasten; alternativ von Obsteig Richtung Nassereith und nach dem Ortsende rechts auf einer Schotterstraße nach Arzkasten. Buslinie 355 (Montag bis Freitag) oder 350 (samstags) vom Bahnhof Innsbruck über Telfs und von Nassereith zur Haltestelle »Obsteig Holzleiten«, zu Fuß in 25 Min. zum Ausgangspunkt.
Anforderungen: Steig zur Marienbergalm über steile Hänge mit kurzen gesicherten, aber unschwierigen Passagen; zum Höllkopf und in die Hölle teils steile und steinige Bergwege, Trittsicherheit erforderlich.
Einkehr: Marienbergalm, privat, Übernachtungsmöglichkeit, Sommeröffnung Mitte Mai bis Ende Oktober, Montag Ruhetag, Tel. +43 664 1204386; Lehnberghaus, privat, Sommeröffnung Mitte Mai bis Ende Oktober, Di. Ruhetag, Mo. ab 16 Uhr geschlossen, Tel. +43 660 5212520, lehnberghaus.com.
Variante: Almwanderung zur Marienbergalm: auf dem spannenden Alpsteig (einige gesicherte Stellen, Trittsicherheit erforderlich) hinauf zur Alm, auf dem Fahrweg entlang der rechten Talseite wieder hinunter in Richtung Arzkasten. Am Talausgang links über den Marienbergbach, erneut links wieder auf der Anstiegsroute zurück nach Arzkasten.

Vom Parkplatz **Arzkasten** ❶ folgen wir dem Fahrweg am Gasthof vorbei und geradeaus zum Waldrand. Kurz darauf zweigen wir links ab und halten uns an der folgenden Weggabelung geradeaus. Auf dem Alpsteig geht es nun ins Marienbergtal hinein. Er verläuft meist hoch über dem Bach über die steilen bewaldeten Hänge und quert dabei immer wieder die Bachtäler seitlicher Zuflüsse. Kurze Passagen sind mit Drahtseil gesichert, für trittsichere Wanderer sind sie aber gut zu meistern. Schließlich verlassen wir das Bachtal und legen das letzte Wegstück zur **Marienbergalm** ❷ über Almböden zurück. Dort biegen wir rechts in einen Fahrweg ein, der über Grashänge – im Winter ein Skigebiet – zum Marienbergjoch hinaufzieht.
Beim Joch queren wir eine Lifttrasse und kommen zur **Abzweigung des Steigs** ❸, 1803 m, der zum Hölltörl führt. Auf ihm gehen wir nach rechts und wandern schräg über die Hänge unter den Felswänden der Marienbergspitzen und des Grünsteins bergauf ins **Hölltörl** ❹, 2126 m. Dort biegen wir rechts ab und folgen dem Pfad über feinen Schotter zum **Höll-**

kopf 5, 2194 m, hinauf. Dabei weichen wir den Felsen nach rechts aus. Vom Gipfel kehren wir zum **Hölltörl** 4 zurück und steigen rechts durch das schmale Geröllkar zwischen Grünstein und Höllkopf bergab. Bei einer Verzweigung halten wir uns rechts und gelangen so zum Boden der Hölle, einem weltabgeschiedenen, von Felsabstürzen eingefassten Platz. Nun gehen wir rechts das Tal hinaus zum **Lehnberghaus** 6, das sich für eine gemütliche Rast anbietet. Bei der Hütte können wir nach rechts am Brunnen vorbei eine Fahrwegskehre abkürzen, biegen dann rechts in die Forststraße ein und verlassen sie nach 100 m wieder, um zum Sturlbach abzusteigen. An seinem Ufer entlang wandern wir talauswärts und kommen so wieder nach **Arzkasten** 1.

Platz zum Staunen: die Hölle am Fuß des Grünsteins.

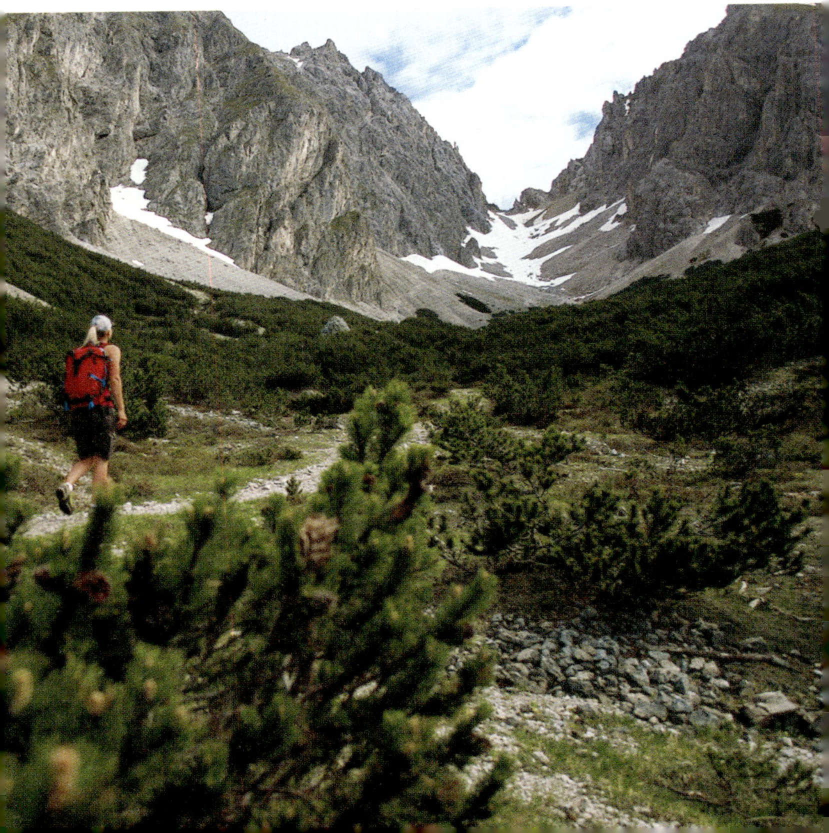

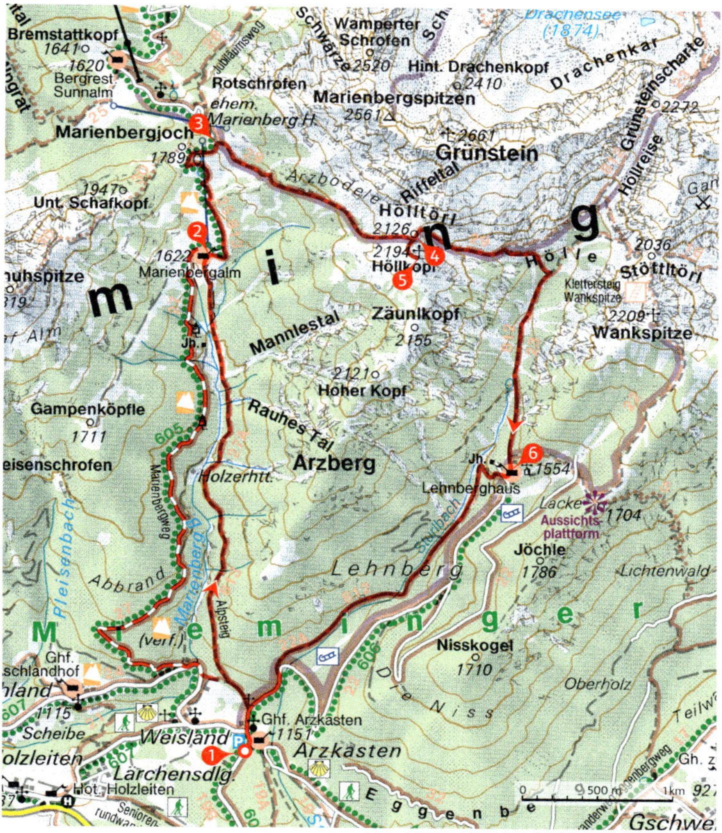

Bremstattkopf
1641
1620
Bergrest. Sunnalm
Rotschrofen
Jubiläumsweg
Wamperter Schrofen
Schwärze
2520
Hint. Drachenkopf
2410
Drachensee (1874)
Drachenkar
Grünsteinscharte
2272
ehem. Marienberg H.
Marienbergspitzen
2561
2661
Grünstein
Marienbergjoch
1789
Arzbodele
Riffeltal
Höllreise
1947
Unt. Schafkopf
Hölltörl
2126
2194
Höllkopf
Hölle
2036
Stöttltörl
Klettersteig Wankspitze
2209
Wankspitze
1622
Marienbergalm
Zäunlkopf
2155
Mannlestal
Jh.
2121
Hoher Kopf
Gampenköpfle
1711
Rauhes Tal
Arzberg
Holzerhtt.
Lehnberghaus
1554
Lacke
1704
Aussichts-plattform
Jöchle
1786
Lichtenwald
Marienbergweg
Pleisenbach
Abbrand
Marienberg B.
Alpsteig
Lehnberg
Stöttlbach
Mieminger
(verf.)
Ghf. Arzkasten
1151
Arzkasten
Nisskogel
1710
Die Niss
Oberholz
Ghf.
1115
Scheibe
Weisland
Lärchensdlg.
Hot. Holzleiten
Seniorenrundweg
Eggenberg
0
500 m
1km

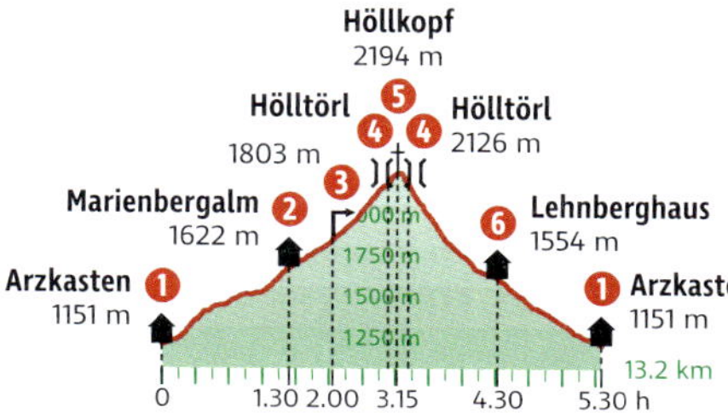

Höllkopf
2194 m
Hölltörl
1803 m
Hölltörl
2126 m
Marienbergalm
1622 m
Lehnberghaus
1554 m
Arzkasten
1151 m
Arzkasten
1151 m
2000 m
1750 m
1500 m
1250 m
13.2 km
0
1.30
2.00
3.15
4.30
5.30 h

Zwischen Fernpass und Imst

Bereits zur Zeit der Römer verlief über den Fernpass mit der Via Claudia Augusta eine wichtige Route über die Alpen. Heute zählt die Passstraße, die Reutte in Tirol mit dem Inntal verbindet, zu den meistbefahrenen Übergängen der Ostalpen. Wer dort unterwegs ist, schenkt der Landschaft meist nur wenig Aufmerksamkeit. Rund um die Passstraße gibt es jedoch eine vielseitige Region zu entdecken. Ein besonderes Kleinod ist die Fernpassregion mit ihren kleinen Kuppen und malerischen Seen. Ein gewaltiger Bergsturz, der vor rund 4000 Jahren vom Östlichen Kreuzjoch abrutschte, schüttete hier eine mehr als 200 m hohe Barriere auf. Westlich über dem Fernpass beginnt mit den Lechtaler Alpen ein wildes und größtenteils noch einsames Berggebiet. Dort finden geübte Berggeher Touren abseits viel begangener Wege in einer eindrucksvollen Berglandschaft. Das Gurgltal erstreckt sich als ein gut 10 km langer, fast ebener Wiesenboden zwischen Nassereith und Imst. Im Süden wird es vom mächtigen Massiv des Tschirgant überragt. Die Überschreitung dieses frei stehenden Bergstocks bietet eine ungewöhnlich aussichtsreiche Wanderung. Das Hausgebirge von Imst ist das Muttekopfgebiet, eine faszinierende Bergregion mit steinigen Karen und schroffen Gipfeln, aber auch schön gelegenen Hütten. Die Hahntennjochstraße verbindet Imst mit dem Lechtal und ermöglicht, von hoch gelegenen Ausgangspunkten aus, die Lechtaler Bergwelt zu erkunden.

- **Imst**, 827 m, lebhaftes Städtchen und Bezirkshauptort, an der Einmündung des Gurgltals ins Inntal und am Fuß der Lechtaler Alpen gelegen; »Brunnenstadt Imst« mit über 35, teils historischen Trinkbrunnen; sehenswert die Pfarrkirche, eine spätgotische Hallenkirche; Landwirtschaftliches Museum mit rund 400 alten bäuerlichen Arbeitsgeräten und Museum im Ballhaus zur Stadtgeschichte; bekannt ist die Imster Fastnacht mit dem alle 5 Jahre stattfindenden Schemenlaufen, dazu das Museum Imster Fasnachtshaus, fasnacht.at; die eindrucksvolle, 1,5 km lange Rosengartenschlucht beginnt im Stadtzentrum; Imster Bergbahnen (Bergstation auf 2030 m) für Touren im Muttekopfgebiet, dort auch der Alpine Coaster, eine 3,5 km lange Sommerrodelbahn; Infobüro Imst, Tel. +43 5412 6910, imst.at
- **Karrösten**, 918 m, Dorf auf den kräftig steigenden Wiesenhängen am Südwestfuß des Tschirgant mit herrlichem Blick
- **Tarrenz**, 836 m, Nachbargemeinde von Imst, eng zusammengedrängter Ortskern mit alten Höfen; auf einer sonnigen Terrasse mit großer Bergkulisse der Ortsteil Obtarrenz; die Region war im Mittelalter ein bedeutendes Bergbaugebiet, Spannendes dazu im Freilichtmuseum Knappenwelt Gurgltal, knappenwelt.at; Schloss Starkenberg mit 200 Jahre alter Brauerei, Erlebniswelt zur Geschichte des Bierbrauens, starkenberger.at

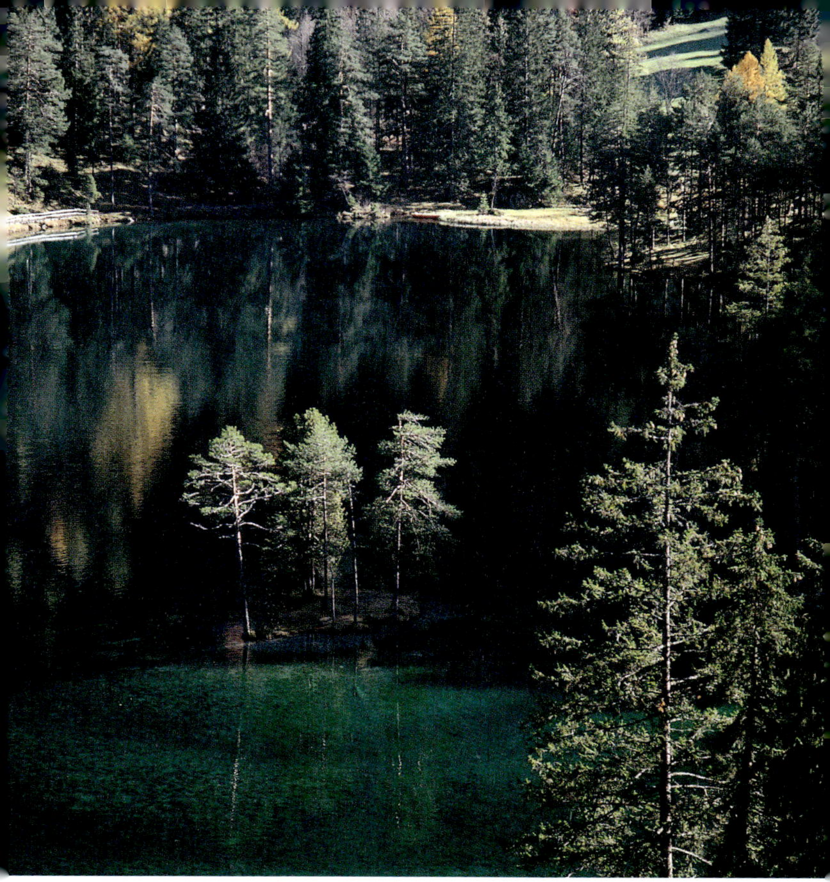

Blaugrün und kristallklar: der buchtenreiche Fernsteinsee ist ein echtes Kleinod.

■ **Nassereith**, 838 m, im Süden des Fernpasses gelegen, am Fuß auffallender Felswände, die bei Kletterern beliebt sind; lange Zeit eine bedeutende Siedlung dank der Route über den Fernpass und einer alten Salzstraße von Telfs, mehr aber noch durch den Bergbau vor allem im Gafleintal; alle drei Jahre der Fasnachtsbrauch Nassereither Schellerlaufen, Fasnachtshaus Nassereith, fasnacht-nassereith.at; am Fernsteinsee Schloss Fernstein, heute Hotel, und die Ruine Sigmundsburg auf einer Insel; Infobüro Nassereith, Tel. +43 5412 691041, imst.at

33 Fernsteinsee und Römerweg

2.00 h

Historische Wege südlich des Fernpasses

Ein prähistorischer Bergsturz schuf die Fernpasslandschaft mit ihrer einzigartigen Hügel- und Seenwelt. Ein besonderes Schmuckstück ist der Fernsteinsee mit seiner kegelförmigen, von einer Ruine gekrönten Insel. Ein Sprung in sein smaragdgrünes Wasser erfordert allerdings einige Courage: Die durchschnittliche Wassertemperatur beträgt 4 bis 7°C. Schon immer führten wichtige Wege über den Pass: Ruine Sigmundsburg, das von Felsen flankierte Schloss Fernstein und der teilweise kühn durch die Felshänge führende Römerweg sind Zeugen dafür.

Ausgangspunkt: Fernsteinsee, 948 m, an der Fernpassstraße; von Norden kommend nach den Parkplätzen an der Straße Richtung Campingplatz abzweigen

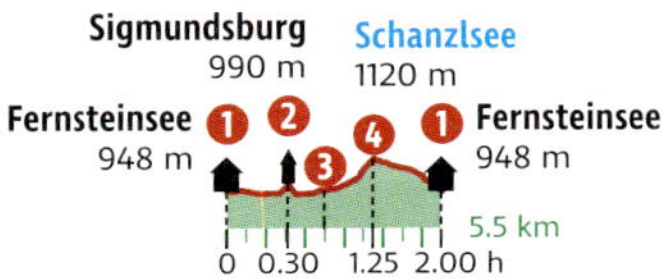

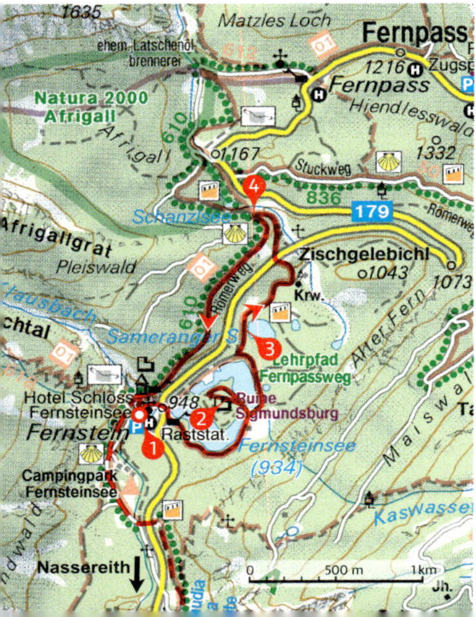

und zu einem weiteren Parkplatz unterhalb der Passstraße; Bus 150 von den Bahnhöfen Ehrwald und Reutte in Tirol und von Nassereith mit Anschluss aus Innsbruck und Imst zur Haltestelle »Hotel Fernsteinsee« (sonntags ab Nassereith keine geeignete Verbindung).

Anforderungen: Wege ohne besondere Schwierigkeiten; kurze steilere Anstiege zur Sigmundsburg und zum Schanzlsee.

Einkehr: Unterwegs keine; am Ausgangspunkt Raststation Fernsteinsee, Mittwoch Ruhetag; Restaurant im Schlosshotel Fernsteinsee, ab 15 Uhr geöffnet, Tel. +43 5265 5210, fernsteinsee.at.

Variante: Fortsetzung der Wanderung nach Nassereith: bei den Gebäuden von Schloss Fernstein geradeaus weiter auf dem Fahrweg und am Campingplatz vorbei zur Passstraße, die man unterquert. Danach auf breiten Wegen am Bergfuß entlang, später über Wiesen nach Nassereith (1.15 Std.).

Tipp: Schloss Fernstein wird im 12. Jh. erstmals urkundlich erwähnt. Ab 1451 ließ Herzog Sigmund die Anlage großzügig ausbauen. Kaiser Maximilian I. und Kaiserin Maria Theresia sollen sich dort aufgehalten haben. Heute ist das Schloss ein Hotel und kann nur von außen besichtigt werden. Auch die Sigmundsburg ließ Herzog Sigmund im 15. Jh. errichten und nutzte sie als Jagdschloss.

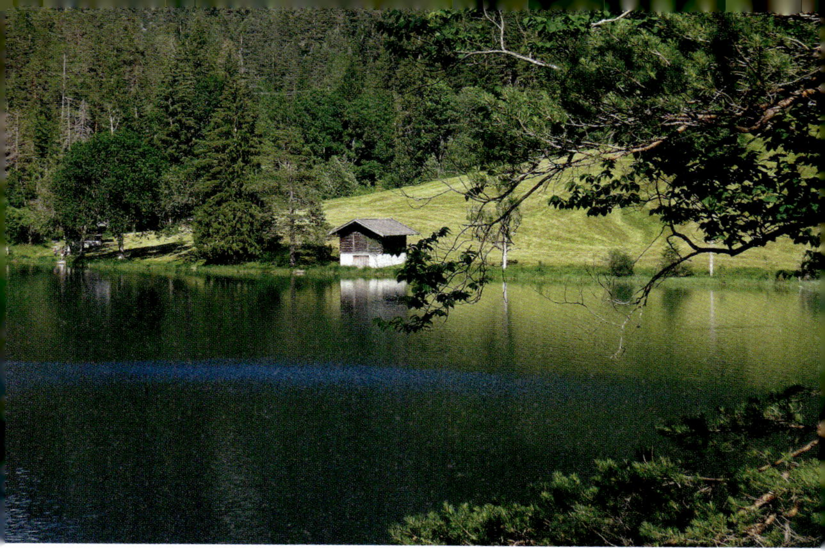

Der Uferweg um den Fernsteinsee bietet schöne Ausblicke.

Vom Parkplatz beim **Fernsteinsee** ❶ gehen wir rechts an der gotischen Kapelle vorbei (1451 von Herzog Sigmund errichtet) und unter der Fernpassstraße hindurch zum See. Links befinden sich schöne Uferstellen zum Sonnen und für Abgehärtete auch zum Baden. Für den Weiterweg überqueren wir rechts die Brücke, passieren einen Bootsverleih und folgen dem Seerundweg am bewaldeten Ufer entlang. Auf der Ostseite des Sees gelangen wir links zu einem Steg, der das Ufer mit der Insel verbindet. Fußwege führen um die Insel herum und zur zwischen Bäumen versteckten **Ruine Sigmundsburg** ❷ hinauf. Wir kehren zum Seerundweg zurück, wandern auf ihm weiter zum Nordufer und zweigen dort, bereits wieder in der Nähe der Fernpassstraße, rechts zum kleinen **Samerangersee** ❸, 955 m, ab. Wie auch der Fernsteinsee ist er wegen seines klaren Wassers bei Tauchern beliebt. Wir gehen am See vorbei und weiterhin in Nordrichtung zur Passstraße hinauf, wobei wir uns an zwei Wegverzweigungen jeweils links halten. An der Straße wandern wir kurz nach rechts, wechseln vor einer Brücke die Straßenseite und biegen in einen Fußweg ein, der etwas steil zum idyllischen **Schanzlsee** ❹ führt.
Für den Rückweg zweigen wir noch vor dem kleinen Gewässer scharf links ab und folgen dem Römerweg oberhalb der Passstraße durch steiles Gelände. Er bringt uns zurück zum Schlosshotel Fernsteinsee (geradeaus der Weiterweg nach Nassereith). Bei den Burggebäuden steigen wir links über Stufen hinunter zum Parkplatz beim **Fernsteinsee** ❶.

↗ 1360 m | ↘ 1360 m | 13.1 km

6.30 h

34 Alpleskopf, 2258 m

Im Nassereither Bergbaugebiet

Im Gafleintal bei Nassereith gibt es ein ausgedehntes Bergwerksgebiet; bis 1952 wurde hier vor allem nach Blei und Zink geschürft. Noch heute trifft man in diesem Bereich auf unzählige Relikte aus dieser Zeit. Oberhalb des Grubengebietes steht der Alpleskopf, ein auffallend runder Grasberg, der einen eindrucksvollen Blick auf die Felsberge der Lechtaler Alpen bietet.

Ausgangspunkt: Parkplatz St. Wendelin, 900 m, nordwestlich von Nassereith; von Nassereith 1 km Richtung Fernpass, dann links in den Ortsteil St. Wendelin, links haltend zum Sportplatz, erneut links bis zur Abzweigung des zweiten Sträßchens nach oben. Auf diesem bis kurz hinter das letzte Haus und nach rechts zum Parkplatz; Bus 150 von den Bahnhöfen Ehrwald und Reutte in Tirol und von Nassereith mit Anschluss aus Innsbruck und Imst zur Haltestelle »Nassereith Abzw. St. Wendelin«, von dort 15 Min. Fußweg zum Parkplatz (sonntags ab Nassereith keine geeignete Verbindung, 30 Min. Fußweg ab Nassereith).
Anforderungen: Forststraßen im unteren Teil, dann stille Fußwege in unschwierigem Gelände durch Wald und Latschen und über Wiesenhänge; teils steiler Anstieg.
Einkehr: Unterwegs keine.
Variante: Etwas kürzere Alternative zum Dirstentrittkreuz, 1860 m: an der Weggabelung nach dem Geißgatter geradeaus, dann ziemlich flach in 15 Min. zum Kreuz, das am Rand einer Almwiese steht, von dort Blick nach Norden (vom Ausgangspunkt 3 Std. Anstieg).

Vom **Parkplatz St. Wendelin** ❶ wandern wir in das Gafleintal hinein und können gleich zu Beginn vor einer Kapelle rechts einen kurzen Abstecher zur St.-Wendelin-Grotte machen, die von zwei mächtigen, stark überhängenden Felsplatten gebildet wird. Dann geht es auf dem Fahrweg weiter

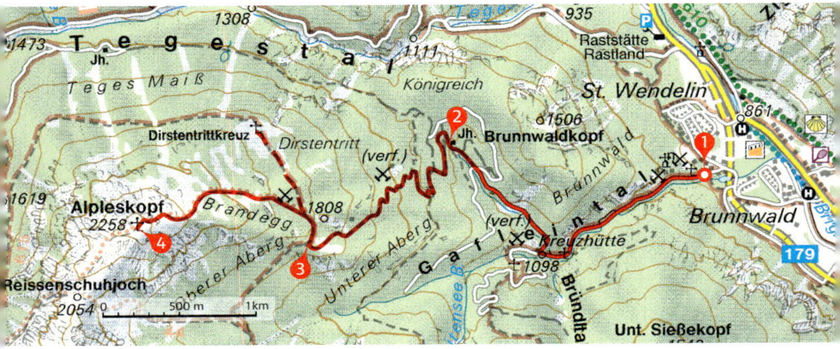

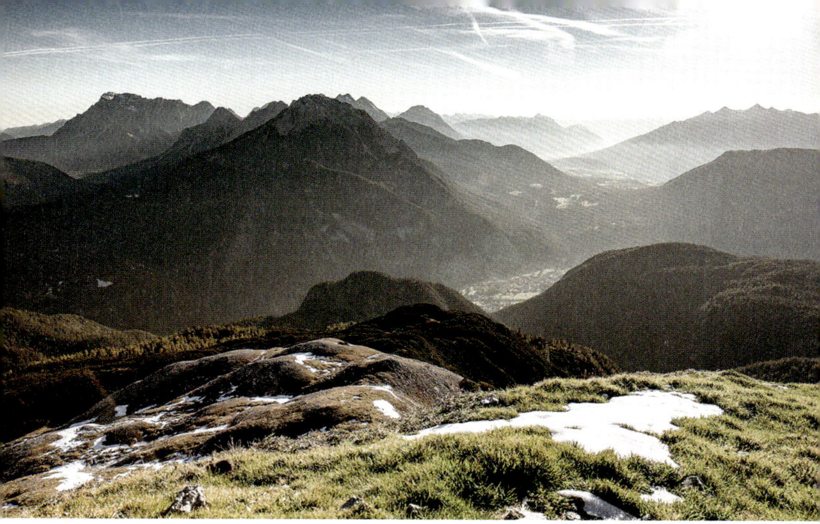

Panoramaplatz am Alpleskopf: Zugspitze (links), Wannig und Mieminger Plateau.

durch das scharf eingeschnittene, malerisch von Felsen überragte Tal. Bei einer Gabelung vor einer privaten Hütte biegen wir rechts ab und folgen zuerst einem Forstweg, dann einem Steig weiterhin taleinwärts zu einem **Jagdhaus** ❷. Nun steigen wir nach links auf Fußwegen im Wald bergauf, kommen zu den großen Abraumhalden des Maria-Heimsuchung-Stollens und gehen schräg aufwärts durch das teilweise steile Gelände zu einem Absatz, dem **Geißgatter** ❸. Dort halten wir uns rechts und zweigen kurz darauf an einer weiteren Weggabelung (→ Variante zum Dirstentrittkreuz) links ab. Der Steig führt durch Latschengassen auf freie Matten und weiter empor zum abgerundeten Gipfel des **Alpleskopf** ❹, 2258 m. Der Rückweg erfolgt auf dem Anstiegsweg.

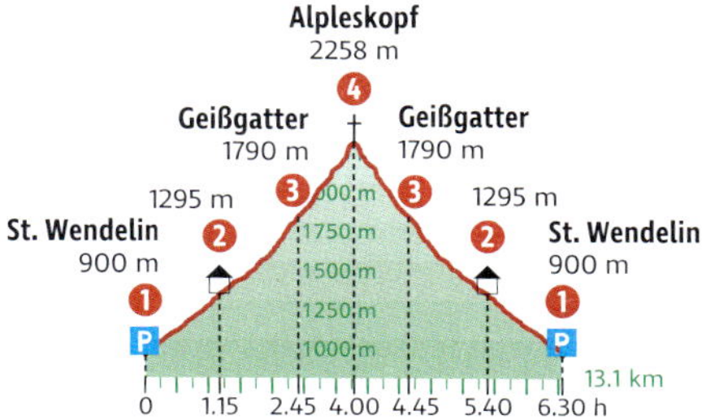

↗ 1110 m | ↘ 1370 m | 15.0 km

35 Über das Östliche Kreuzjoch, 2231 m, zur Loreahütte

6.30 h

Stilles Berggebiet über dem Fernpass

Hoch über der Fernpasslandschaft steht auf einem Grasrücken die kleine Loreahütte, von der man einen herrlichen Blick auf die Zugspitze und die Mieminger Berge genießt. Man kann direkt von Fernstein über die hohen Steilhänge dort hinaufsteigen. Für den erfahrenen und ausdauernden Bergwanderer gibt es eine spannende Alternative: die große Rundtour vom Fernpass über das Kreuzjoch.

Ausgangspunkt: Fernpass, 1212 m, höchster Punkt der Passstraße; Parkplatz bei der Raststation Fernpass Rast; Bus 150 von den Bahnhöfen Ehrwald und Reutte in Tirol und von Nassereith mit Anschluss aus Innsbruck und Imst zur Haltestelle »Hotel Fernpasshöhe« (sonntags ab Nassereith keine geeignete Verbindung).
Endpunkt: Bushaltestelle Hotel Fernsteinsee, 948 m; Rückkehr mit Bus 150 zum Fernpass, nach Nassereith, Ehrwald oder Reutte (wenige Verbindungen).
Anforderungen: Anspruchsvolle Bergtour in stillem Gelände teils auf schmalen Steigen oder nur auf Trittspuren; immer wieder steile Abschnitte, gute Trittsicherheit Voraussetzung; beim Abstieg am Gipfelgrat ausgesetzte Passagen, Schwindelfreiheit erforderlich; bei Nebel ist von der Tour abzuraten.
Einkehr: Unterwegs keine; am Ausgangspunkt: Raststation Fernpass Rast; beim Fernsteinsee: Raststation Fernsteinsee, Mittwoch Ruhetag; Restaurant im Schlosshotel, ab 15 Uhr geöffnet, Tel. +43 5265 5210, fernsteinsee.at.
Hinweis: Loreahütte (Selbstversorgerhütte) nur mit Alpenvereinsschlüssel zugänglich, lorea-huette.com.

Schloss Fernstein: einst eine stattliche Burg, heute ein Hotel.

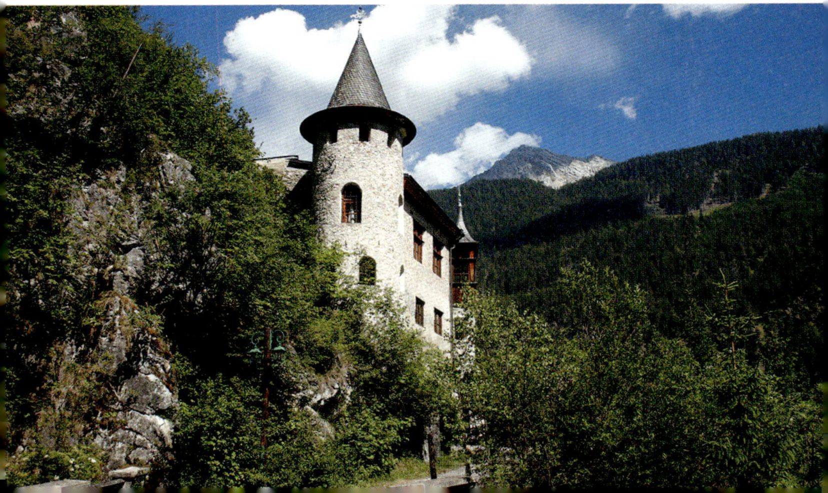

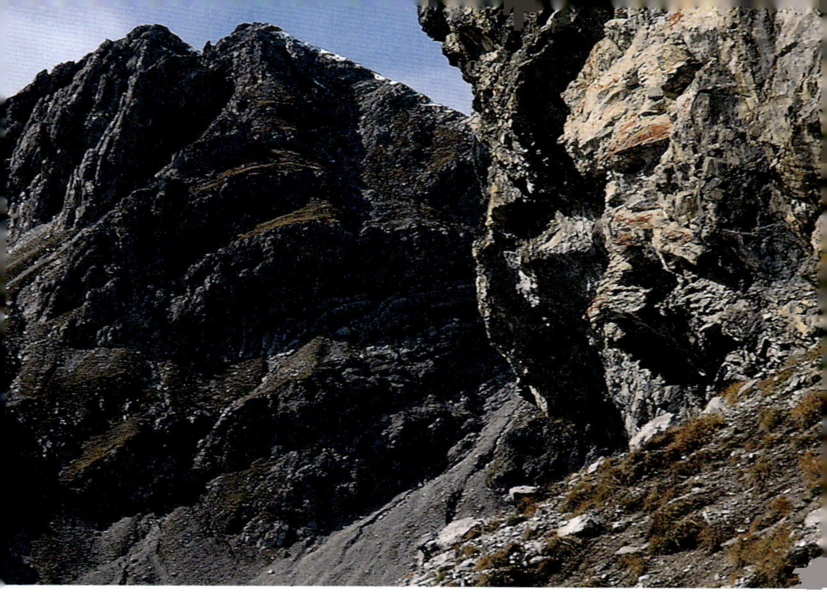

Die Südabstürze des Östlichen Kreuzjochs, hinten der Tagweidkopf.

Am **Fernpass** ❶ biegen wir beim gelben Gebäude des ehemaligen Hotels Fernpass in eine Schotterstraße ein, die am Yogaresort Alpenretreat und an einer Kapelle vorbeiführt. Kurz danach zweigen wir rechts auf einen Fußweg ab, der schräg aufwärts zur Geländekante über der Bachschlucht führt. Dort halten wir uns erneut rechts, wandern weiter ansteigend taleinwärts und überqueren nach kurzem Abstieg den flachen Vorderen Pirchboden. Anschließend folgen wir einem Fahrweg nach Westen ins Kälbertal. Bei einer Verzweigung gehen wir links zum **Hinteren Pirchboden** ❷ und halten auf den Talschluss zu. Nun steigen wir zuerst nach rechts an, dann weit nach links und zur alten **Galtberghütte** ❸. Nach einigen Minuten kommen wir zur neuen Almhütte und bald danach zu einer Weggabelung. Unser Anstiegsweg führt geradeaus durch den kleinen Kessel und steil zu den Felsen hinauf. Wir gehen links unterhalb der felsigen Flanke vorbei und um einen Grat herum zu den Wiesenhängen der Pfötschegartenalm. Über die Grasabdachung erreichen wir den Gipfel des **Östlichen Kreuzjochs** ❹, 2231 m. Im Abstieg ist kurz leichte Kletterei am felsigen, etwas ausgesetzten Grat zu meistern. Dann wandern wir hinab ins Kar und, bei einer Gabelung links, über die weiten Mattenflächen der Loreaalm. Bei der Alm halten wir uns rechts (links direkt ins Tal) und gelangen mit kurzem Gegenanstieg zur **Loreahütte** ❺. Nun geht es erst auf Matten, dann zwischen Latschen,

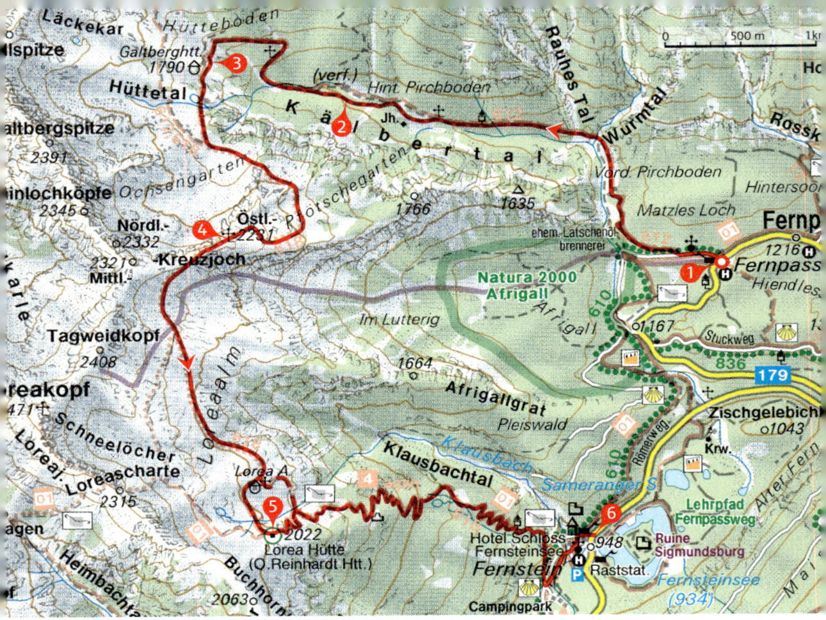

schließlich im Wald auf dem ordentlichen Steig in fast immer steilem bis sehr steilem Gelände abwärts. Fast im Talboden angelangt queren wir bei einer Verzweigung rechts den Bach, folgen einem breiten Schotterweg kurz nach rechts und biegen links in ein Asphaltsträßchen ein, das uns zu einem Parkplatz unterhalb von Schloss Fernstein bringt (bei der Kapelle Zugang zum sehr kühlen Fernsteinsee). Wir gehen hinauf zum Café im Schlosshotel und zur Fernpassstraße. Links befindet sich die **Bushaltestelle Hotel Fernsteinsee** 6, von wo wir mit dem Bus zum Fernpass zurückkehren.

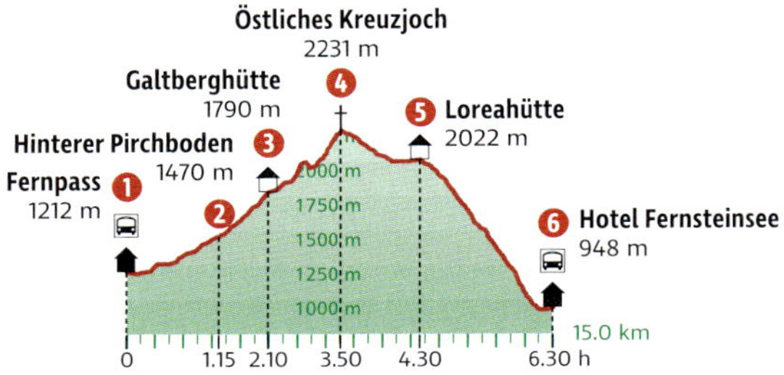

↗ 1180 m | ↘ 1180 m | 16.4 km

7.00 h

Durchs Kälbertal auf den Roten Stein, 2366 m

36

Mächtiger Berg zwischen Fernpass und Berwang

Der Rote Stein ist der lohnendste mit einem Weg erschlossene Berg der Loreagruppe, eine schöne kegelförmige Felsgestalt. Dank der freien Lage genießt man von dort oben einen einzigartigen Rundblick. Zum Panorama gehören unter vielen anderen die alles überragende Zugspitze und die Felsmauer der Heiterwand. Aber auch eine Wanderung bis zum Hinteren Pirchboden, einer stillen und romantischen Mattenfläche, ist bereits sehr lohnend.

Ausgangspunkt: Fernpass, 1212 m, höchster Punkt der Passstraße; Parkplatz bei der Raststation Fernpass Rast; Bus 150 von den Bahnhöfen Ehrwald und Reutte in Tirol und von Nassereith mit Anschluss aus Innsbruck und Imst zur Haltestelle »Hotel Fernpasshöhe« (sonntags ab Nassereith keine geeignete Verbindung).

Anforderungen: Schmale und teilweise steinige Bergwege; auf den letzten 100 Höhenmetern zum Gipfel steiles, schotteriges Gelände und ausgesetzte, gesicherte Felspassagen, die leichte Kletterei erfordern; Trittsicherheit und Schwindelfreiheit werden vorausgesetzt.

Einkehr: Unterwegs keine; am Ausgangspunkt: Raststation Fernpass Rast.

Der Anstieg führt durch das stille Kälbertal.

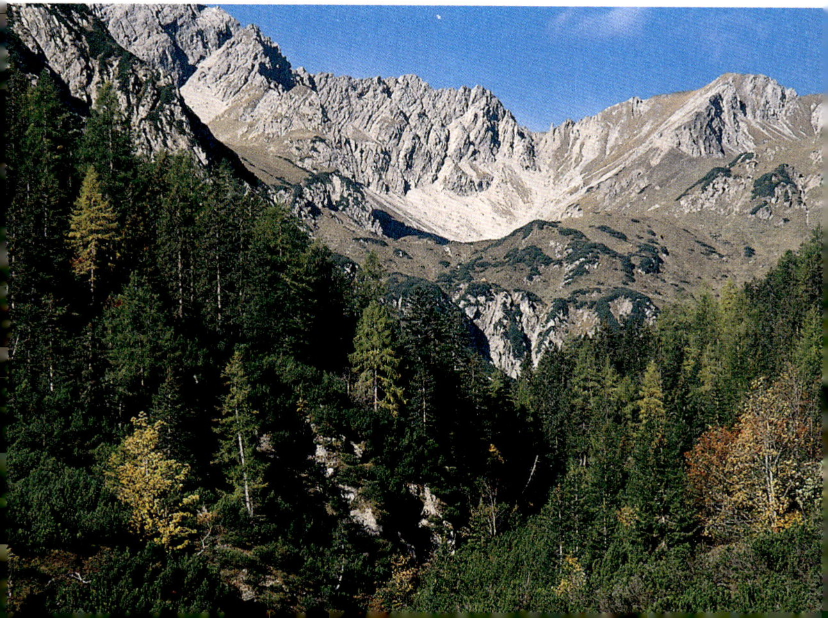

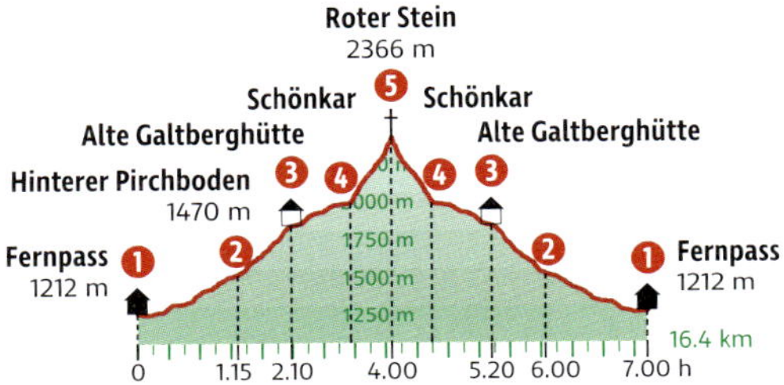

Am **Fernpass** ❶ biegen wir beim gelben Haus des ehemaligen Hotels Fernpass in einen Schotterfahrweg ein und folgen ihm, bis nach einer Kapelle rechts ein Fußweg abzweigt. Auf diesem queren wir ansteigend die Hänge zu einem Geländeabbruch über dem Bachtal. Der Steig dreht nach rechts, steigt zu einem Rücken an und fällt dann zu den flachen Wiesen des Vorderen Pirchbodens ab. Er mündet in einen Fahrweg, der nach links schwenkt und ins Kälbertal hineinführt. Bei einer Weggabelung gehen wir auf der linken Talseite zum **Hinteren Pirchboden** ❷ und weiter in den Talschluss. Dort zieht unser Anstieg in einer weiten Serpentine über die Latschenhänge hinauf und führt zur **alten Galtberghütte** ❸. Wer will, kann die nächste weite Kehre der Anstiegsroute abkürzen und von der Hütte auf Wegspuren über einen grasigen Rücken ansteigen, bis man wieder auf den markierten

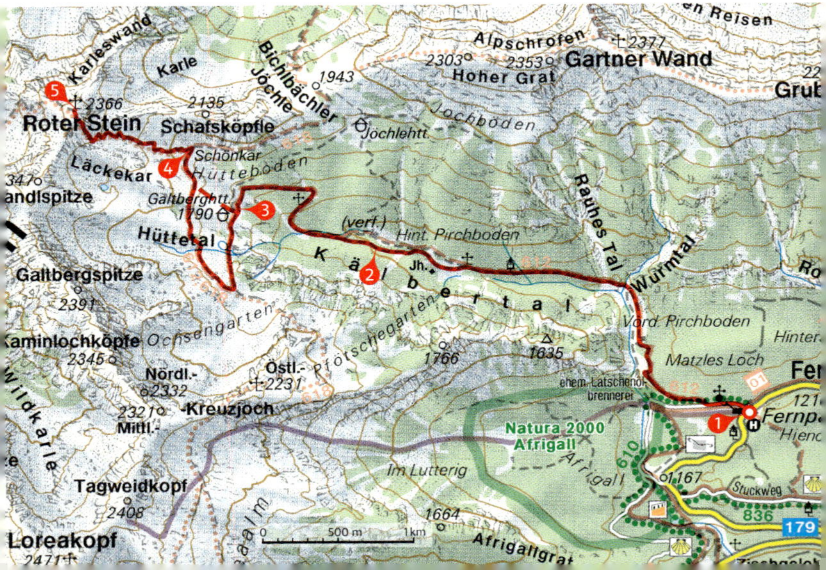

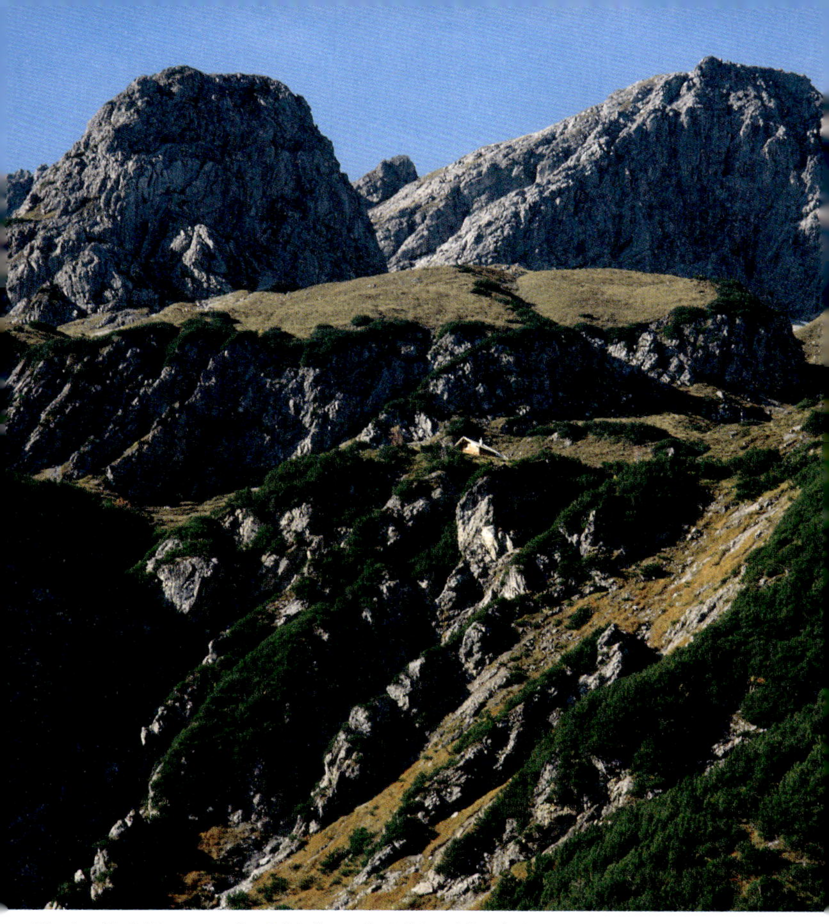

Winzige Almhütte vor großer Felskulisse: die Galtberghütte beim Anstieg zum Roten Stein.

Steig trifft (ca. 30 Min. Zeitersparnis). Der offizielle Wegverlauf quert nach Süden zur neuen Galtberghütte und weiter zu einer Verzweigung. Dort biegen wir im spitzen Winkel nach rechts ab und wandern wieder nach Norden ins **Schönkar** 4 mit einer Weggabelung. Wir steigen links durch das Kar bergauf und gelangen schließlich über eine Rippe mit felsigen, drahtseilgesicherten Stellen zum Gipfel des **Roten Steins** 5, 2366 m.
Der Abstieg erfolgt auf demselben Weg.

↗ 1100 m | ↘ 1100 m | 14.0 km

37 Grubigstein, 2233 m

6.10 h

Durch die Hintertür auf einen viel besuchten Berg

In den Lechtaler Alpen ragt als letzter Gipfel ganz im Nordosten der Grubigstein auf. Der Hausberg von Lermoos hat sich vor allem als Skigebiet einen Namen gemacht, aber die Kabinenbahn zum Gipfelhaus Grubigstein verkehrt auch im Sommer. Von der Bergstation ist der Gipfel nicht mehr weit, der sich mit seinen felsigen Flanken jedoch ziemlich abweisend gibt und einen sicheren Tritt fordert. Der Anstieg von der Fernpassstraße führt »durch die Hintertür« ins viel besuchte Liftgebiet. Man ist in einer urwüchsigen Berglandschaft unterwegs und genießt herrliche Ausblicke auf den türkisblauen Blindsee, das Wetterstein mit der Zugspitze sowie die Mieminger Berge. Der Weg ist allerdings als Mountainbike-Trail ausgewiesen, sodass mit Gegenverkehr gerechnet werden muss.

Ausgangspunkt: Rasthaus Zugspitzblick, 1200 m, an der Fernpassstraße; von Nassereith hinauf zum Fernpass, nach 1 km Rasthaus mit großem Parkplatz; Bus 150 von den Bahnhöfen Ehrwald und Reutte in Tirol und von Nassereith mit Anschluss aus Innsbruck und Imst zur Haltestelle »Gasthaus Zugspitzblick« (sonntags ab Nassereith keine geeignete Verbindung).
Anforderungen: Bis zum Gipfelhaus Grubigstein Bergwege ohne besondere Schwierigkeiten, steiler, der Sonne ausgesetzter Anstieg nach dem Rossköpfletal; im Bereich des Gipfels abschüssige, gesicherte Felspassagen, Trittsicherheit erforderlich.
Einkehr: Rasthaus Zugspitzblick am Ausgangspunkt, Mittwoch Ruhetag, Tel. +43 5673 22565210; Gipfelhaus Grubigstein, privat, Übernachtungsmöglichkeit, gipfelhaus.at.
Variante: Talfahrt mit der Grubigsteinbahn nach Lermoos, mit Bus 150 von der Haltestelle »Lermoos Unterdorf« zurück zum Ausgangspunkt.
Hinweis: Achtung auf Mountainbiker, die die Wege als Trail nutzen.

Auf der linken Seite des **Rasthauses Zugspitzblick** ❶ gehen wir auf einem breiten Weg bergab und an einer Abzweigung nach Biberwier vorbei. Wir biegen links in einen Steig ein (rechts ist der ausgeschilderte »Blindsee-Blick«

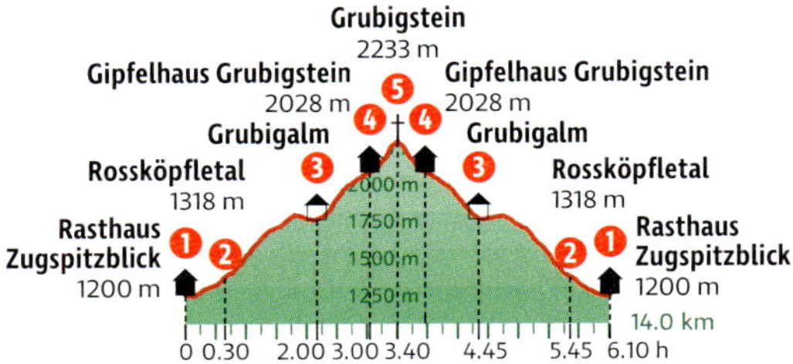

ziemlich zugewachsen) und treffen nach kurzem Anstieg bei der Fernpassstraße auf einen Forstweg. Auf ihm steigen wir durch Wald bergauf und zweigen nach 20 Min. rechts auf einen Fußweg und Mountainbiketrail ab. Kurz darauf öffnet sich ein herrlicher Blick auf den Blindsee und die Mieminger Felsberge. Wir wandern in den felsigen Einschnitt des **Rossköpfletals** ❷ mit einem schönen Wasserfall. Der Weg zieht nun über steile Latschenhänge bergauf und passiert dabei einen aussichtsreichen Vorsprung mit einem Gedenkkreuz. Nach einer Stunde etwas mühsamen Anstiegs queren wir ein Bächlein und gelangen mit weniger Steigung zu einem flachen, bewaldeten Rücken. Von dort führt der Weg bergab, an einer Lichtung mit Zugspitzblick vorbei und ins Skigebiet von Lermoos, das wir bei der **Grubigalm** ❸ (nur im Winter geöffnet) erreichen. Wir gehen über eine Schotterstraße zu einem Fußweg (gleichzeitig Mountainbiketrail), der, meist zwischen Bäumen, die Hänge des Skigebiets hinaufzieht. Einmal kreuzen wir den Fahrweg, das zweite Mal folgen wir ihm nach links durch eine weite Kehre oder kürzen, jedoch steil und weglos, über die Skipiste ab. Schließlich ist das **Gipfelhaus Grubigstein** ❹ (auch Grubighütte) mit der Bergstation der Grubigsteinbahn erreicht. Die Terrasse hat eine wunderbare Aussicht zu bieten.

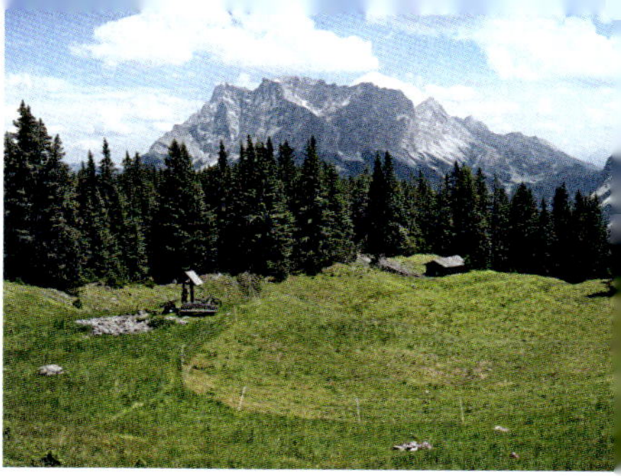

Freie Sicht auf das Zugspitzmassiv.

Der Gipfelanstieg führt hinter der Hütte über den Rücken bergauf und unter dem Vorgipfel vorbei zu Lawinenverbauungen. In felsigem Gelände steigen wir zwischen diesen empor und gelangen dann auf gutem Bergweg zum Gipfel des **Grubigsteins** ❺, 2233 m, der nach Norden in hohen Wänden, nach Süden mit steilen Grashängen abfällt.

Der Abstieg erfolgt auf derselben Route oder mit der Kabinenbahn nach Lermoos.

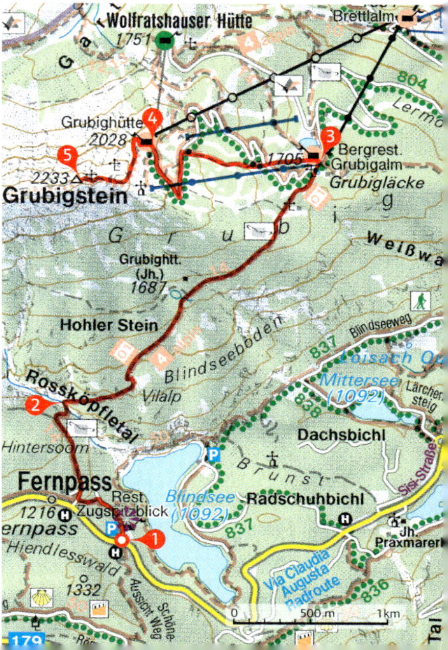

↗ 990 m | ↘ 990 m | 12.9 km

38 Nassereither Alm, 1739 m

5.40 h

Bergwanderung hoch über Nassereith

Dem gewaltigen Felsmassiv des Wannig ist im Nordwesten auf halber Höhe eine mit Gras überzogene Schulter vorgelagert. Auf ihr liegt versteckt in einer Mulde unser Ziel, die Nassereither Alm (auch Muthenaualm), ein idyllischer Rastplatz mit Blick auf die östlichen Gipfel der Lechtaler Alpen wie Heiterwand und Loreakopf. Dort lohnt sich eine ausgiebige Rast mit Stärkung aus der Almküche.

Ausgangspunkt: Nassereith, 838 m; Parkplatz im Zentrum beim Hotel Post; Buslinie 355 (Montag bis Freitag) oder 350 (samstags) vom Bahnhof Innsbruck über Telfs, Linie 340 von Imst und Linie 150 von den Bahnhöfen Reutte in Tirol und Ehrwald.

Anforderungen: Bergwege; teilweise steil, doch ohne Schwierigkeiten; Rückkehr im Tal auf breiten Fahrwegen (ca. 3 km).
Einkehr: Nassereither Alm, privat, Übernachtungsmöglichkeit, geöffnet Mitte Juni bis Anfang Oktober, Mi. Ruhetag, Tel. +43 660 6567467, nassereither-alm.at.

Im Zentrum von **Nassereith** ❶ gehen wir vom Postplatz an der Kirche vorbei in die Schulgasse und bei der ersten Möglichkeit nach rechts zum Nassereither See. Vor dem Restaurant Seebua schwenkt der Weg nach rechts und führt am Bergfuß entlang zum Parkplatz für die Kletterfelsen. Dort

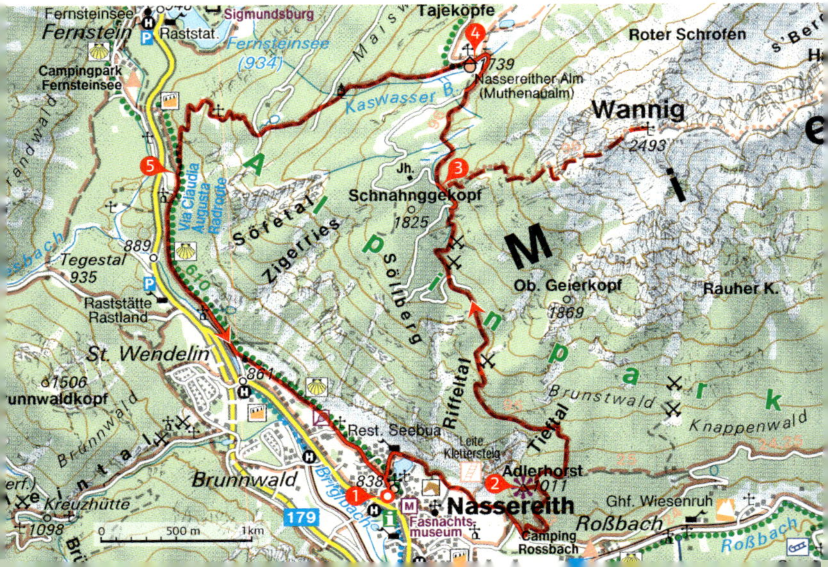

biegen wir links in einen Feldweg ein, wandern zum bewaldeten Berghang und beginnen den Anstieg. Eine erste Linksabzweigung, die zu den Kletterwänden führt, beachten wir nicht. Ein kurzes Stück sind wir anschließend auf einer Forststraße unterwegs und folgen dann links einem bequemen Wanderweg in Kehren durch den Kiefernwald aufwärts. Schließlich gelangen wir links hinaus zum **Adlerhorst** ❷, einem Felsen mit einer Aussichtsplattform, der über eine Eisenbrücke zu erreichen ist. Wir kehren zum Hauptweg zurück und steigen kurz weiter an zu einem flachen Absatz im Gelände hinauf. Dort zweigt links ein schmaler Steig ab und führt durch Wald bergauf. Ab 1200 m Höhe zieht er durch die teilweise sehr steilen Hänge mit schönen Tiefblicken schräg links aufwärts ins obere, meist wasserlose Riffeltal. An den ehemaligen Bergwerken von Feigenstein vorbei steigen wir zu einem **Sattel** ❸ neben dem kleinen Schnahnggekopf an. Wir folgen kurze Zeit einem Forstweg, passieren einen Rechtsabzweig zum Wannig (2493 m, 2 Std.) und biegen dann rechts wieder auf einen Steig ab. Er führt über eine bewaldete Schulter und etwas bergab zum Kaswasserbach. In kurzem Anstieg erreichen wir die **Nassereither Alm** ❹.

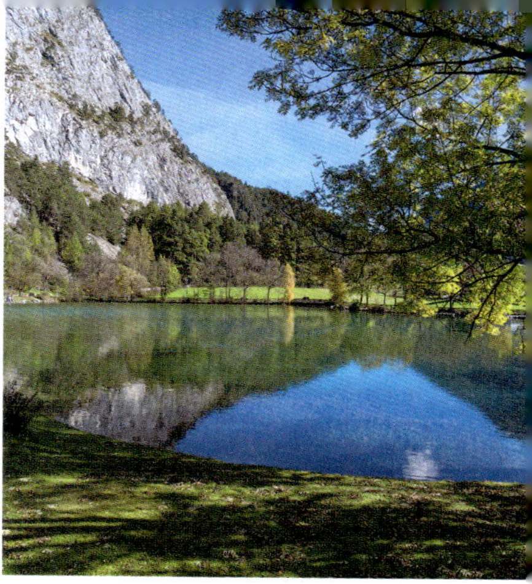

Nassereither See.

Für den Abstieg folgen wir dem kleinen Steig, der auf der rechten Seite des Kaswasserbachs über die Weiden, dann über steiles Gelände bergab leitet. Er quert den Bach, kreuzt zwei Forststraßen und fällt über eine letzte steile Stufe ab. Am **Talboden** ❺ etwas südlich des Fernsteinsees mündet er in eine Forststraße. Wir wandern am Bergfuß entlang nach Süden, biegen bei einem Holzlagerplatz links ab und erreichen über Wiesen wieder unseren Ausgangspunkt in **Nassereith** ❶.

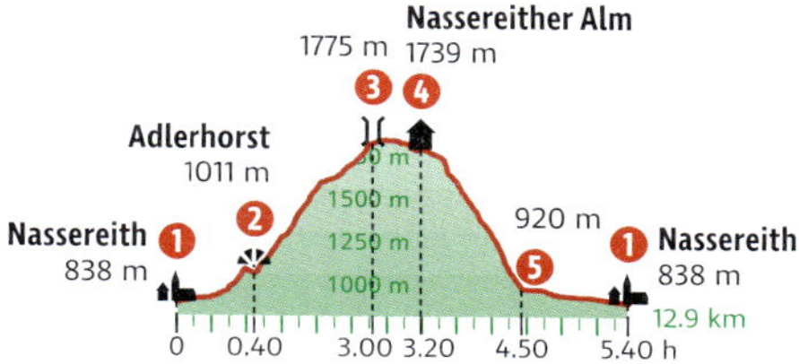

TOP

39

↗ 880 m | ↘ 880 m | 15.5 km

Coburger Hütte, 1917 m, und Hinteres Tajatörl, 2259 m

5.30 h

Bergseen in bizarrem Felsenreich

Das Gebiet der Coburger Hütte zählt zu den schönsten Bergkesseln überhaupt. Der immerhin 450 m lange Seebensee ist noch zwischen freundliche, saftige Matten gebettet, während der gleich große Drachensee ein ungleich strengeres, herberes Aussehen zeigt. Den Bergkessel rahmen zudem fast rundum sehr markante Felsgipfel ein, die teilweise bizarr und zackig sind, teilweise, wie die Grießspitzen, 2747 m, breite, zerborstene Mauern bis zu 500 m Höhe bilden. Den recht beliebten Ausflug zur Hütte sollte man zu einer Rundtour über das Hintere Tajatörl ausbauen, um so viele Eindrücke wie möglich zu sammeln.

Ausgangspunkt: Talstation der Ehrwalder Almbahn, 1108 m, almbahn.at; im Zentrum von Ehrwald der Beschilderung folgen; großer gebührenpflichtiger Parkplatz; Zugverbindung von München / Garmisch-Partenkirchen und Reutte in Tirol nach Ehrwald, vom Bahnhof Buslinie 1 zur Talstation (zu Fuß knapp 1 Std.); Bus 150 von Nassereith zur Haltestelle »Ehrwald Kirchplatz« (sonntags keine geeignete Verbindung), 30 Min. Fußweg zur Talstation.
Anforderungen: Zum Seebensee bequeme Fahr- und Wanderwege, dann teilweise steinige Bergwege, aber keine anspruchsvollen Passagen; für Kinder sehr lange Tour, bis zu den beiden Seen und der Coburger Hütte aber gut geeignet.
Einkehr: Brentalm bei der Talstation der Ehrwalder Almbahn, Sommeröffnung Mitte Mai bis Anfang November, Mittwoch Ruhetag, Tel. +43 5673 20116, brentalm.at; Gasthäuser auf der Ehrwalder Alm, geöffnet zur Betriebszeit der Ehrwalder Almbahn; Seebenalm, geöffnet Anfang Juni bis Mitte Oktober, Tel. +43 664 4343277; Coburger Hütte, DAV, Übernachtungsmöglichkeit, geöffnet Anfang Juni bis Anfang Oktober, Tel. +43 664 3254714, coburgerhuette.at.
Varianten: Trittsichere können von der Talstation der Ehrwalder Almbahn über den steilen Hohen Gang zum Seebensee ansteigen. Dabei sind steile schotterige Passagen und gesicherte Felsstellen zu meistern (zur Coburger Hütte insgesamt 2.30 Std.).
Unterhalb des Hinteren Tajatörls zweigt der Anstieg zum Hinteren Tajakopf, 2408 m, ab. Er führt über Geröll in einen Sattel und am Südgrat über brüchiges, etwas ausgesetztes Felsgelände zum Gipfel (45 Min. Anstieg, Trittsicherheit und Schwindelfreiheit erforderlich).

Von der **Talstation der Ehrwalder Almbahn** ❶ bringt uns die Kabinenbahn ganz bequem zur Bergstation auf der **Ehrwalder Alm** ❷, 1502 m. Wir gehen am großen Tiroler Haus vorbei, auf dem Fahrweg über die Wiesen und bei einer Wegkreuzung geradeaus. Haben wir den Geißbach überquert, steigen wir zu einem bewaldeten Rücken hinauf. Wir folgen dem Schotterweg etwas bergab, lassen die Forststraße ins Gaistal links liegen und zweigen knapp 10 Min. später links auf einen Wanderweg ab. Er führt an der Abzweigung des Ganghofersteigs vorbei, der unser Rückweg sein wird, und etwas auf und ab durch Wald zur **Seebenalm** ❸, 1575 m. Von dort ist auf einem

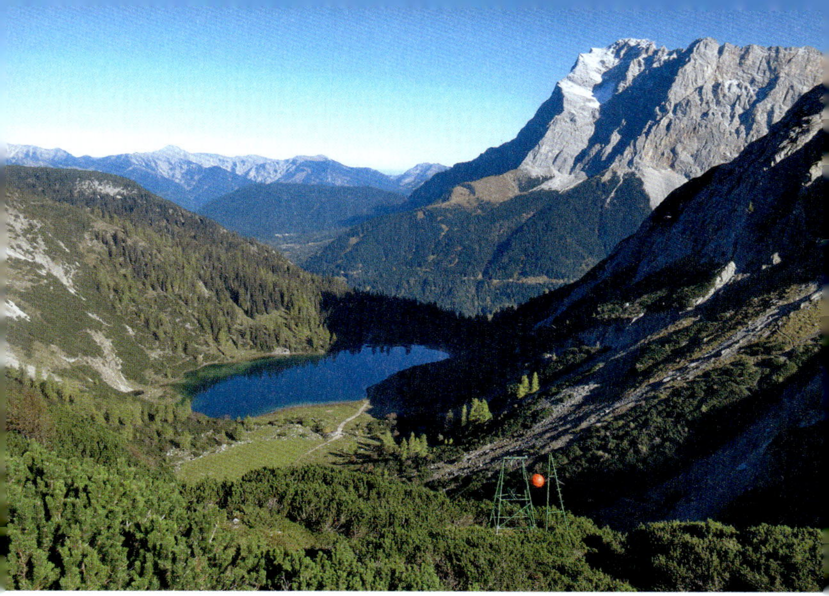

Logenplatz mit Seeblick: Zugspitze und Seebensee von der Coburger Hütte.

breiten, steinigen Weg in 15 Min. der wunderschöne **Seebensee** 4, 1657 m erreicht. Wir wandern an seinem linken Ufer entlang und steigen auf einem steinigen Steig über die Gras- und Latschenhänge einer hohen Stufe bergauf. Dort oben thront die **Coburger Hütte** 5 in herrlicher Lage. Ihr zu Füßen spiegeln sich im Drachensee die zerfurchten Mieminger Felsflanken. Wir gehen zum See hinunter und folgen auf seiner Ostseite den Kehren hinauf ins Drachenkar. Der Anstieg durchquert eine flache Senke und dreht kurz darauf nach rechts. Über Gras und Geröll gewinnen wir weiter an Höhe und kommen zu einem Geröllrücken mit einem Rechtsabzweig

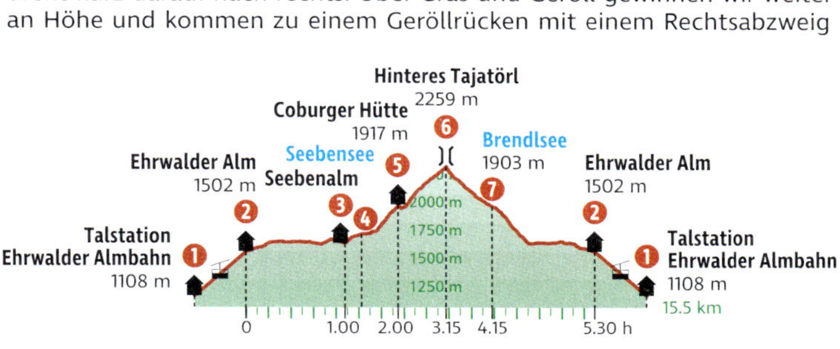

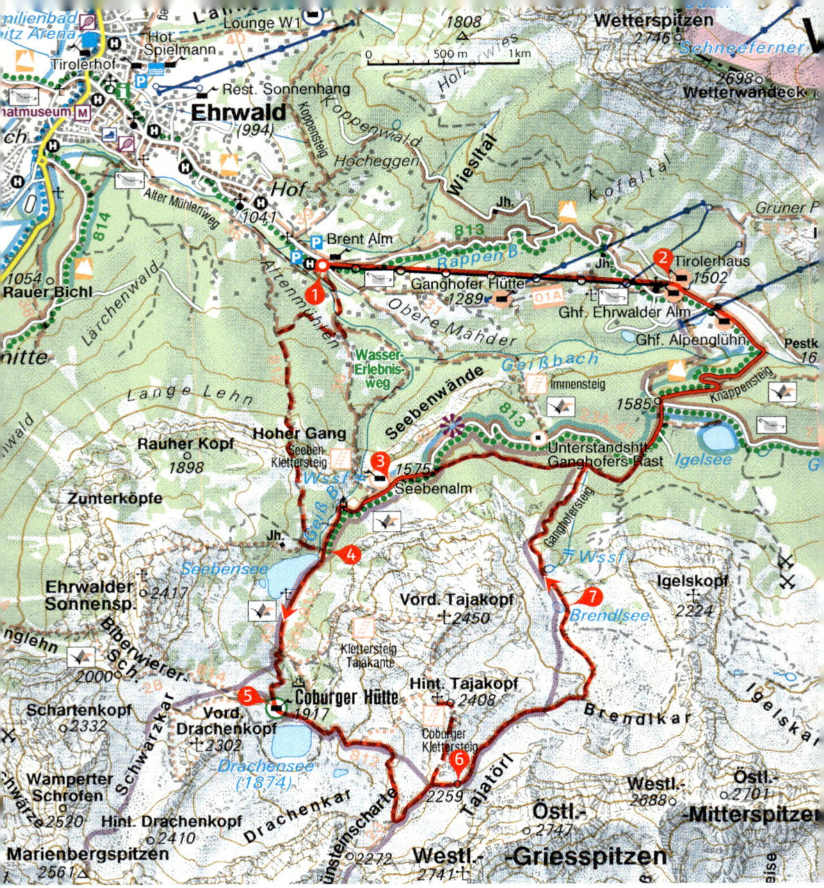

Richtung Grünsteinscharte. Wir halten uns jedoch links und steuern, vorbei an der Abzweigung zum Hinteren Tajakopf, das **Hintere Tajatörl** ❻, 2259 m, am Fuß der Griesspitzen-Nordwände an. Jenseits führt der Ganghofersteig über Geröllhalden abwärts und durch eine Mulde ins Brendlkar, das von einer herben, eindrucksvollen Felslandschaft eingefasst wird. Auf der linken Karseite geht es zum winzigen **Brendlsee** ❼ und über eine Geländestufe unter den Tajakopf-Wänden zum Anstiegsweg hinunter. Auf ihm kehren wir zur **Ehrwalder Alm** ❷ zurück und fahren mit der Kabinenbahn wieder zur **Talstation** ❶ hinunter (zu Fuß von der Ehrwalder Alm 45 Min. zusätzlich).

↗ 670 m | ↘ 670 m | 8.5 km

3.45 h

Unter den Wettersteinwänden

Bergwege in grandioser Landschaft

Außergewöhnlich eindrucksvoll sind die bis zu 900 m hohen Wandfluchten zwischen Wetter- und Plattspitzen. Auf dem ersten Wegabschnitt kommen wir diesen Mauern ganz nahe. Man muss den Kopf schon ins Genick zurücklegen, um bis zum abschließenden Grat hinaufschauen zu können. Bei der gesamten Tour ist zudem der Blick nach Süden völlig frei in ein anderes faszinierendes Felsenreich: die Mieminger Berge mit ihren stark zerklüfteten Gipfeln und mauerartigen Massiven, die in düsteren Nordwänden abbrechen. Die großartige Bergkulisse mag ein wenig dafür entschädigen, dass die Wege zu einem großen Teil durch das Ehrwalder Skigebiet führen.

Ausgangspunkt: Talstation der Ehrwalder Almbahn, 1108 m, almbahn.at; im Zentrum von Ehrwald der Beschilderung folgen; großer gebührenpflichtiger Parkplatz; Zugverbindung von München / Garmisch-Partenkirchen und Reutte in Tirol nach Ehrwald, vom Bahnhof Buslinie 1 zur Talstation (zu Fuß knapp 1 Std.); Bus 150 von Nassereith zur Haltestelle »Ehrwald Kirchplatz« (sonntags keine geeignete Verbindung), 30 Min. Fußweg zur Talstation.

Anforderungen: Bergwege ohne besondere Schwierigkeiten, im Skigebiet auch Fahrwege; teils steile und steinige Steige beim Anstieg zum Issentalköpfl und zur Geländeschulter Am Brand; rein südseitige Tour.

Einkehr: Brentalm bei der Talstation, Mi. Ruhetag, brentalm.at; Gasthäuser auf der Ehrwalder Alm, geöffnet zur Betriebszeit der Ehrwalder Almbahn; Hochfeldernalm, privat, Übernachtungsmöglichkeit, Sommeröffnung Ende Mai bis Anfang Oktober, Dienstag Ruhetag, Tel. +43 664 1563339, hochfeldern-alm.at.

Felsige Phalanx: die Mieminger Kette beim Anstieg zur Schulter »Am Brand«.

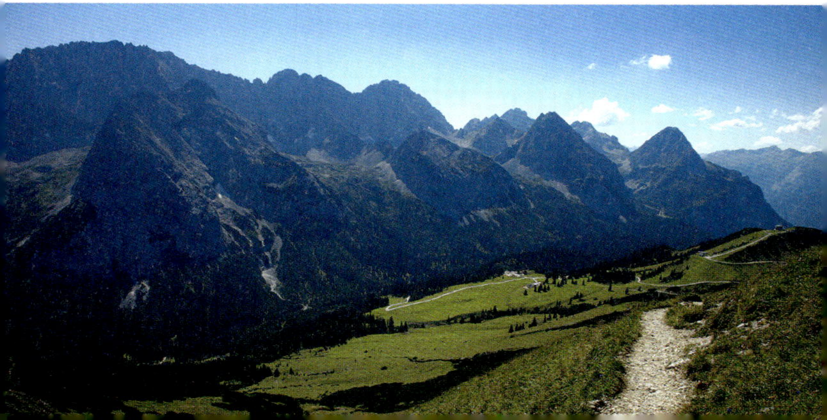

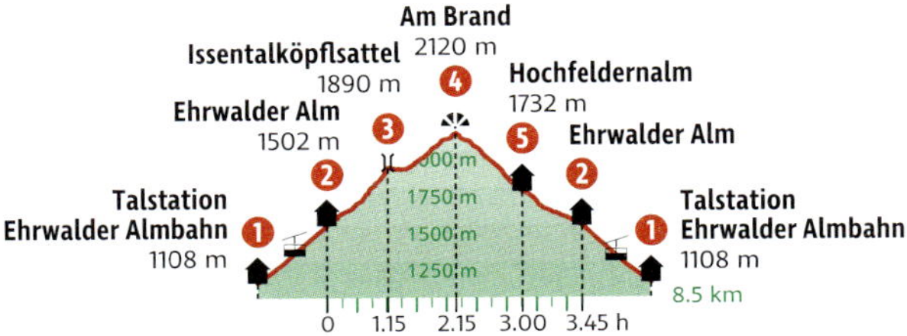

Mit der Ehrwalder Almbahn fahren wir von der **Talstation** ❶ zur **Ehrwalder Alm** ❷ hinauf. Dort gehen wir am Restaurant Tiroler Haus vorbei zum Fahrweg, der über die Wiesen führt, halten uns bei einer Wegkreuzung links und biegen gleich darauf wieder links ab. Ein breiter Schotterweg zieht ziemlich gerade über die Pistentrasse bergauf, direkt auf die imposanten Wettersteinwände zu. Nach 25 Min. zweigen wir rechts auf einen Fußweg ab und steigen über die grasige Schneise einer weiteren Skipiste zu einem **Sattel** ❸ an, der sich wenig unterhalb der Skiliftstation am Issentalköpfl befindet. Drüben stoßen wir wieder auf einen Fahrweg und folgen ihm bergab, bis wir nach etwa 5 Min. links zu einem viel begangenen Wanderweg, der Anstiegsroute zur Zugspitze, abzweigen. Auf dieser teils steinigen Wegtrasse wandern wir unter den Felswänden schräg empor, bis wir zur mit Felsen besetzten Geländeschulter **Am Brand** ❹, 2120 m, gelangen. Als großartiges Panorama breitet sich die Nordseite der Mieminger Kette mit ihren Geröllkaren und Felsabstürzen vor uns aus.

Wir steigen wieder über die Wiesenhänge ab, bleiben nun auf dem Wanderweg und kommen zur **Hochfeldernalm** ❺, die sich für eine ausgiebige Rast anbietet. Anschließend gehen wir auf der Almzufahrt zu einer Wegkreuzung und dort halbrechts auf einen breiten Fußweg. Er führt über die Grasflächen einer Skiabfahrt bergab und mündet wieder in den Fahrweg. Rechts wandern wir zur **Ehrwalder Alm** ❷ und zur Bergstation zurück und fahren mit den Bergbahn-Gondeln zur **Talstation** ❶ ab.

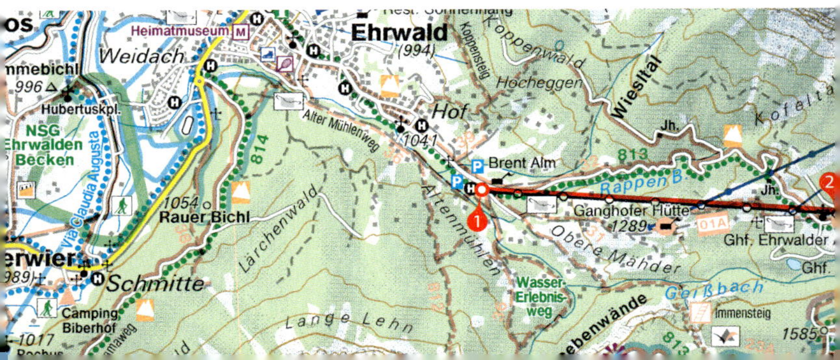

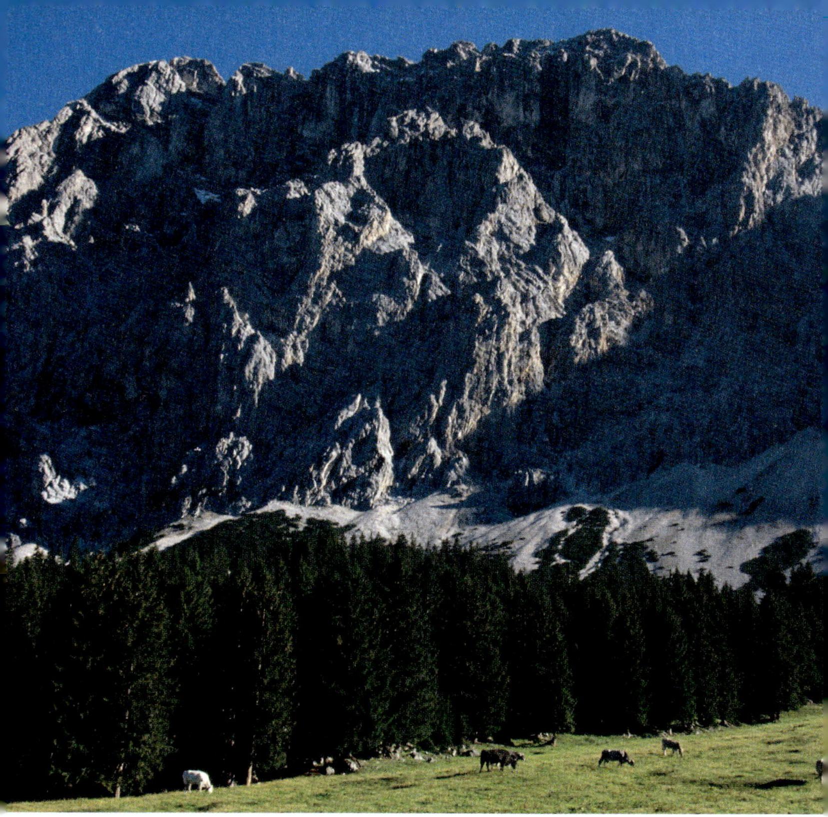

Eindrucksvolle Wettersteinwände: die Plattspitzen über der Ehrwalder Alm.

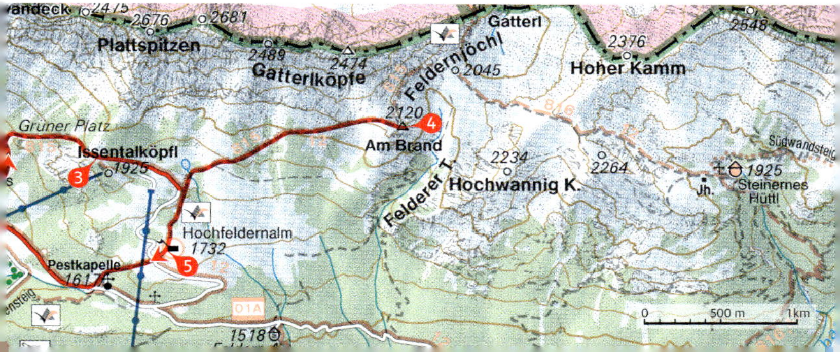

↗ 400 m | ↘ 400 m | 12.5 km

41 Rund um das Rossbachtal

3.45 h

Von Nassereith nach Aschland

Erster Höhepunkt der Tour ist der Adlerhorst, ein mit einer Aussichtskanzel erschlossener Felsturm steil über Nassereith. Einen überraschend schönen und weitreichenden Blick genießt man auch von dem abgelegenen Weiler Aschland. Ein besonderes Markenzeichen der Region sind schließlich die lichten, freundlichen Wälder, in denen teilweise die Bergkiefern, teilweise die Lärchen das Bild bestimmen.

Ausgangspunkt: Nassereith, 838 m, Parkplatz im Zentrum beim Hotel Post; Buslinie 355 (Montag bis Freitag) oder 350 (samstags) vom Bahnhof Innsbruck über Telfs, Linie 340 von Imst und Linie 150 von den Bahnhöfen Reutte in Tirol und Ehrwald.

Anforderungen: Feldwege und Fußsteige ohne Probleme.

Einkehr: Gasthöfe in Nassereith; Aschlandhof in Aschland, nur abends von 17–19 Uhr geöffnet, Mittwoch und Sonntag Ruhetag, Tel. +43 5264 8245, aschlandhof.com; Getränke im Bio-Wellness-Hotel Holzleiten.

Von Parkplatz und Bushaltestelle am Postplatz in **Nassereith** ❶ spazieren wir zur Kirche und weiter in die Schulgasse. Bei der ersten Möglichkeit biegen wir rechts zum Nassereither See ab. Wir gehen in einem Rechtsbogen um ihn herum und am Fuß felsiger Berghänge zu einem Parkplatz für Kletterer. Dort halten wir uns links und wandern über die Wiesen zum Waldrand. Nach kurzem Anstieg, vorbei an einem Abzweig zu den Kletterwänden, treffen wir auf eine Forststraße. Bereits nach 150 m verlassen wir sie wieder und steigen links auf einem Wanderweg im Kiefernwald bergauf. Links führt ein Abstecher zum **Adlerhorst** ❷, 1011 m, einige Meter bergab. Die Aussichtskanzel ist mithilfe einer Brücke zugänglich und bietet einen schönen Tiefblick auf Nassereith.
Wir folgen dem Hauptweg weiter aufwärts und gelangen auf ein bewaldetes Plateau oberhalb der Steilhänge. Ein Forstweg verläuft ohne viel Steigung meist in lichtem Wald weit nach Osten. Auf Fuß- und Feldwegen

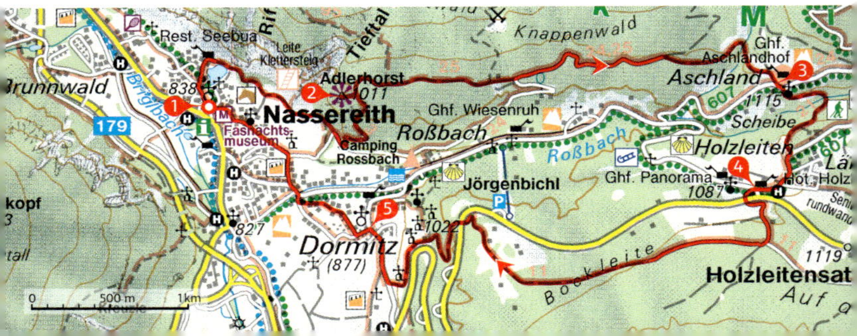

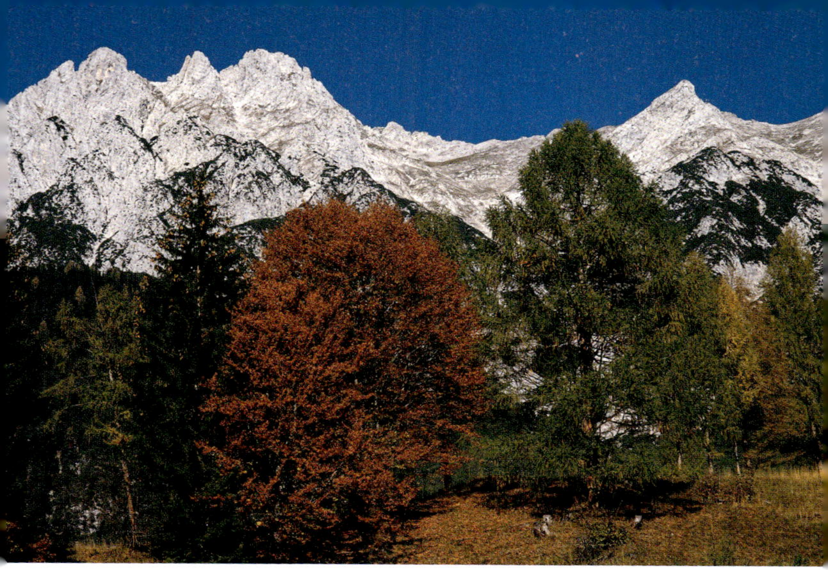

Ganz schön zackig: die felsigen Handschuhspitzen über Holzleiten.

kommen wir zum Weiler **Aschland** ❸. Vor der Kapelle steigen wir schräg ins scharf eingeschnittene Tal des Rossbachs hinab und auf der anderen Bachseite wieder empor nach **Holzleiten** ❹, wo wir auf ein Asphaltsträßchen treffen. Geradeaus passieren wir das Hotel Holzleiten, gehen unter der Bundesstraße hindurch und etwas aufwärts bis in den Lärchenwald. Der Weg dreht nach rechts und führt durch Wald weit nach Westen. Wir folgen ihm erneut unter der Bundesstraße hindurch und in Serpentinen parallel zu den Straßenkehren bergab. Auf einem Sträßchen gelangen wir rechts nach **Dormitz** ❺, halten uns noch vor der Kirche links und zweigen kurz darauf wieder rechts ab. Ein Fußweg bringt uns zum Roßbach. Gleich nach der Brücke schließt sich die Ortschaft Nassereith an. Wir wandern zunächst geradeaus am Ortsrand entlang und halten uns dann an einer Wegkreuzung halb links. Nach 350 m, bei einer kleinen Kapelle, biegen wir links ab und kehren ins Zentrum von **Nassereith** ❶ zurück.

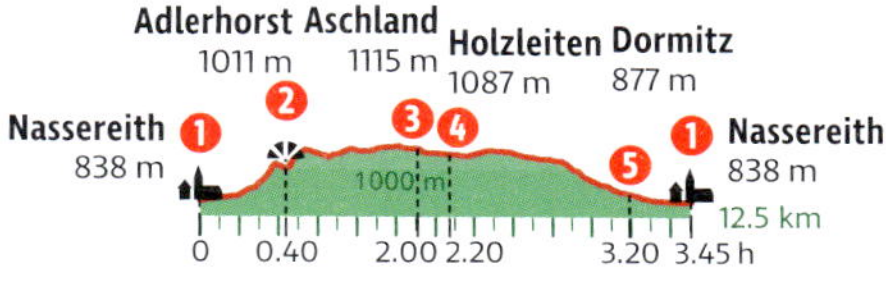

↗ 340 m | ↘ 340 m | 8.4 km

42 Salvesenklamm

2.30 h

Reizvolle Landschaft zwischen Tarrenz und Imst

Der Salvesenbach fließt durch eine mehrere Kilometer lange Schlucht. Wie eine Barriere riegelt eine etwa 50 m hohe Felswand das Tal ab. Der Bach hat sich durch dieses Hindernis gegraben und eine kurze, aber eindrucksvolle Klamm geschaffen. Eine hohe Brücke spannt sich über die Felsenge und gewährt schwindelerregende Tiefblicke. Rund um die Schlucht sorgen lichte Kiefernwälder und malerische Lichtungen für eine schöne Landschaft. Als besonderes Idyll liegt der kleine Starkenberger See im Wald verborgen. Gleich zu Beginn der Wanderung erzählt ein Hexenlehrpfad manch Spannendes über die Natur, aber auch aus der Welt der Hexen.

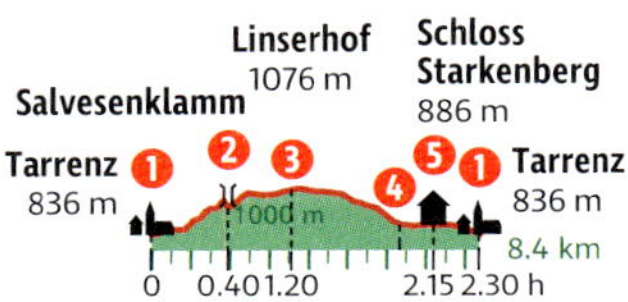

Ausgangspunkt: Tarrenz, an der Kirche, 836 m; Ortschaft im Gurgltal an der Straße Nassereith – Imst; von Nassereith kommend in Tarrenz nach dem Gasthaus Sonne rechts in die Schulgasse und in Kehren zur Kirche hinauf; Parkplätze oberhalb der Kirche; Buslinie 340 von Nassereith und von Imst mit Anschluss (Linie 250) vom Bahnhof Landeck-Zams zur Haltestelle »Tarrenz Gemeindeamt«.
Anforderungen: Fußwege ohne Schwierigkeiten; im Bereich der Salvesenklamm führt der Weg durch steiles Gelände, ist jedoch mit Metallgittern gut gesichert.
Einkehr: Schloss-Stube im Schloss Starkenberg, Montag Ruhetag, Tel. +43 664 9588880, restaurant-starkenberg.com.
Tipp: Rundgang durch die Brauerei im 700 Jahre alten Schloss Starkenberg, Einführung in Geschichte und Geheimnisse des Bierbrauens, Tel. +43 5412 66201-0, starkenberger.at.

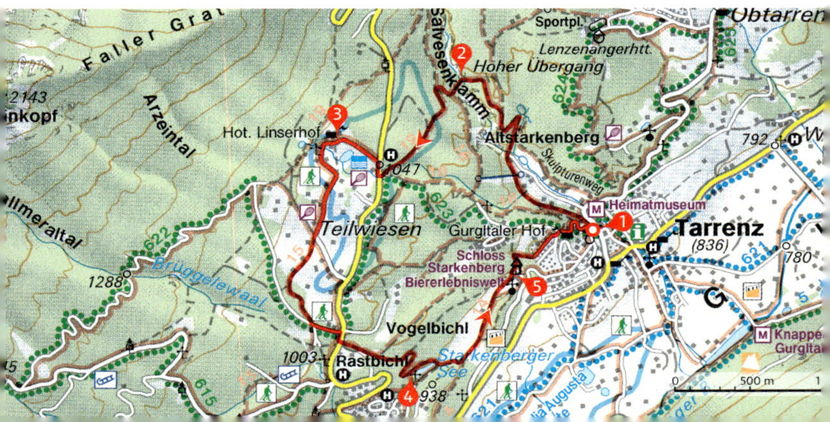

Beim Parkplatz oberhalb der Kirche von **Tarrenz** ❶ startet der »verhexte« Kinderlehrpfad. Wir folgen ihm durch Wald, kreuzen einen kleinen Skilift und überqueren den Salvesenbach am Beginn der Schlucht. Der Fußweg führt in ein Seitental zu einer Quellfassung. Dort biegt der Lehrpfad rechts ab und leitet nach Tarrenz zurück.
Wir steigen jedoch links über eine Stufe empor und wandern quer durch die sehr steilen Hänge taleinwärts. Dabei öffnen sich immer wieder Blicke in die Schlucht. Dann geht es kurz hinab zur **Salvesenklamm** ❷ und zum Hohen Übergang, einer Brücke, die sich in 40 Metern Höhe über die Schlucht spannt. Jenseits kommen wir nach kurzem Anstieg zu einer Wegverzweigung, steigen rechts zu einem quer verlaufenden Weg an und folgen ihm links ziemlich flach durch den Wald. Wir überqueren die Passstraße zum Hahntennjoch schräg nach rechts und biegen in die Zufahrt zum **Hotel Linserhof** ❸, 1076 m, ein. Wir haben nun den höchsten Punkt unserer Wanderung erreicht. Beim Hotel halten wir uns links, wandern über die Wiesen nach Süden am Hotel Belmont vorbei und gehen an einer Wegkreuzung geradeaus auf einen Feldweg. Im Wald biegen wir links ab, wenden uns an der folgenden Kreuzung ebenfalls nach links und treffen erneut auf die Passstraße. Wir überqueren rechts den Bach und zweigen nach der Brücke links ab. Nach knapp 10 Min. führt rechts ein Wanderweg zum **Starkenberger See** ❹, 890 m, hinunter. Nun geht es links an seinem Ufer entlang und am Rand einer großen Wiese zum **Schloss Starkenberg** ❺. Wir folgen links dem Weg hinter den Schlossgebäuden vorbei (Wegweiser »Gurgltaler Hof«) zu einem Bachtal. Nach dem Bach halten wir uns zunächst rechts, kurz darauf links und spazieren durch den Tarrenzer Ortsteil Rotanger. Vor einem Spielplatz biegen wir rechts ab, passieren das Hotel Gurgltaler Hof und folgen den Straßenkehren zur Kirche von **Tarrenz** ❶ hinunter.

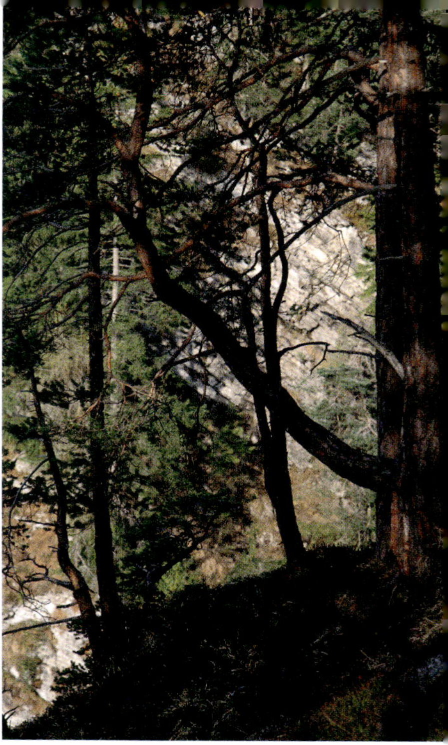

In der Salvesenklamm.

↗ 710 m | ↘ 710 m | 7.2 km

43 Falschkogel, 2388 m, und Anhalter Hütte, 2038 m

3.20 h

Kurzer, spannender Ausflug vom Hahntennjoch

Vom Hahntennjoch, dem höchsten Straßenpass der gesamten Nördlichen Kalkalpen, führt eine beliebte Wanderung über das Steinjöchl zur Anhalter Hütte. Diese liegt unmittelbar am Nordfuß der wilden und beeindruckenden Wände von Maldongrat und Steinmandl, den westlichsten Gipfeln der Heiterwand. Geübte, trittsichere Bergwanderer können zusätzlich den Falschkogel besteigen. Dieser Gipfel bricht mit steiler Felswand nach Norden ab, während die Südostseite von Gras und Schrofen bedeckt ist und wesentlich harmloser wirkt. Das führte zu dem ungewöhnlichen Bergnamen.

Ausgangspunkt: Hahntennjoch, 1894 m, höchster Punkt der Passstraße von Imst nach Elmen im Lechtal; großer Parkplatz; Busverbindung (Linie 155) von Imst nach Elmen im Lechtal über das Hahntennjoch (viermal täglich von Ende Mai bis Ende Oktober), nach Imst mit Buslinie 340 von Nassereith und mit Linie 250 vom Bahnhof Landeck-Zams.
Anforderungen: Zum Steinjöchl und weiter zur Anhalter Hütte Bergwege, teilweise steinig, aber keine Probleme; Anstieg auf den Falschkogel über steile Schrofen, Trittsicherheit unbedingt notwendig; Wanderung zur Hütte ohne Gipfelbesteigung auch für Kinder geeignet.
Einkehr: Heidi's Kiosk am Hahntennjoch (bei schönem Wetter geöffnet); Anhalter Hütte, DAV, Übernachtungsmöglichkeit, geöffnet Mitte Juni bis Ende September, Tel. +43 660 6647428, dav-obererneckar.de.

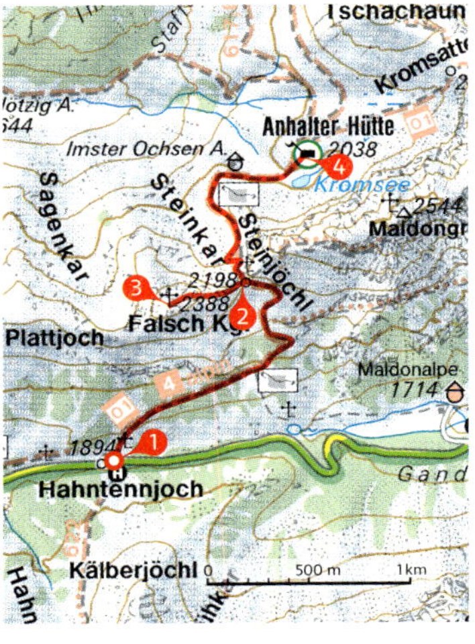

Aus Richtung Imst kommend zweigt der Anstiegsweg bei der Bushaltestelle am **Hahntennjoch** ❶ von der Passstraße rechts ab und führt zwischen Latschen schräg aufwärts in das begrünte Lagkar. Über steile Grashänge gelangen wir in das mit einem Kreuz geschmückte **Steinjöchl** ❷. Dort gehen wir links auf einem anfangs guten Steig an den Fuß der Steilhänge und folgen dann den Wegspuren steil über Gras und Schrofen (bei Nässe sehr schmierig) zum Grat und auf den **Falschkogel** ❸, 2388 m.
Vom Gipfel steigen wir wieder ins **Steinjöchl** ❷ ab und wandern nun links auf breitem Weg durch einen kleinen Felsgürtel hinab, dann

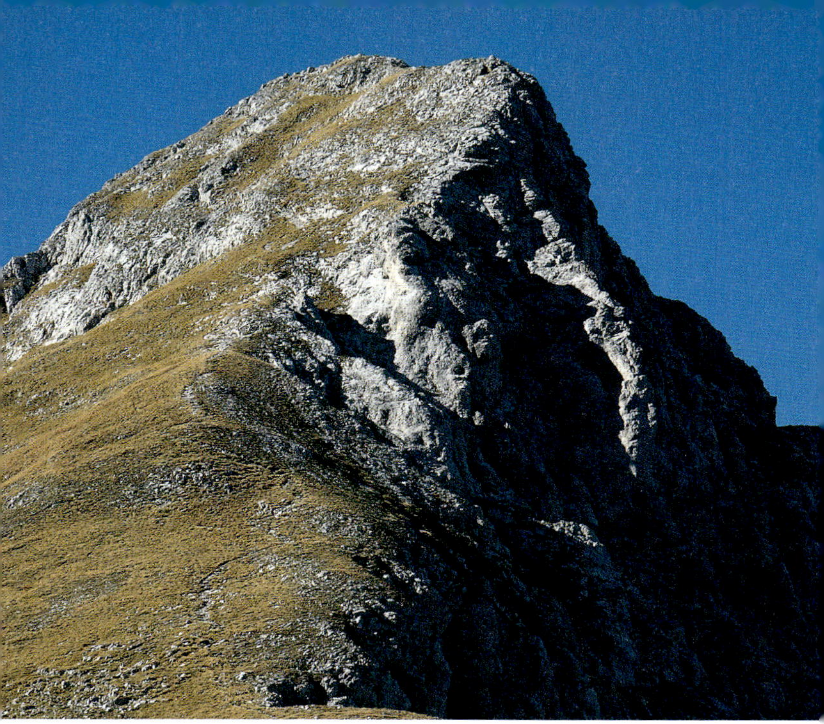

Berg mit zwei Gesichtern: der Falschkogel vom Steinjöchl aus.

rechts am Steinkar entlang weiter abwärts zu einer Geländekante. Der Weg führt in eine Grasmulde hinunter und ganz kurz wieder empor zur **Anhalter Hütte** ❹, 2038 m, wo wir mit Blick auf die gewaltigen Felsabstürze rasten können.

Auf dem bekannten Weg kehren wir über das **Steinjöchl** ❷ wieder zurück zum **Hahntennjoch** ❶.

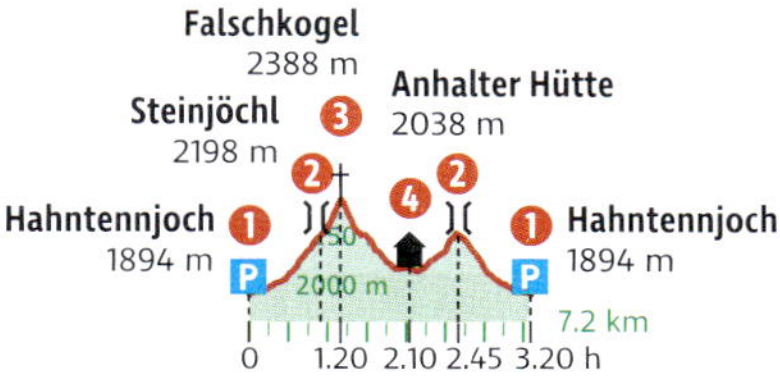

↗ 920 m | ↘ 920 m | 12.5 km

44 Von Pfafflar ins Galtseitejoch, 2412 m

5.30 h

Malerische Blockhäuser und eindrucksvolles Hochtal

Pfafflar wurde bereits Ende des 19. Jahrhunderts als Dauersiedlung aufgegeben. Die Bauern zogen in den tiefer gelegenen Ortsteil Boden und bewohnten ihre Höfe in Pfafflar nur noch im Sommer. Die sonnenverbrannten Holzhäuser zählen zu den ältesten Bauernhöfen in Tirol. Bei der Wanderung ins Fundaistal kommt man in eine besonders eindrucksvolle und urtümliche Hochgebirgswelt mit viel Abwechslung. Man wandert zum Beispiel unter der 800 m hohen, stark zerborstenen Reichspitze-Ostwand entlang und kommt den bizarren Felsen der Großen Schlenkerspitze, 2827 m, ganz nahe.

Ausgangspunkt: Pfafflar, 1619 m, von Imst auf der Passstraße über das Hahntennjoch nach Pfafflar; kleiner Parkplatz; Busverbindung (Linie 155) von Imst über das Hahntennjoch ins Lechtal mit Halt in Pfafflar (viermal täglich von Ende Mai bis Ende Oktober), nach Imst mit Buslinie 340 von Nassereith und mit Linie 250 vom Bahnhof Landeck-Zams.
Anforderungen: Steinige, teilweise steile Bergwege; Trittsicherheit erforderlich.
Einkehr: Unterwegs keine; Gasthaus Pfafflar, Dienstag und Mittwoch Ruhetag, Tel. +43 664 1425641.
Tipp: Uralte Bauernhöfe in Blockbauweise in Pfafflar.

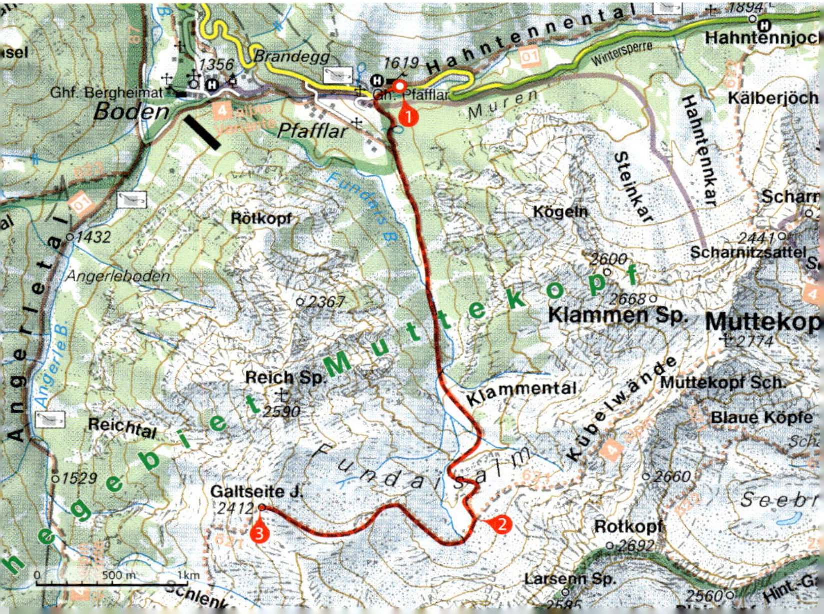

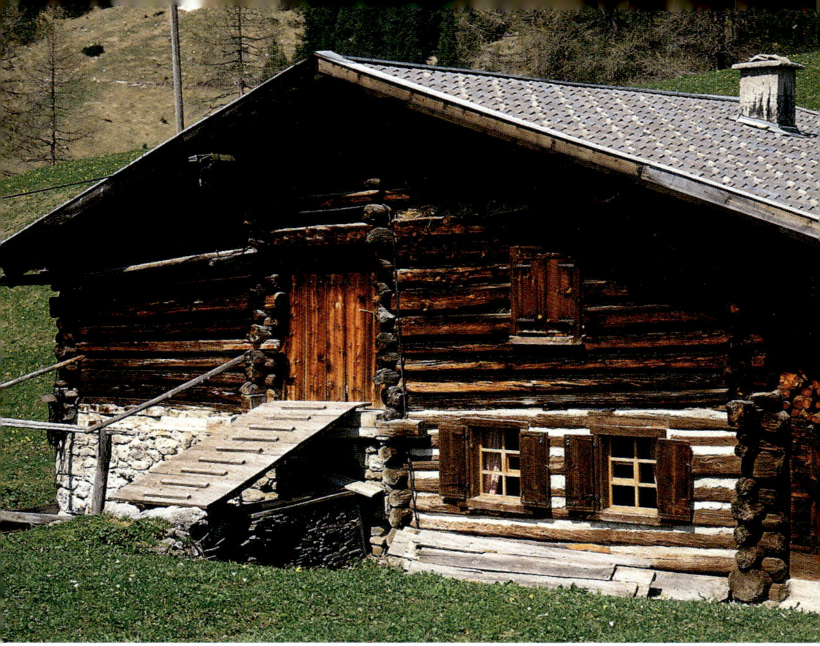

Seit Jahrhunderten trotzen Höfe und Scheunen von Pfafflar Wind und Wetter.

Vom kleinen Parkplatz und der Bushaltestelle bei **Pfafflar** ❶ gehen wir am Gasthaus vorbei und zweigen gegenüber einer Häusergruppe links von der Hahntennjochstraße ab. Wir überqueren den Bach und folgen einem Pfad zu den obersten Höfen von Pfafflar. Er führt über Wiesen, anschließend etwas bergab und in fast ebener Querung ins Fundaistal. Über Schutt und zwischen Latschen geht es taleinwärts in den hintersten Winkel. Nun zieht der Steig über eine Steilstufe hinauf, quert nach rechts und steigt noch einmal steiler an zu den schönen Matten der **Fundaisalm** ❷ am Fuß eines großen Kars.

Bei der Verzweigung wandern wir nach rechts auf einen Rücken und gelangen schließlich über Schutthalden ins **Galtseitejoch** ❸, 2412 m, wo sich ein eindrucksvoller Blick nach Westen öffnet.

Der Abstieg zurück zu unserem Ausgangspunkt in **Pfafflar** ❶ erfolgt auf derselben Route.

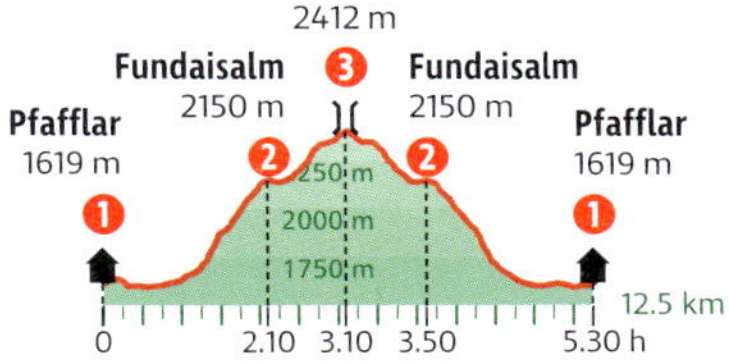

TOP

45 Hanauer Hütte, 1922 m

↗ 600 m | ↘ 600 m | 10.1 km

4.00 h

Großer Felszirkus des Parzinn

Der Abstecher von Imst über das Hahntennjoch ins innere Bschlabertal mit der Ortschaft Boden lohnt sich. Denn unsere Route führt nicht nur in eine eindrucksvolle Berglandschaft, man fährt auch über den höchsten Pass der gesamten Nördlichen Kalkalpen. Parzinn heißt das Hochkar über der Hütte; es wird von einem Kranz außergewöhnlich mächtiger, sehr markant geformter Felsberge umrahmt: mit der Dremelspitze, 2733 m, als Blickfang und dem kilometerbreiten, bizarr zerklüfteten Massiv der Schlenkerspitzen, 2827 m, als höchster Erhebung.

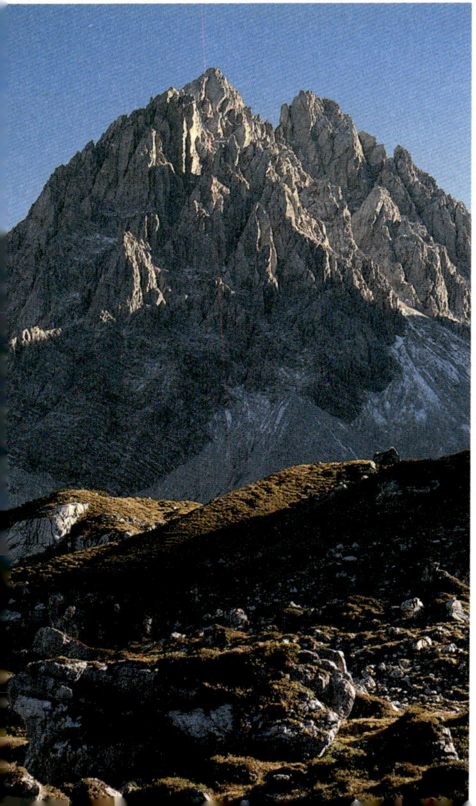

Ausgangspunkt: Boden, 1356 m, Bergdorf in einem Seitental des Lechtals; von Imst über das Hahntennjoch nach Boden, dort über den Fundaisbach und auf einer Forststraße 400 m zum Parkplatz vor dem Angerlebach; Busverbindung (Linie 155) von Imst ins Lechtal mit Halt in Boden (viermal täglich von Ende Mai bis Ende Oktober), nach Imst mit Buslinie 340 von Nassereith und mit Linie 250 vom Bahnhof Landeck-Zams.
Anforderungen: Im unteren Teil flach und bequem auf einem Fahrweg, dann steinige Bergwege über eine hohe Stufe.
Einkehr: Hanauer Hütte, DAV, Übernachtungsmöglichkeit, geöffnet Mitte Juni bis Ende September, Tel. +43 664 2669149, hanauerhuette.at; Gasthof Bergheimat in Boden.
Variante: Ein weiterer Aufstieg von der Hütte zum Unteren Parzinnsee, 2165 m (40 Min.) lohnt sich; man kommt dabei den eindrucksvollen Plattenschüssen an der Parzinnspitze, 2613 m, ganz nahe; der entsprechende Bergweg beginnt direkt bei der Hütte.

Dremelspitze, die »Königin« des Parzinn bei der Hanauer Hütte.

Vom Parkplatz bei **Boden 1** überqueren wir den Angerlebach und folgen dem Fahrweg durch lichten Wald und über flache Böden in das Angerletal hinein – mit großer Felsberg-Kulisse. Nach einer knappen Stunde wechseln wir auf die andere Bachseite und kommen zur **Talstation der Materialseilbahn 2**, 1529 m. Auf einem schmäleren Weg wandern wir weiter in den Talschluss, wo ein Wasserfall herabstürzt.

Nun steigen wir auf der rechten Seite über den hohen Steilhang mit Latschen und Gras an, passieren eine Abzweigung zum Klettersteig und erreichen den Rand des Hochkars Parzinn. Dort öffnet sich der Blick nach Süden auf die Dremelspitze und ihre Trabanten. Kurz nach links gelangen wir zur schon lange sichtbaren **Hanauer Hütte 3**, 1922 m, in großartiger Lage.

Haben wir die Felskulisse ausgiebig bestaunt, kehren wir auf derselben Route ins Tal und zum Parkplatz in **Boden 1** zurück.

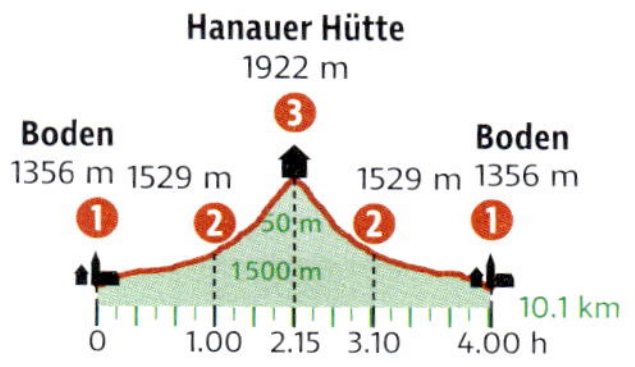

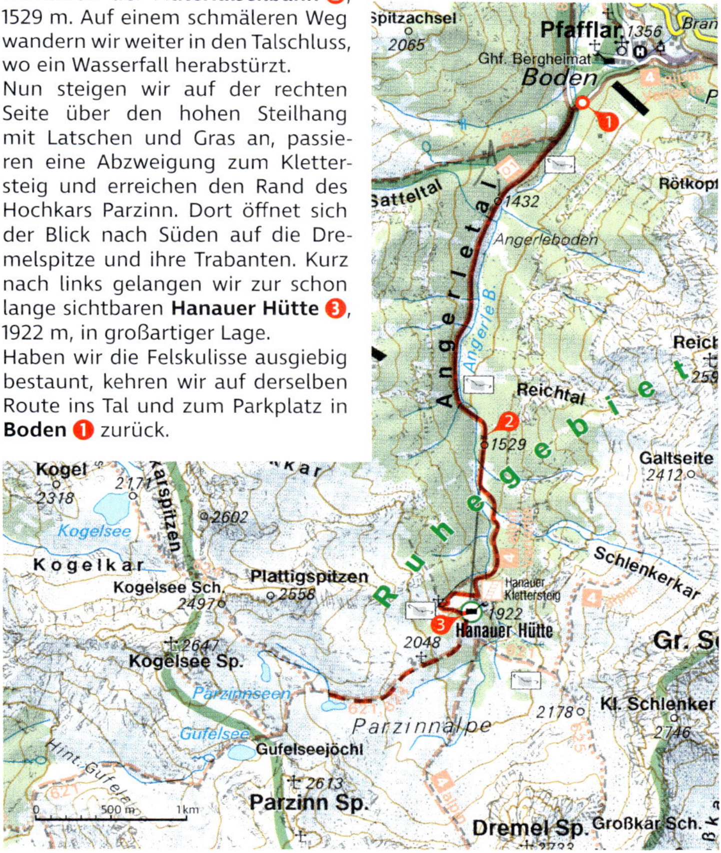

↗ 710 m | ↘ 1250 m | 9.7 km

46 Vordere Platteinspitze, 2562 m

5.15 h

Der Berg der roten Felsen

Diese recht anspruchsvolle Route führt durch eine großartige Landschaft mit gewaltigen, von Platten gepanzerten Felsbergen. An der Vorderen Platteinspitze überraschen die intensiv roten, sehr bizarren Felsen aus einem Konglomerat der Gosauschichten (zusammengebackenes Geröll). Auf dem Gipfel begeistern dann ein Tiefblick ins Imster Becken und das weite Panorama.

Ausgangspunkt: Talstation der Imster Bergbahnen, 1050 m, Hoch-Imst, imster-bergbahnen.at; Buslinie 340 von Nassereith und Linie 250 vom Bahnhof Landeck-Zams nach Imst, Haltestelle »Terminal Post«, von dort Stadtbus 4 nach Hoch-Imst (zu den Betriebszeiten der Bergbahnen).
Anforderungen: Zur Muttekopfhütte und zu den Platteinwiesen steile, stellenweise abschüssige Hänge, teilweise gesichert; am Gipfelaufbau steiles Schotter- und Felsgelände mit Drahtseilsicherungen; anspruchsvoll, Trittsicherheit und Schwindelfreiheit unbedingt notwendig.
Einkehr: Muttekopfhütte, ÖAV, Übernachtungsmöglichkeit, geöffnet Ende Mai bis Mitte Oktober, Tel. +43 664 1236928, muttekopf.at; Latschenhütte, Sommeröffnung Ende Mai bis Ende Oktober, Montag und Dienstag Ruhetag, Tel. +43 664 9859424, latschen.at; Untermarkter Alm, Übernachtungsmöglichkeit, Sommeröffnung Mitte Mai bis Mitte Oktober, Tel. +43 680 4441702, ualm.at.

Von der Talstation in **Hoch-Imst** ❶ fahren wir mit der Kabinenbahn zur **Untermarkter Alm** ❷ und weiter zur **Bergstation der Alpjoch-Bahn** ❸ unter dem Vorderen Alpjoch.
Bereits am Weg zur Muttekopfhütte ist für Spannung gesorgt. Von der Bergstation steigen wir einige Meter abwärts und folgen dem Drischlsteig, der eindrucksvoll die felsigen Hänge hoch über der Schlucht des Malchbachs quert. Der Weg ist mit Stufen angelegt und teils mit Drahtseilen gesichert. Bei der **Muttekopfhütte** ❹ gehen wir nach rechts und noch etwas weiter abwärts zur Ausmündung des Scharnitzkars. Bei einer Verzweigung halten wir uns links, überqueren den Bach und folgen dem Plattigsteig etwas auf und ab quer durch die steilen, teilweise von Latschen bedeckten Hänge, die von Geröllrinnen durchzogen sind. Abschüssige, teils gesicherte Schotter-

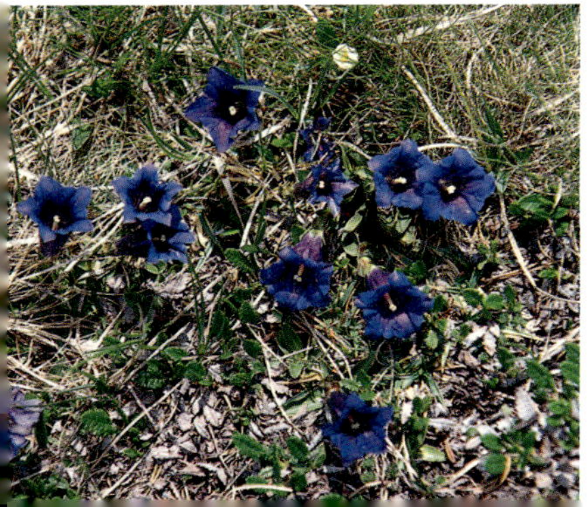

Enzianblüte im Frühjahr.

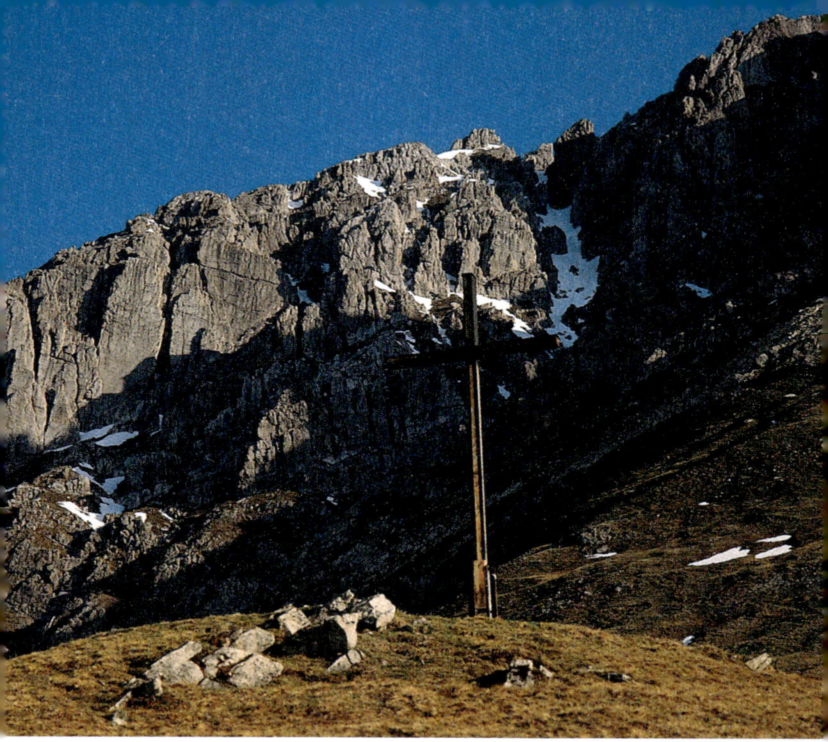

Unter der Vorderen Platteinspitze mit ihren auffallend roten Konglomeraten.

passagen fordern einen sicheren Tritt. An einem Wiesenrücken mit dem **Platteiner Aussichtskreuz** 5 biegen wir links ab und steigen über Gras hinauf zu den Felsen. Dort geht es nach links in eine Schotterrinne und zwischen auffallend roten Zacken, den Geisterpyramiden, steil empor. Dann führt der Anstieg auf die Ostseite des Bergs und in grauem, bröseligem Fels mithilfe von Drahtseilen auf den schmalen Felsgipfel der **Vorderen Platteinspitze** 6, 2562 m.

Wir kehren auf derselben Route wieder zum **Platteiner Aussichtskreuz** 5 zurück, halten uns dort geradeaus und steigen über steiles Gelände weiter bergab. Der Steig dreht nach rechts und fällt ins Tal mit der **Latschenhütte** 7 ab.

Von der Hüttenterrasse folgen wir geradeaus dem Jägersteig in einer Kehre zum Bach, überqueren ihn und gehen dann links zwischen Bachbett und Fahrweg durch den Wald leicht bergab. Schließlich biegen wir in die

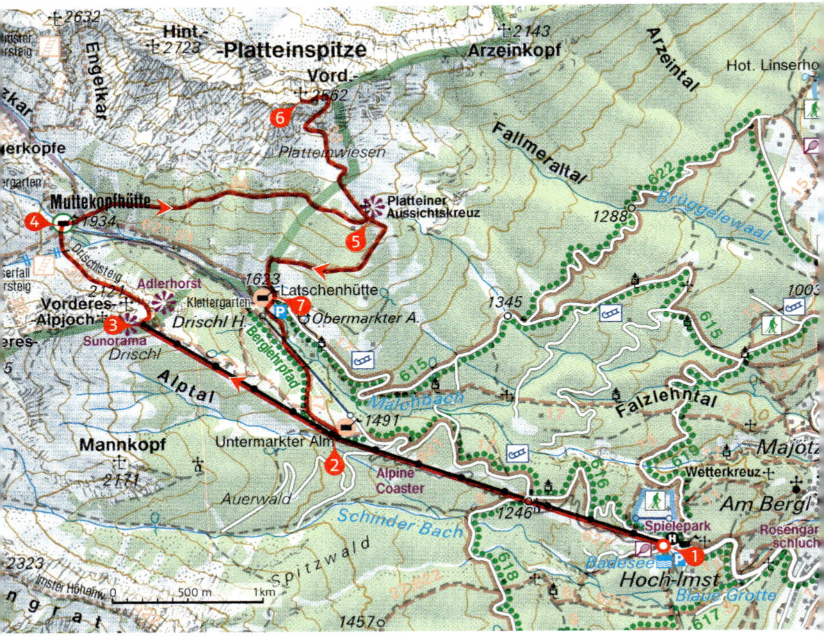

Schotterstraße ein und wandern zur **Untermarkter Alm** ❷ mit der Seilbahnstation. Die Kabinenbahn bringt uns wieder zur Talstation in **Hoch-Imst** ❶. Rasant bergab geht es, wenn man von der Untermarkter Alm mit der Sommerrodelbahn Alpine Coaster nach Hoch-Imst hinuntersaust.

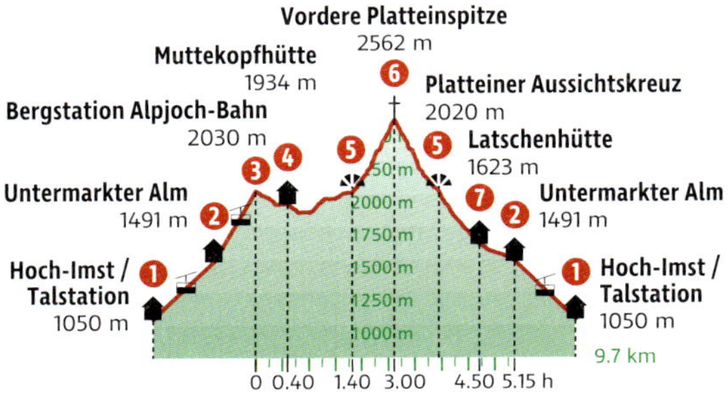

↗ 950 m | ↘ 950 m | 9.1 km

5.40 h

TOP

Muttekopf, 2774 m

47

Gewaltiger Aussichtsberg hoch über Imst

Der Muttekopf ist wegen seines großartigen Rundumblicks ein beliebtes Ziel. Zum weiten Panorama des Imster Hausbergs gehören die wilden Lechtaler Felsberge, die breite Talfurche des Inntals und die Ötztaler Gletschergipfel. Unterwegs gibt es ein geologisches Kuriosum zu bestaunen: In die Konglomerate (Fels aus zusammengebackenem Kies) sind die sogenannten »Blauen Köpfe« eingeschlossen, etwa 100 m dicke Brocken aus hellem, gerilltem Gestein. Sie sind einst als gewaltige Blöcke von einer Steilküste ins Meer gestürzt.

Ausgangspunkt: Talstation der Imster Bergbahnen, 1050 m, Hoch-Imst, imster-bergbahnen.at; Buslinie 340 von Nassereith und Linie 250 vom Bahnhof Landeck-Zams nach Imst, Haltestelle »Terminal Post«, von dort Stadtbus 4 nach Hoch-Imst (zu den Betriebszeiten der Bergbahnen).
Anforderungen: Der Drischlsteig zur Muttekopfhütte quert steile, felsige Hänge, teils gesichert, Schwindelfreiheit erforderlich; teilweise steiler und schotteriger Gipfelanstieg, einige felsige Passagen mit Drahtseil, gute Trittsicherheit notwendig.
Einkehr: Muttekopfhütte, ÖAV, Übernachtungsmöglichkeit, geöffnet Ende Mai bis Mitte Oktober, Tel. +43 664 1236928, muttekopf.at.

Mächtiger Bergklotz: der Muttekopf mit der Anstiegsroute – von links über den Grat.

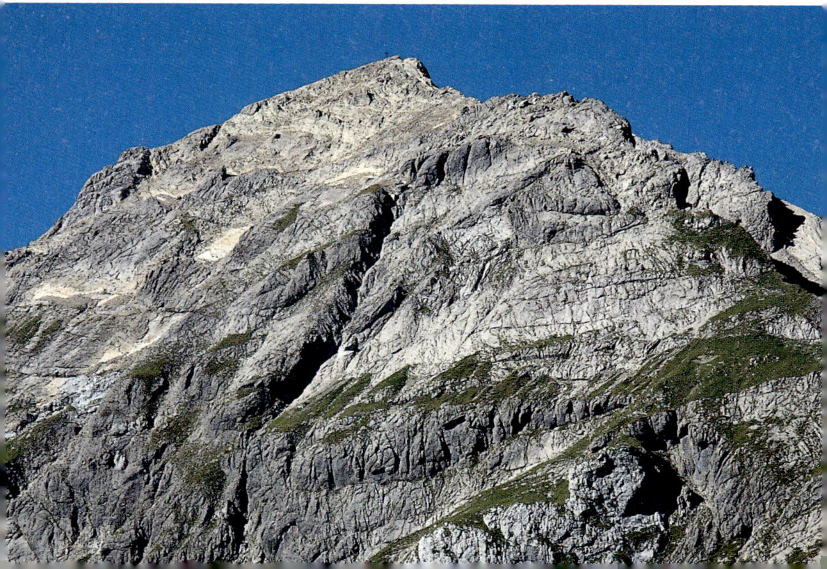

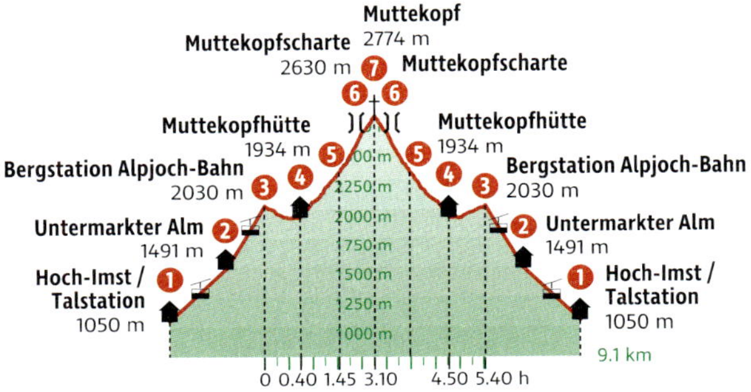

Die ersten knapp tausend Höhenmeter legen wir ganz bequem zurück. Die Kabinenbahn bringt uns von der Talstation in **Hoch-Imst** ❶ zur Mittelstation bei der **Untermarkter Alm** ❷ und weiter zur **Bergstation der Alpjoch-Bahn** ❸ unter dem Vorderen Alpjoch. Dort biegen wir in den Drischlsteig ein, der in einem Linksbogen ins tief eingeschnittene Tal des Malchbachs führt und dabei etwas an Höhe verliert. In spannender Wegführung quert er die felsige Flanke hoch über dem Talboden und bietet eindrucksvolle Tiefblicke. Haben wir die **Muttekopfhütte** ❹ erreicht, zweigen

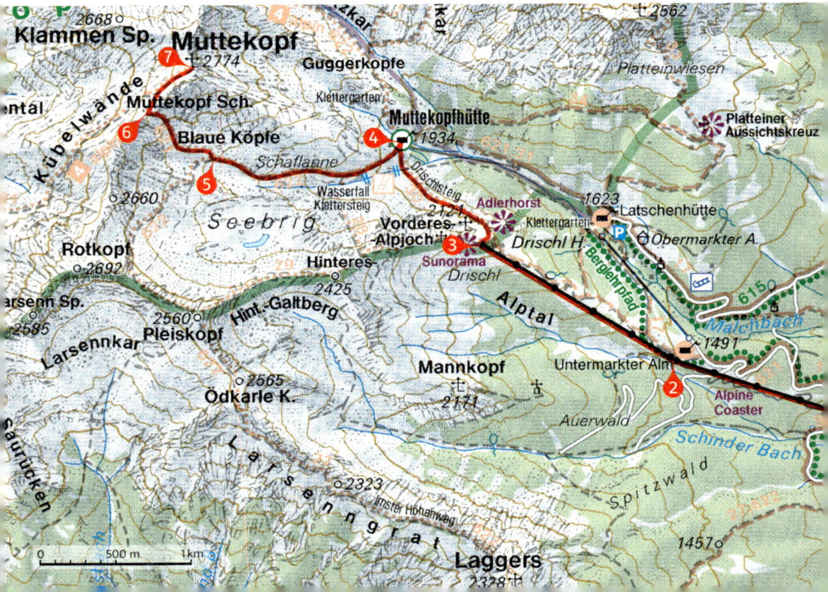

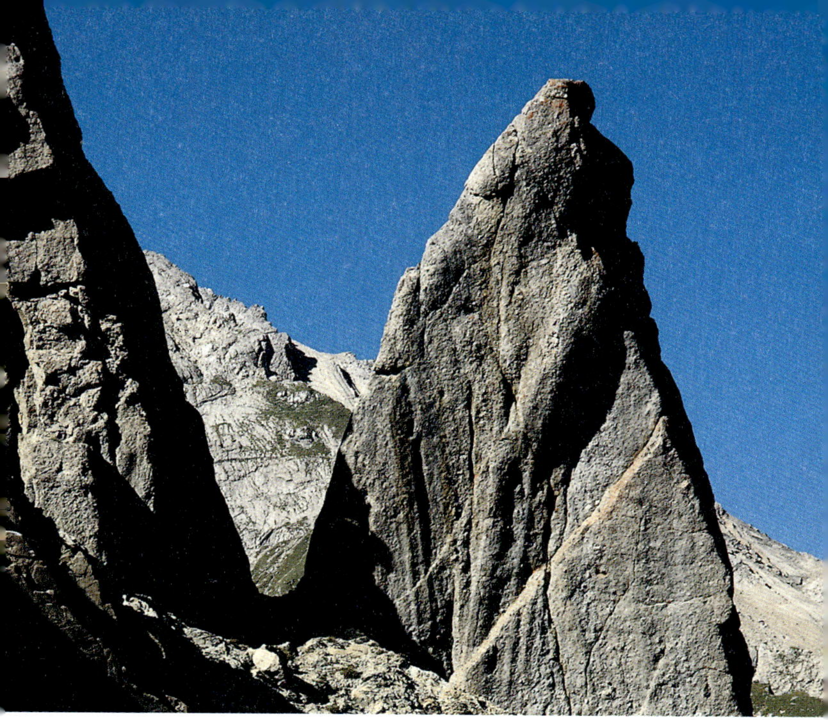

Bizarre Felsformationen beim Anstieg zum Muttekopf.

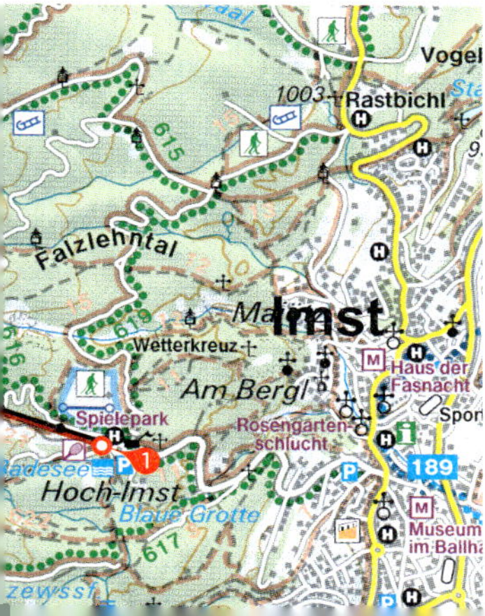

wir scharf links ab und steigen über steiles Gelände in eine schmale, langgestreckte Mulde südlich unter dem Muttekopf hinauf. Oberhalb sind zwei der erwähnten Blauen Köpfe zu sehen. Bei einer **Verzweigung** 5 halten wir uns rechts und folgen dem Steig über Geröllhalden immer steiler empor. Mithilfe von Drahtseilen geht es über Felsplatten zur **Muttekopfscharte** 6 und von dort rechts über den Kamm zum Gipfel des **Muttekopfs** 7. Der Abstieg erfolgt auf der Anstiegsroute. Mit den Imster Bergbahnen kehren wir wieder nach **Hoch-Imst** 1 zurück.

↗ 800 m | ↘ 1780 m | 11.6 km

48 Pleiskopf, 2560 m, und Imster Höhenweg

5.45 h

Spannender Gratgang

Die letzten Gipfel der Lechtaler Alpen gegen Südosten warten mit einer ganz besonders schönen Aussicht auf. Auf dem Imster Höhenweg genießt man sie ausgiebig. Durch die Auffahrt mit der Bergbahn liegt der Ausgangspunkt bereits auf über 2000 Metern Höhe. Im Halbrund führt die Tour über Kämme und Gipfel hoch über Imst. Wer sich im steilen und bröseligen Schottergelände wohlfühlt, wird an diesem Gratgang seine Freude haben.

Ausgangspunkt: Talstation der Imster Bergbahnen, 1050 m, in Hoch-Imst, imster-bergbahnen.at; Buslinie 340 von Nassereith und Linie 250 vom Bahnhof Landeck-Zams nach Imst, Haltestelle »Terminal Post«, von dort Stadtbus 4 nach Hoch-Imst (zu den Betriebszeiten der Bergbahnen).
Anforderungen: Zum Hinteren Alpjoch für trittsichere Wanderer gut begehbare Bergwege; beim Übergang zum Pleiskopf felsige Passage mit Sicherungen (Drahtseile, Leitern) sowie schotteriger und felsiger Gipfelaufbau. Der Imster Höhenweg ist anspruchsvoll: Abschüssiges und rutschiges Schotter- und Schrofengelände am Grat erfordert sehr gute Trittsicherheit; langer (fast 1300 Höhenmeter) und teils steiler Abstieg vom Laggers.
Einkehr: Unterwegs keine.

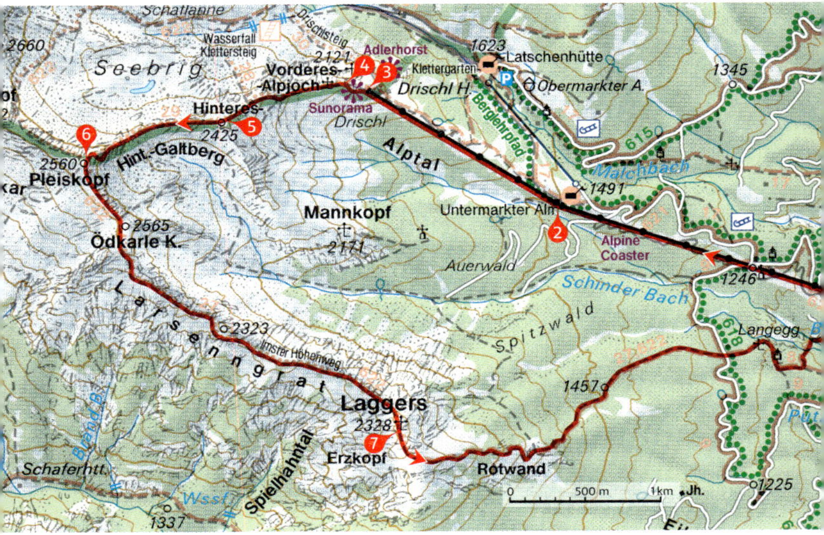

Von der Talstation in **Hoch-Imst** ❶ geht es mit der Umlaufbahn zur **Untermarkter Alm** ❷ und weiter zur **Bergstation der Alpjoch-Bahn** ❸. Ein kurzer Anstieg über die Wiesenhänge bringt uns zu einem Kamm hinauf, wo wir bei einem **Abzweig** ❹ einen Abstecher zum östlich liegenden Gipfelkreuz des Vorderen Alpjochs, 2121 m, machen könnten. Wir jedoch folgen dem Gratrücken nach links. Er bricht auf seiner rechten Seite in einer wilden, zerklüfteten Steilflanke ab. Bei einer Verzweigung bleiben wir rechts am Kamm und gelangen über ihn zum Gipfel des **Hinteren Alpjochs** ❺.

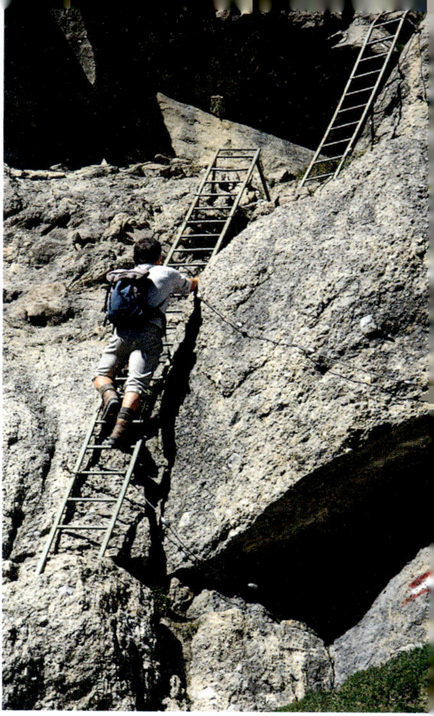

Am Übergang zum Pleiskopf.

Unsere Route verläuft weiterhin am Grat entlang und fällt etwas ab zu einer quer verlaufenden Felsrippe. Wir gehen an ihr entlang weiter abwärts, bis Drahtseile und Leitern über den felsigen Riegel leiten. Dann führt der Steig zum Felsfuß des Pleiskopfs und über abschüssige Bänder nach links. In der zerborstenen Flanke steigen wir über Schotter und Blockwerk zum Gipfel des **Pleiskopfs** ❻, 2560 m, hinauf.

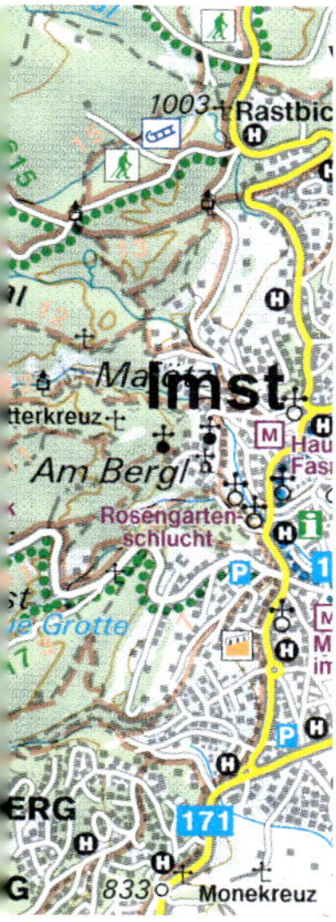

Dort treffen wir auf den Imster Höhenweg, wenden uns nach links und wandern nach Süden auf und neben dem Grat bis vor den Ödkarlekopf, dessen Felsen wir rechts umgehen. Das Gelände wird nun rauer und anspruchsvoller. Der Höhenweg verläuft rechts des Larsenngrates. In teilweise sehr steilem, bröseligem und rutschigem Schrofengelände folgen wir einem bescheidenen Steig etwas auf und ab weit nach Südosten und gelangen mit einem Gegenanstieg auf den breiten **Laggers** ❼.

Der Abstieg hält keine besonderen Schwierigkeiten mehr bereit, ist jedoch lang. In einem Linksbogen geht

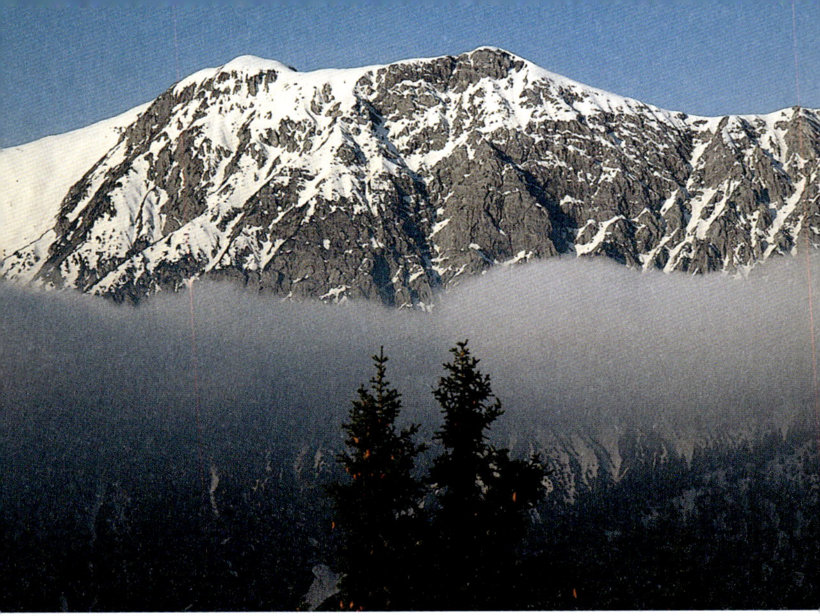

Felsige Bergwelt über Imst.

es zum Ostgrat des Laggers und erst über Gras, dann zwischen Latschen in ziemlich steilem Gelände auf einem schotterigen Steig weit hinab zu flacheren Waldhängen. Wir kreuzen eine Forststraße und wandern in einer Schleife am Kreuz des Langeggs vorbei. Anschließend steigen wir links zum Schinderbach ab, überqueren ihn und haben kurz darauf wieder die Talstation in **Hoch-Imst** ❶ erreicht.

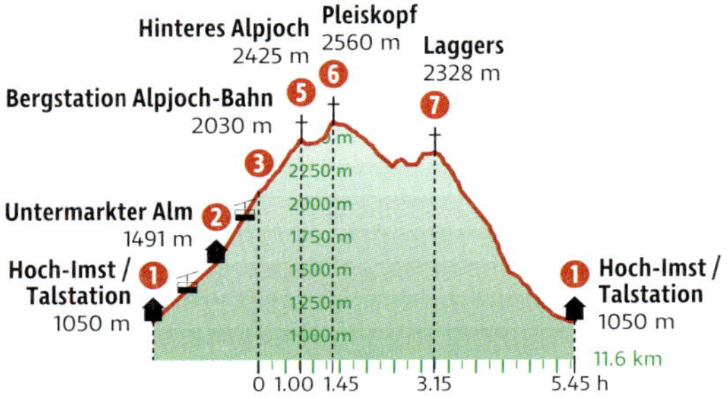

↗ 1340 m | ↘ 1340 m | 14.4 km

6.15 h

Tschirgant, 2370 m **49**

Allein stehendes Massiv über Inn und Imst

Dieser gewaltige Berg, der sich, etwa von Schönwies im Inntal gesehen, als eleganter Kegel präsentiert, ragt völlig isoliert zwischen dem Inn- und dem Gurgltal auf. Entsprechend umfassend und weit ist der Blick vom Gipfel. Die Einheimischen schätzen die Karröster Alm als Jausenausflug. Beim Anstieg zur Alm erzählen die Tafeln eines Geolehrpfads Interessantes über das Gestein und den ehemaligen Bergbau. Aber auch der mächtige Berg selbst, der mit fast senkrechten Felsen nach Süden abbricht, wird häufig besucht. Man kann ihn überschreiten, allerdings ist die interessante Westroute steil und steinig; es gibt dort sogar eine felsige, gesicherte Passage.

Ausgangspunkt: Parkplatz Geolehrpfad, 1035 m, oberhalb von Karrösten, südöstlich von Imst; im Zentrum von Karrösten rechts in die Obergasse, dann links aufwärts der Beschilderung zum Geolehrpfad folgen, oberhalb eines Wohngebietes auf einer Schotterstraße zum Parkplatz; Buslinie 318 von Imst, Haltestelle »Terminal Post«, über Imst–Pitztal Bahnhof nach Karrösten, Haltestelle »Siedlung« (Mo.–Fr.); nach Imst mit Bus 340 von Nassereith.

Anforderungen: Zur Karröster Alm Wald- und Forstwege; Gipfelanstieg auf Bergwegen mit steilen Passagen; Abstieg über die Westroute sehr steil, teils über schotteriges Schrofengelände, eine gesicherte Felspassage, gute Trittsicherheit wichtig; die Länge der Tour setzt entsprechende Ausdauer voraus.

Einkehr: Karröster Alm, geöffnet im Mai Do.–So., Juni, Juli und August täglich, September und Oktober Mi.–So., Tel. +43 650 2234497.

Vom **Parkplatz Geolehrpfad** ❶ bei Karrösten gehen wir auf der Schotterstraße weiter bergauf und zweigen in der ersten Rechtskehre geradeaus auf einen Waldweg ab, der bald wieder in den Fahrweg mündet. Kurz darauf verlassen wir die Forststraße erneut und folgen rechts dem ausgeschilderten Geolehrpfad, der parallel zum Forstweg durch den Wald verläuft.

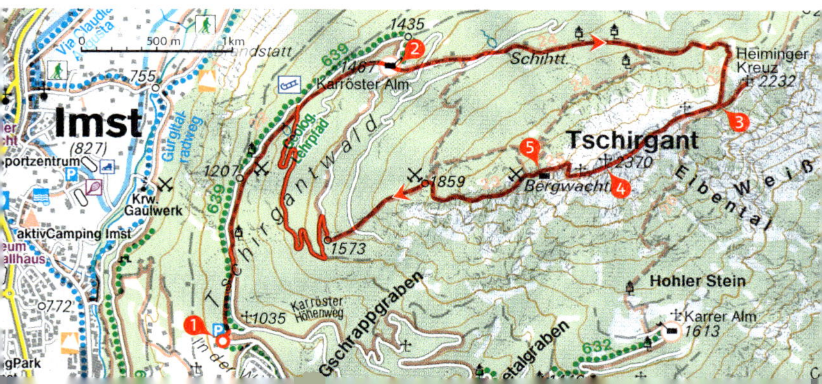

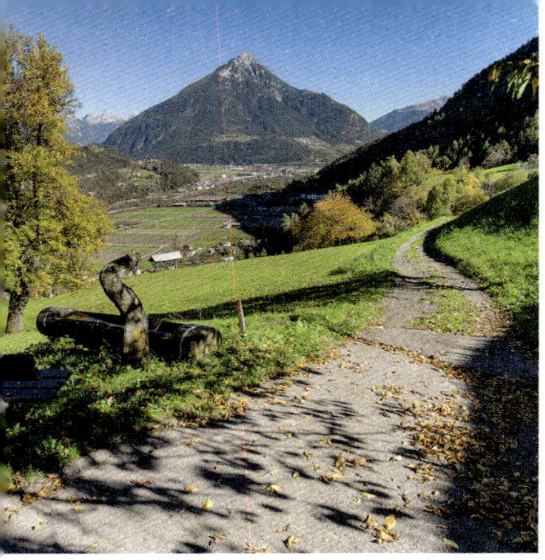

Der Tschirgant aus dem Inntal.

Wir treffen wiederum auf eine Schotterstraße und gehen kurz nach rechts, bis sich der Lehrpfad links fortsetzt und zur **Karröster Alm** ❷ hinaufführt. Von der Alm zieht ein Fußweg über die Weidehänge nach Osten, kreuzt eine Forststraße und steigt im Wald an. Bei einer Verzweigung halten wir uns links, schneiden erneut einen Fahrweg und gewinnen in einer längeren, ansteigenden Querung an Höhe. Einen rechts abzweigenden Steig lassen wir unbeachtet. Schließlich dreht die Anstiegsroute nach Süden und leitet zwischen Latschen zum **Nordostgrat** ❸ hinauf. Links ist das Haiminger Kreuz, 2232 m, in einem kurzen Abstecher zu erreichen.
Der Gipfelanstieg biegt rechts ab, passiert einen Rastplatz mit Bänken und folgt der Gratschneide auf ihrer rechten Seite. In einem Linksbogen erreichen wir den höchsten Punkt des **Tschirgant** ❹, 2370 m. Das Gipfelkreuz thront etwas weiter südwestlich auf einer felsigen Kuppe.
Haben wir das fantastische Panorama ausgiebig genossen, gehen wir weiterhin am Grat entlang zum Westgipfel mit dem Karröster Kreuz und über den schrofigen Rücken hinab bis oberhalb von Felsabbrüchen. Die Abstiegsroute führt nun mit Drahtseilen gesichert nach rechts über ein Felsband abwärts und anschließend nach links durch die schotterige Flanke zur **Bergwachthütte** ❺ (Schutzhütte).
Nach der kleinen Hütte wandern wir bei einer Verzweigung links über einen breiten Rücken und steigen dann auf steilem, teils auch felsigem Steig zuerst durch Latschen, später durch Wald bergab. Wir queren einen Fahrweg und gelangen zum Beginn einer weiteren Forststraße. Ihr folgen wir nun bergab, vorbei an Abzweigungen zur Karröster Alm, bis wir wieder auf den Geolehrpfad treffen, der links von unserem Forstweg abzweigt. Auf ihm kehren wir zum **Parkplatz Geolehrpfad** ❶ zurück.

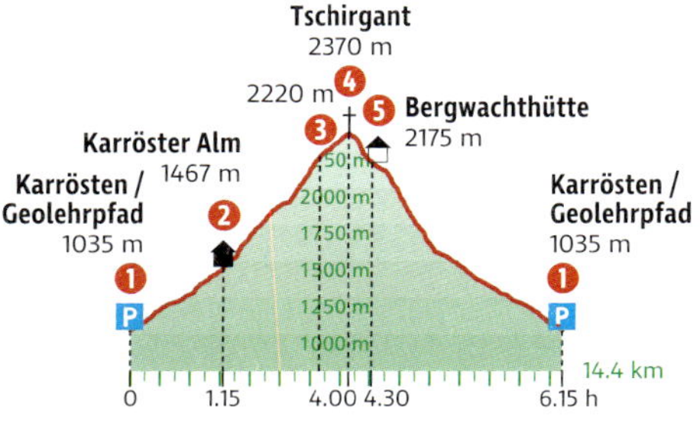

↗ 400 m | ↘ 750 m | 8.0 km

3.30 h

Hochzeiger, 2560 m

50

Abstecher in die Ötztaler Alpen

Wildgrat, 2976 m, heißt der letzte große Gipfel im Geigenkamm der Ötztaler Alpen. Der Name passt bestens zu diesem auffallend schroffen, teilweise fast schwarzen Felsrevier. Die Hochzeigerbahnen bringen den Interessierten mitten in dieses großartige Gebiet. So sind zum Gipfel des Hochzeigers nicht allzu viele Höhenmeter zurückzulegen. Ungewöhnlich eindrucksvoll ist dann der Weiterweg zum Großsee im weltabgeschiedenen Riegetal. Doch nur bei einiger alpiner Erfahrung sollte man diese Rundtour anpacken, sonst gibt man sich mit dem Hochzeiger zufrieden.

Ausgangspunkt: Talstation der Hochzeigerbahn, 1468 m, oberhalb von Jerzens, hochzeiger.at. Von Imst ins Pitztal und über Jerzens hinauf zur Talstation mit Parkplätzen; Buslinie 310 von Imst, Haltestelle »Terminal Post«, über Imst–Pitztal Bahnhof nach Jerzens, Haltestelle »Feuerwehr«, von dort Buslinie 312 zur Talstation.
Anforderungen: Bergwege zum Hochzeiger, am Gipfelaufbau mit kleinen Felsstufen, zum Großsee sehr steiles, etwas ausgesetztes Gelände, das unbedingt Trittsicherheit erfordert.
Einkehr: Unterwegs keine; Restaurants bei der Talstation; Zeigerrestaurant an der Mittelstation, Sommeröffnung Ende Mai bis Mitte Oktober, Tel. +43 5414 8700070.
Variante: Wem der Abstecher zum Großsee zu anspruchsvoll oder zu weit ist, steigt in reizvollem Fels- und Grasgelände vom Hochzeiger über den weiträumigen Westgrat zum Zollkreuz ab.
Hinweis: Die Sesselbahn Sechszeiger ist von Mitte Juni bis Mitte September täglich in Betrieb, dann bis Mitte Oktober nur an Wochenenden, bei Regen geschlossen.

Blick vom Hochzeiger auf den Wildgrat mit seinen markanten Zacken.

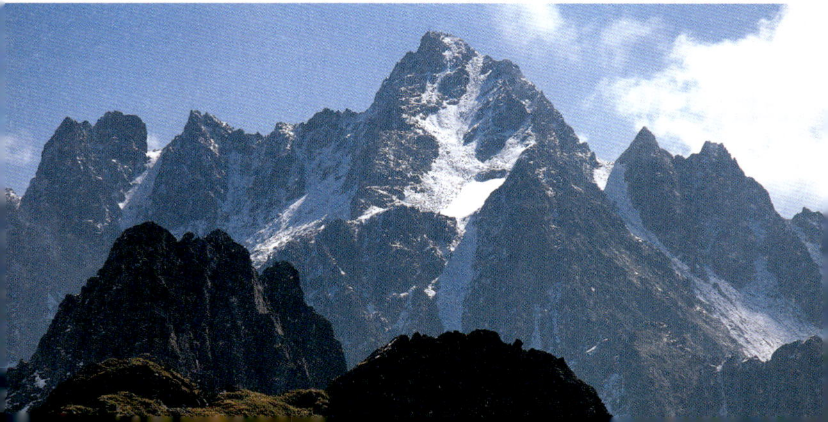

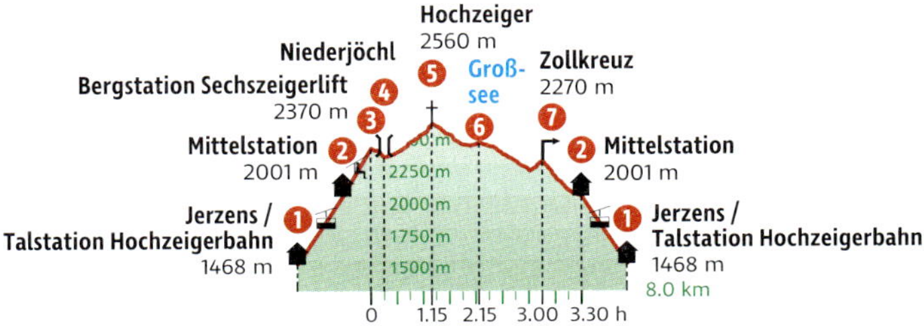

Von der **Talstation der Hochzeigerbahn** ❶ oberhalb von Jerzens fahren wir mit der Bergbahn zur **Mittelstation** ❷ und weiter mit dem Sessellift zur **Bergstation Sechszeigerlift** ❸ am Kamm nahe dem Sechszeiger. Über den breiten Rücken wandern wir kurz abwärts ins **Niederjöchl** ❹, 2302 m, und weiter auf dem aussichtsreichen Kamm nach Süden bis unter das felsige Gipfelmassiv. Dort gehen wir rechts wenige Meter hinab und steigen dann zwischen kantigem Fels mit kleinen Stufen auf den schmalen Gipfel des **Hochzeigers** ❺, 2560 m. Auf der Südseite führt ein kleiner, aber ordentlicher Pfad durch die sehr steilen, von Felsen durchsetzten Hänge zu einem Absatz über dem Riegetal hinab. In kurzem Anstieg erreichen

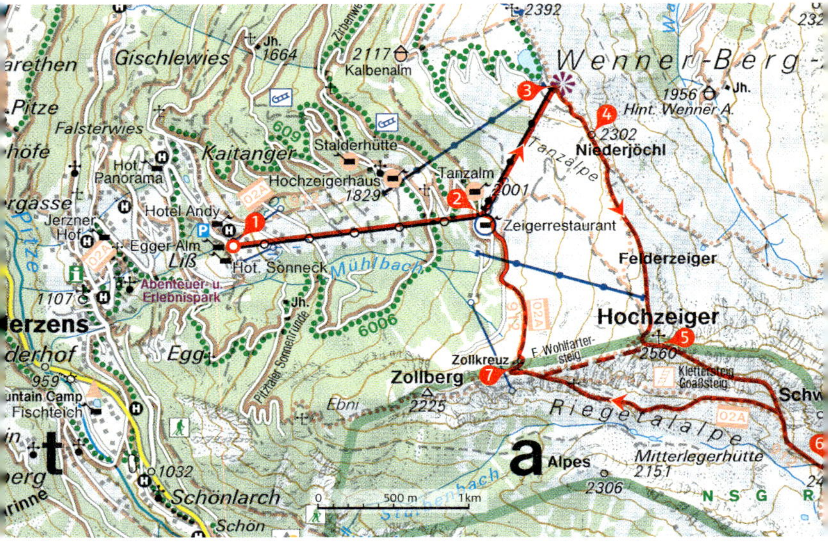

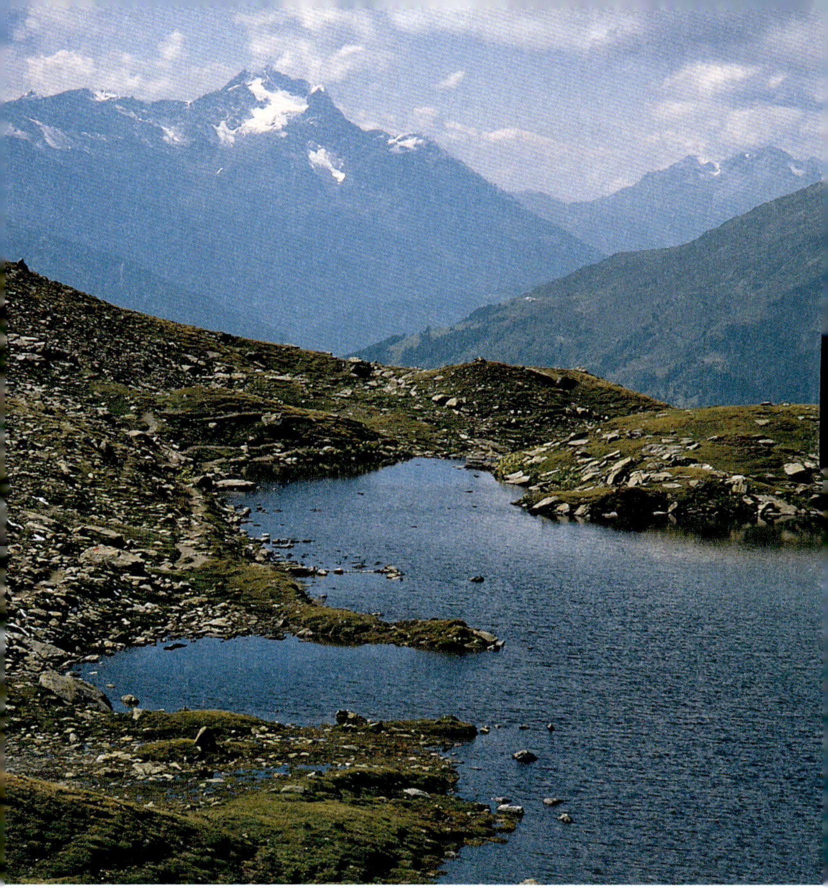

Idyllischer Rastplatz: der Großsee im Riegetal.

wir den schmucken, fast runden **Großsee** 6, 2416 m. Anschließend kehren wir talauswärts auf demselben Weg wieder zurück, halten uns nun aber links und folgen dem Steig durch die Hänge hoch über dem Stuibenbach weiter das Tal hinaus, vorbei an der Abzweigung eines Klettersteigs. Durch die zerklüftete Felsstufe gelangen wir zum Kamm beim **Zollkreuz** 7. Drüben geht es über die planierten Flächen des Skigebiets hinab und auf dem Fahrweg zur **Mittelstation** 2 der Hochzeigerbahn, die uns wieder zur **Talstation** 1 zurückbringt.

STICHWORTVERZEICHNIS

A
Adlerhorst 119, 126
Ahrn 45
Alpleskopf 108
Alpltal 84
Alpsteig 94, 101
Am Brand 123
Angerletal 135
Anhalter Hütte 130
Arnspitzgrat 45
Arnspitzhütte 23
Arzkasten 96, 98, 101
Aschland 126
B
Bergleintal 58, 60
Besinnungsweg 92
Birkenberg 82
Birzlkapelle 24
Blaue Köpfe 139
Blindsee 116
Boden 132, 134
Brendlkar 122
Brentalm 120
Brunschkopf 42
Buchen 82
C
Coburger Hütte 120
D
Dirstentrittkreuz 108
Drachensee 121
Dremelspitze 134
Drischlsteig 136, 139
E
Ederkanzel 50
Ehrwald 120, 123
Ehrwalder Alm 120, 123
Eibsee 72
Eppzirler Alm 32
Eppzirler Scharte 32
F
Falschkogel 130
Feldernjöchl 75
Ferchensee 50
Fernpass 13, 104, 106, 110, 113, 116
Fernsteinsee 106, 110
Finsterfiecht 94
Franzosensteig 53
Freiungen-Höhenweg 36
Fundaistal 132
G
Gafleintal 108
Gaistal 62, 65, 67, 69, 72, 76, 78
Gaistalalm 72, 76
Galtberghütte 111, 114
Galtseitejoch 132
Ganghofersteig 120
Ganghoferweg 68, 70, 75, 76
Gehrenspitze 55, 62, 64
Geolehrpfad Karrösten 145
Gießenbach 30, 32
Gießenbachtal 31
Gipfelhaus Grubigstein 117
Gleirschklamm 28
Große Arnspitze 22, 45
Großer Solstein 39
Großsee 147
Grubigalm 117
Grubigstein 116
Grünberglift 94
Grünkopf 53
Gschwent 96
Gurgltal 104
H
Hahntennjoch 15, 130, 132, 134
Haiminger Alm 94
Hämmermoosalm 67, 70
Hanauer Hütte 134
Härmelekopf 36
Harnersteig 94
Hexenlehrpfad 128
Hinterer Tajakopf 120
Hinteres Alpjoch 143
Hinteres Tajatörl 120
Hochfeldernalm 123
Hoch-Imst 136, 139, 142
Hochzeiger 147
Hochzirl 36, 39
Hohe Munde 78, 81, 82
Hoher Gang 120
Hoher Kranzberg 50
Hoher Sattel 45
Höllkopf 101
Holzleiten 98, 101, 126
Höttinger Schützensteig 39
Hüttenkopf 62
I
Imst 15, 104, 128, 130, 132, 134, 136, 139, 145
Imster Höhenweg 142
Issentalköpfl 123
Iversensteig 88
J
Jerzens 147
Judenköpfe 88
Judenkopfkreuz 88
Judentörl 90
K
Kälbertal 113
Karkopf 86
Karrösten 104, 145
Karröster Alm 145
Karwendelsteg 24, 26
Karwendeltal 24
Kleiner Solstein 39
Knorrhütte 72
Kochental 82
Kreidengraben 29
Kuhljoch 33
Kuhljochspitze 36
Kurblhang 55
L
Lacke 96
Laggers 142
Latschenhütte 136
Lautersee 50
Lehnberghaus 96, 98, 101
Lermoos 116
Leutasch 13, 20, 45, 47, 53, 55, 58, 62, 72
Leutascher Ache 55
Leutascher Geisterklamm 47
Leutascher Platt 59
Loreahütte 110
Lottenseehütte 42

M
Magdeburger Hütte 39
Maria Locherboden 91
Marienbergalm 101
Meilerhütte 58
Mieming 81, 91, 101, 123
Mieming, Badesee 91
Mieminger Plateau 11, 13, 80, 98
Mittagkopf 30
Mittenwald 50
Moos 78
Möserer Höhe 42
Möserer See 42
Mösern 42
Münchner Haus 72
Musterstein 59
Muthenaualm (Nassereither Alm) 118
Muttekopf 139
Muttekopfhütte 136
N
Nassereith 13, 105, 106, 108, 118, 126
Nassereither Alm 118
Neue Alplhütte 86, 88
Niedere Munde 76, 86
Niederjöchl 148
Nördlinger Hütte 34, 36
O
Oberbrunnalm 30
Obsteig 81, 94, 96, 98, 101
Ochsenbründlsteig 85, 90
Öfelekopf 55, 57, 58
Östliches Kreuzjoch 104, 110
P
Panorama-Barfußweg 51
Partenkirchner Dreitorspitze 58
Parzinn 134
Pfafflar 132
Pirchboden 111, 113, 114
Pleisenhütte 26
Pleisenspitze 26
Pleiskopf 142
Porta Claudia 22
Predigtstuhl (Predigtstein) 69
Puittal 58, 62, 65
R
Rauthhütte 78, 82
Reindlau 55, 58
Reith 21
Reither Spitze 34, 36
Riegetal 147
Römerweg 106
Ropferstub'm 82
Rossbachtal 126
Rosshütte 34, 36
Rossköpfletal 117
Roter Stein 113
Rotmoosalm 69
S
Sagkapelle 84, 87
Salvesenklamm 128
Salzbach 72
Salzbachbrücke 69
Samerangersee 107
Schachenhaus 59
Schanz 47, 53
Schanzlsee 106, 107
Scharnitz 21, 24, 26, 28
Scharnitzer Alm 24, 28
Scharnitzjoch 62, 65
Schloss Fernstein 106
Schloss Starkenberg 128
Schnahnggekopf 119
Schönkar 115
Seebenalm 120
Seebensee 121
Seefeld 13, 20, 21, 34, 36
Seefelder Joch 34
Seefelder Spitze 34
Seewaldalm 42
Sigmundsburg 106
Simmering 94
Simmeringalm 94
Söllerpass 58
Solsteinhaus 36, 39
Stamser Hängebrücke 91
Starkenberger See 128
Steinernes Hüttl 72
Steinjöchl 130
Stupfer 62, 65, 67
St. Wendelin 108
T
Tarrenz 104, 128
Telfs 76, 80, 81, 82
Teufelslochklamm 29
Tillfussalm 72, 76
Tschirgant 145
U
Unterer Parzinnsee 134
Unterkirchen 55
Unterleutasch 47, 53, 55
Untermarkter Alm 136
Untermieming 91
V
Vordere Platteinspitze 136
Vorderes Alpjoch 140, 143
W
Wangalm 62, 65
Wankspitze 96, 98
Wannig 118
Wannigjöchl 75
Wasserfallsteig 47
Weg der Extreme 91
Weidach 55
Weißlehnkopf 45
Wendelinkapelle 85, 90
Wettersteinhütte 62, 65, 67
Wettersteinwände 123
Wildermieming 76, 81, 84, 86, 88
Wildgrat 147
Wörgltal 39
Wurziger Steig 67
Z
Zäunlkopf 30
Zirler Klettersteig 33
Zirler Mähdern 40
Zirler Schützensteig 39
Zugspitze 72, 121
Zunterkopf 95

Umschlagbild:
Großartige Bergkulisse rund um die Coburger Hütte – Vorderer Drachenkopf und Drachensee.

Alle Fotos von den Autoren, außer Bild Seite 80 (© Innsbruck Tourismus / Christian Vorhofer), 81 (© Innsbruck Tourismus / Klaus Kranebitter), 85 (© Innsbruck Tourismus / Roland Noichl), 109 (© Imst Tourismus), 119 und 146 (© Imst Tourismus / Bernhard Warter).

Kartografie:
50 Wanderkärtchen im Maßstab 1:50.000 und 1:75.000
sowie 2 Übersichtskärtchen im Maßstab 1:300.000 und 1:750.000
© Freytag & Berndt, Wien

Werk-Nr.: 4017

Die Ausarbeitung aller in diesem Führer beschriebenen Wanderungen erfolgte nach bestem Wissen und Gewissen der Autoren. Die Benutzung dieses Führers geschieht auf eigenes Risiko. Soweit gesetzlich zulässig, wird eine Haftung für etwaige Unfälle und Schäden jeder Art aus keinem Rechtsgrund übernommen.

6., aktualisierte Auflage 2024

ISBN 978-3-7633-4798-8

MIX
Papier | Fördert gute Waldnutzung
FSC® C147178

Wir freuen uns über jeden Korrekturhinweis zu diesem Wanderführer!
Bitte per E-Mail an: leserzuschrift@rother.de

ROTHER BERGVERLAG · Keltenring 17 · D-82041 Oberhaching
Tel. +49 89 608669-0 · rother.de